颜　娟

吴定伟◎著

广西文化旅游产业
发展路径研究

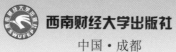
西南财经大学出版社

中国·成都

图书在版编目（CIP）数据

广西文化旅游产业发展路径研究/颜娟,吴定伟著.

成都:西南财经大学出版社,2024.8. --ISBN 978-7-5504-6351-6

Ⅰ. F592.767

中国国家版本馆 CIP 数据核字第 2024KQ2900 号

广西文化旅游产业发展路径研究

GUANGXI WENHUA LÜYOU CHANYE FAZHAN LUJING YANJIU

颜　娟　吴定伟　著

策划编辑:杨婧颖

责任编辑:林　伶

助理编辑:陈婷婷

责任校对:李　琼

封面设计:墨创文化

责任印制:朱曼丽

出版发行	西南财经大学出版社(四川省成都市光华村街 55 号)
网　　址	http://cbs.swufe.edu.cn
电子邮件	bookcj@ swufe.edu.cn
邮政编码	610074
电　　话	028-87353785
照　　排	四川胜翔数码印务设计有限公司
印　　刷	四川煤田地质制图印务有限责任公司
成品尺寸	170 mm×240 mm
印　　张	13.75
字　　数	230 千字
版　　次	2024 年 8 月第 1 版
印　　次	2024 年 8 月第 1 次印刷
书　　号	ISBN 978-7-5504-6351-6
定　　价	88.00 元

前　言

　　在乡村振兴背景下，文化旅游产业作为推动地区经济发展的重要引擎之一，日益受到社会各界的广泛关注。广西壮族自治区作为中国西南边陲的一颗璀璨明珠，以其丰富的民族文化和独特的自然风光，拥有巨大的文化旅游产业发展潜能。本书旨在探讨在新时代背景下，广西如何通过文化与旅游产业的有机融合，全面推进乡村振兴，进而促进区域经济社会的全面发展，以期为广西乃至全国的文化旅游产业发展提供参考和借鉴。

　　本书采用了文献分析法、访谈法、实地考察法等多种研究方法，力求从理论与实践的结合上，对广西文化旅游产业的发展进行全面而深入的分析。笔者通过采访当地文化旅游从业者、政府官员和专家学者，获得了第一手资料和宝贵意见；通过实地考察，深入了解了广西各地的文化旅游资源和开发情况，对广西的文化旅游资源进行了详细的调查和评估，为产业发展研究提供了有力的数据支持。

　　在研究内容上，本书首先从理论层面出发，构建了一个广西文化旅游产业发展路径的分析框架。其次，对广西文化旅游产业发展的可行性进行了深入分析，通过评估广西的文化旅游资源、市场需求、政策支持等因素，笔者认为广西文化旅游产业具有广阔的发展前景和巨大的市场潜力。最后，结合新时代发展背景，提出了广西文化旅游产业发展的新思路和新举措，为未来的产业发展指明了方向。在案例研究部分，本书选取了广西的几个典型文化旅游目的地进行深入剖析，以期从中提炼出经验和教训，并为其他地区的文化旅游产业发展提供借鉴和启示。本书的研究不仅具有重要的理论价值，为文化旅游产业的发展提供了新的分析视角，而且具有显著的实践意义，有利于推动广西的文化与旅游产业实现有机融合，进而促进广西及全国其他地区的经济发展和社会进步。

　　我们要对所有支持和帮助本书出版的个人和机构表示衷心的感谢，感谢谢建博士、唐宁华博士、马冰琼博士、温雪博士、黄宏纯博士、李忠博士，正是有他们的大力支持和帮助，才使我们的研究得以顺利进行。感谢那些在百忙之中接受访谈的专家学者和实地从业人员，他们的真知灼见为本书增色不少。同时，还要感谢那些在实地考察中给予我们热情接待和无私帮助的当地居民和企业，没有他们的支持，我们的研究工作将无法顺利进行。

在未来的日子里，我们期待着本书能够激发更多的学术讨论和实践探索，共同推动广西乃至全国的文化旅游产业迈向更加繁荣和可持续的未来。

颜　娟　吴定伟

2024 年 4 月

目　录

第一章 绪论

第一节 研究背景与意义

一、研究背景

2017 年，习近平总书记在党的十九大报告中强调了实施乡村振兴战略的重要性。乡村振兴战略的核心是要将农业农村作为发展的重要支撑，以实现农业农村现代化为总目标，推动乡村全面振兴。这意味着要优先发展农业，加强农村基础设施建设，提高农民生活水平，保障农民权益，促进农业生产的现代化和可持续发展。通过这种优先发展，可以激发农村地区的活力，促进农村经济的发展，从而实现城乡均衡发展。实施乡村振兴战略是我国全面建成社会主义现代化强国的必然要求，农业是国民经济的基础，农村发展是国民经济不可或缺的组成部分。只有加速实现农业农村现代化，才能推动国家经济实现全面现代化，并为建成社会主义现代化强国奠定坚实的基础。乡村振兴战略不仅能促进农业发展，更关乎整个农村社会福利水平的全面提升，通过促进经济繁荣、营造良好文化生态和提升居民幸福感，为国家长期稳定繁荣打下重要基础。因此，乡村振兴战略不仅是促进农村全面发展的重要举措，更是实现国家整体现代化目标的关键一环。

2018 年，中央一号文件《中共中央 国务院关于实施乡村振兴战略的意见》出台，提出乡村振兴战略是国家政府解决农村问题的重要抓手，要坚决把解决"三农"问题作为全党工作的重中之重，加快推进农业农村现代化。党中央对农村的发展问题持续关注，他们审视了过去农村发展的经验教训，梳理了思路、途径和方法，并将这些汇总为对农村发展问题的微观预测。这种预测不仅是对农村现状的评估，更是农村未来发展方向的指引，包括经济、政治、文化、社会和生态等方面的内容，试图解决农村发展中的瓶颈问题，从而推动农村全面实现振兴。

党的十八大以来，随着经济社会的不断发展，特别是脱贫攻坚战取得了全面胜利，人民的生活水平不断提高，外出旅游已成为人们出行的重要选择，诗和远方已连成一体，人们在游山玩水之余，开始关注每一个景区景点的文化内涵，文化之旅已成为很多游客的首选。但是，文化旅游的兴起给广西带来了机遇的同时也带来了挑战。广西以其悠久的历史、丰富的文化、多元的民族和独特的地理环境而备受瞩目，形成了独具特色且品质上乘的民族文化旅游资源。在乡村振兴的浪潮下，旅游资源作为广西经济和社会发展的重要物质基础之一，其价值和地位在短短几年内迅速攀升，文化旅游产业的规模和收入也呈现出持续快速增长的势头。广西人民政府在乡村振兴战略的支持下，大力发展旅游业，完善了基础设施建设，加强了旅游产品的开发和市场推广，吸引了更多游客的到来。文化旅游产业的迅速发展，不仅为人们创造了更多的就业机会，也推动了地方经济的持续增长，表明广西充分利用了其独特文化和自然资源的潜力，也凸显了旅游业在地区经济发展中的重要性。文化旅游产业在广西的地位和作用将继续受到重视，并有望成为地方经济发展的重要支柱之一。

在全力推进乡村振兴的背景下发展文化旅游产业，推进文化旅游产业产品特色化、绿色化，并形成品牌效应，已成为广西经济发展的新途径。然而，广西属于后发展的西部边疆少数民族地区，既沿海又沿边，应如何进一步深入贯彻落实习近平总书记对广西重大方略要求，且不能走东部地区"先发展后治理"的老路；如何在发展经济的同时又能保护绿水青山，真正实现绿水青山就是金山银山。针对这些问题，广西应贯彻落实好习近平总书记在广西的"4.27"重要讲话精神，进一步挖掘民族文化的地方特色，赋予旅游业新内涵、新业态，为广西地方经济和社会的可持续发展提供新动能，这些是广西文化旅游业需要重点关注的内容，也是广西所有从事文化旅游业的研究人员必须关注的重点。

二、研究意义

在国内的学术研究中，学者们对于文化旅游开发与保护问题有较多关注，但较少涉及乡村振兴背景下广西文化旅游产业化开发的议题。然而，在巩固拓展脱贫攻坚成果同乡村振兴有效衔接的大背景下，将广西的文化与旅游产业有机融合，推动产业产品特色化、绿色化，已成为促进广西经济和社会发展的新途径，也是广西文化旅游发展的必然需求。

从学术视角看，本书的研究成果为地方文化旅游的产业化发展提供了新的思路和方向，为广西及其他地区的文化旅游产业发展提供了理论支撑。这些研究成果包括产业化的开发思路、产业结构的优化思路、民族文化旅游产业化开发的方法和途径等，强调特色化、绿色化发展。同时，通过对广西的案例进行研究，提出了优化广西文化旅游产业结构的方法，以提高产业的竞争力和吸引力。从应用角度看，本书的研究成果对实践具有重要意义。本书提出的新思路和新策略对于广西乃至全国其他地区的文化旅游产业的发展具有指导意义，有助于更好地推动当地经济和社会的发展，并促进民族文化的传承与创新。

第二节　研究内容、思路与方法

一、研究内容

本书拟在原有研究的基础之上，基于乡村振兴的背景，探讨如何充分利用广西丰富的文化旅游资源开展文化旅游产业，将广西从旅游资源大省打造成文化旅游强省，把广西的绿水青山变成金山银山，为广西富民增收打下坚实的基础，并提出具体的实现路径和策略。

（1）从理论上构建一个广西文化旅游产业发展路径的分析框架。本书从广西旅游资源基础和文化旅游产业发展现状出发，结合乡村振兴的背景，把文化旅游产业发展对广西富民增收的影响提升至战略高度的定位，提出了广西文化旅游产业发展的目标定位及具体实现路径和策略。

（2）广西文化旅游产业发展可行性分析。本书运用各种模型与分析方法，对收集和调研获取的数据进行了分析，包括对广西旅游资源的科学评价、对广西文化旅游产业发展的前景和市场进行分析论证、对广西文化旅游产业发展的影响因素进行分析等。

（3）广西文化旅游产业发展的案例研究。根据对广西旅游资源和历史文化的梳理，本书概括出广西文化旅游的三种类型：山水文化旅游、民俗文化旅游和红色文化旅游，并分别选取环江毛南族自治县（以下简称"环江县"）文化旅游、三江侗族自治县（以下简称"三江县"）文化旅游和广西红色旅游作为上述三种文化旅游的典型代表，以案例研究的形式探究各自的发展现状，对当地居民增收的影响以及存在问题和改进措施。

（4）在上述研究的基础上，本书提出了新时代背景下广西文化旅游产业发展的新思路和新举措。

二、研究思路

2020年，我国完成脱贫攻坚任务，全面建成小康社会。我国迈上全面建设社会主义现代化国家新征程，向着实现第二个百年奋斗目标继续奋勇前进！而地处西部民族地区的广西，如何确保在脱贫攻坚战取得胜利的前提下，充分利用广西丰富的文化旅游资源开展文化旅游产业，为广西富民增收打下坚实的基础；如何将广西从旅游资源大省变成文化旅游强省，将广西的绿水青山变成金山银山，是当前广西人民需要研究的一项重大课题。本书从广西的实际情况出发，认真总结了广西近四十年来发展文化旅游产业的经验及不足，并针对不足提出了相应的对策措施，以期为广西及全国其他地区文化旅游产业的发展提供重要理论支撑和实践指导。

三、研究方法

1. 文献分析法

本书充分利用了互联网检索工具，通过图书馆和文献数据库搜集了国内外大量相关的学术论文和研究专著，并对这些文献进行了全面的整理、分类和归纳分析，从而提炼出现有研究成果的观点，并在此基础上提出本书的观点。

2. 实地定性考察法

在本书的写作过程中，笔者前往广西环江县、三江县等地进行了实地考察，重点关注了文化创意产业基地和文化旅游景区，旨在深入了解广西文化旅游产业的现状，并对其进行了详细调查和记录。

3. 访谈法

在实地考察与调研过程中，笔者通过与当地居民、游客和文化旅游相关机构进行访谈，获取了不同视角下人们对文化与旅游结合发展的看法。同时，笔者也与广西文化和旅游厅的相关工作人员进行了交流，以深入了解广西文化旅游产业发展的各种问题。

4. 定性和定量分析相结合的方法

本书对广西文化旅游产业发展的理论基础和框架、现状分析采用了定性研究的方法，对广西文化旅游产业发展的可行性和影响因素分析采用了定量研究的方法。本书主要利用 SPSS 软件进行相关分析和回归检验，数据主要通过调研、发放问卷和查阅数据库等途径获取。

第二章 文献综述与理论基础

第一节 文献综述

一、文化旅游产业发展研究

国内外有关文化旅游产业发展的研究通常有两个主要方向：一是定性研究。例如，张纯等（2019）和孙维明等（2018）通过定性分析阐释了文化旅游产业的发展情况，并提出了该行业遇到的困难和解决问题的策略。二是定量研究。例如，鲍斯（Bowes，1989）在研究加拿大地区的文化遗产时，进一步验证了文化遗产对文化旅游产业的推动作用。而来自泰国的学者闪西提育等（Sarnsittiyot et al.，2006），则通过研究东南亚国家的宗教文化，如老挝和泰国的寺庙，探讨了宗教文化与旅游产业发展之间的关联。琼妮·肯内尔（Joanne Connell，2012）认为，通过将文化旅游产业与影视文化产业相融合，可进一步推动其行业的共同发展。希腊学者科斯拓帕罗（Stella Kostopoulou，2013）提出，随着经济和社会的进一步发展，文化创意将与城市相关休闲场所聚集成城市文化的重要组成部分，从而产生新的文化旅游业态。我国学者陈显军（2010）从8个产业细分维度，运用贡献率计算办法，进一步分析了广西文化与旅游产业的融合度，并提出广西文化产业与旅游业融合发展的对策。王芳菲（2016）运用耦合模型，甄选了文化产业和旅游产业的33个正反向指标，构建了耦合协调评价指标体系，并用熵值法对其权重进行确定，对广西文化旅游产业进行了定量分析，提出广西要进一步运用旅游产业的载体，增强对文化产业的扶持，使广西真正实现文化与旅游的良性耦合协调。翁钢民等（2016）利用耦合协调度模型和探索性空间数据分析方法，对中国31个省（区、市）（不含港、澳、台地区）的文化旅游产业数据展开研究，结果显示，优秀的人才、先进的科学技术、科技创新以及丰富的文化资源，对东、中、西部地区文化旅游产业的融合发展具有促进作用，有助于实现这些地区文化旅游产业的均衡发展。周春波（2018）运用多元回归模型，对全国所有省份的文旅产业进行了分析，提出要进一步创新思路，融合文旅产业布局与发展。雷莹（2020）将内蒙古文化资源与特色旅游作为研究对象，以环境、经济、资源等24个子系统作为指标，运用动力学模型，对内蒙古自治区的文旅产业进行了分析，发现当地旅游人数及增量与文化旅游产业的收入及增量成正比。

二、文化旅游产业发展的影响因素研究

近年来，国内外学者们普遍认为，文旅融合发展是当前人们对文化与旅游产业发展的要求与期待，相关研究主要包括以下三个方面：一是文化产业发展的影响因素研究。南非学者伊万·图洛克（Ivan Turok，2003）认为影响文化产业发展的主要因素是政府监管。美国学者伊丽莎白·柯里德（Elizabeth Currid，2006）认为影响文化产业发展的主要因素是地理环境。而刘登佐等（2008）则提出，在文化旅游人才培养与培训机制中，文旅产业管理结构是影响文化产业发展的主要因素。李桐（2012）和戴钰（2013）研究发现，旅游市场需求、国家政策与资金支持是影响文化产业发展的重要因素。二是旅游产业发展的影响因素研究。哈萨等（Harsha et al.，1996）认为影响旅游产业发展的因素主要是自然资源和社会环境。西瓦·拓森（Cevat Tosun，2001）则认为除经济发展和环境外，商业化也是影响旅游产业发展的主要因素之一。内尔·雷博（Neil Leiper，1990）和布莱恩·伽洛等（Brian Garrod et al.，2012）都认为，景区景点、当地居民和旅行者是影响旅游产业发展的主要因素。而保继刚等（1999）提出，影响旅游产业发展的主要因素是旅游目的地的城乡建设发展、景区景点基础设施建设及环境。三是文化旅游产业发展的影响因素研究。翁钢民（2016）认为，影响文化旅游产业发展的主要因素有优秀人才支持情况、科学技术水平、科技创新水平、文化资源水平等。周春波（2018）指出，影响因素主要来自多方面的创新、产业空间布局以及文化产业与旅游产业的融合。李晓蕙（2018）研究发现，文旅产业的发展程度与当地政府的支持力度、投向文旅产业的资金比例及当地的历史文化底蕴有关。

通过对国内外文献进行整理和分析可以发现，国内外学者均对扶贫脱贫、文化旅游产业发展和文化旅游产业发展的影响因素进行了大量的研究，大部分研究对上述内容进行了量化分析。但是，与国外社会救助、旅游产业制度的发展与研究进程相比，我国在相关领域的研究起步较晚，相关理论体系研究有待加强。例如，广西的文旅融合发展与助力脱贫攻坚及乡村振兴的有效衔接的研究成果较少，因此存在的问题也较多，主要表现为：对广西文化产业与旅游业的融合发展并没有详细地展开研究；理论研究与实际应用没有很好地结合起来；对如何创新广西文旅融合发展的研究还不够深，还存在很多不足。因此，本书在借鉴国内外相关学者研究成果的基础上，使用相关分析和回归检验等方法，并结合有关文旅数据进行定量分析，以期丰富新时代文化旅游产业的相关研究。

第二节　相关概念及理论基础

一、相关概念

（一）文化产业

1947 年，阿多诺和霍克海默在《启蒙辩证法》中率先提出了"文化产业"（culture industry）这一概念，他们提出，文化产品的生产过程也是一种标准化、模式化的可复制过程，文化产业可以把旧的熟悉的东西熔铸成一种新的特质。20 世纪 80 年代，联合国教科文组织认为，不同国家的人对文化产业有不同的理解和认知，它作为经济形态的一种特殊展现形式，可从工业标准化的生产与流通、分配与消费等角度对其进行定义："文化产业就是按照工业标准，进行的生产、再生产、储存以及分配文化产品和服务的一系列活动。"根据不同行业进行划分，文化产业包括文化娱乐、网络视频、图文广告、音像制品等。英、美等西方国家在发展中根据各自的情况对文化产业进行了概念上的规范和产业分类上的调整。举例来说，美国特别重视知识产权保护，将其称为"版权产业"；而英国则将文化产业视为"创意产业"，注重个人在其中的创造力。相较之下，我国的文化产业起步较晚，直到 2003 年才出台了支持和促进文化产业发展的政策文件。我国的文化产业随着经济社会的发展不断壮大，被定义为提供服务并从事产品生产销售等的经营性行业。国家统计局则将其界定为具有国家和民族特色的意识形态色彩，是提供文化娱乐活动等相关内容的集合。综合现有研究结果，我们认为文化产业主要以文化创作或创意为核心，经过标准化、工业化的加工生产，成为受群众欢迎的文化消费品。

（二）旅游业

旅游业在不同国家和领域存在多种定义，引起了学术界和从业者的广泛讨论。联合国于 1971 年将旅游业定义为提供各种产品和服务，以满足旅游者需求的商业集合。然而，对旅游业的理解因地区和行业存在差异而有所不同。一些学者侧重从市场和产品层面进行研究，另一些则侧重对服务项目的内容进行划分。因此，对旅游业的界定包括狭义、广义和大旅游业三个方面。其中，狭义是指旅游服务业单位和个人；广义包括各种与旅游相关的服务和行业；大旅游业则囊括所有与旅游相关的产业。从业务类型上看，可将旅游业分为国内旅游服务、出境旅游服务和入境旅游服务，这些服务涉及国际旅游交流和经济发展。旅游业不仅是经济发展的支柱，更是文化交流和国际友好沟通的桥梁，对社会和经济的发展具有积极影响。

因此，旅游业可被定义为以旅游资源为基础，以旅游设施为条件，为旅游者提供旅行游览服务的行业，其在各个层面和领域的多样性，反映了旅游业的复杂性和多元性，对于各国社会和经济的发展都具有重要意义。随着时代的变迁和人们需求的改变，旅游业的定义也将继续演变和丰富。

二、理论基础

（一）产业结构理论

17 世纪，产业结构理论逐步形成，英国古典政治经济学创始人威廉·配第发现，由于各国的经济发展处于不同阶段，产业结构各不相同，各国人民的收入水平也不同，因此，他在专著《政治算术》中提出，工业、商业、农业三者之间，工业收入最高，其次是商业，农业收入最低（William Petty，1672）。而亚当·斯密则提出了产业发展的顺序，即资本投资者、产业部门和产业发展应遵循工、商、农等顺序。1935 年，日本经济学家赤松要提出"雁行形态论"，他认为后发展国家要加快工业化进程，同时要推进产业结构国际化，而不能闭门造车发展工业，要走国际化合作路线。随后，不同国家的学者根据"雁行形态论"提出了产业发展的相关政策，1941 年，美国经济学家西蒙·库兹涅茨（Simon Smith Kuznets）在其著作《国民收入及其构成》中，提出了产业结构与国民收入之间的重要关系。

而美国的另一位学者瓦西里·里昂惕夫（Wassily Leontief）在他的两本著作《投入产出经济学》（1966年出版）、《美国经济结构研究》（1953年出版）中，均对产业结构进行了深入研究，提出了投入产出分析体系，并分析了一国的经济政策受同一国不同地区之间经济关系的影响，而在后面的几本相关著作中，他还深入研究了产业结构与经济增长之间的关系。

（二）旅游区位理论

学术界通过研究旅游目的地、旅游交通、旅游区位和旅游客源地及旅游组织形式等相关元素对经济产生的影响，形成了旅游区位理论。20世纪30年代，西方学者最先提出旅游区位理论，克里斯泰勒（W. Christaller）研究旅游地与中心城市的关系发现，旅游地通常在边远山区，因此提出可以通过发展旅游业，使偏远山区经济得到相应发展，并免受中心城市工业的影响。他认为，影响旅游活动的因素有自然景观、民族风情、民族文化、历史古迹、体育运动与赛事活动、地方节庆文化等。他通过运用经验与行为研究方法对旅游区进行了研究，但没有建立一个理想的中心地模式。而中心地的腹地模式由南斯拉夫学者齐瓦丁·乔威塞克提出。美国学者里格斯和狄西则认为，政治与经济、宗教与文化、地理与资源的相互作用会对旅游活动的组织产生影响，他们提出了旅游会对周围事物产生影响的同心影响带模式，并认为旅游区位理论与其他区位理论不能简单套用。

（三）协同效应理论

1971年，德国物理学家赫尔曼·哈肯首次提出了"协同"的概念，并在随后的5年内发表了《协同学导论》等著作，详细解释了这一理论，简单来说，协同就是"1+1>2"的效应。他认为社会现象与环境一样，各系统相互作用、相互影响。在企业组织中，各单位既有合作与配合，也存在相互制约与干扰，从而形成协同体。这种协同能够有效地利用资源，使整体利益大于各个个体利益，就像"1+1>2"或"2+2=5"。安德鲁·坎贝尔等（2000）在《战略协同》中将协同比喻为"搭便车"，当一个部门积累的资源可以无成本地用于公司的其他部分时，就产生了协同效应。他们还从资源特性的角度区分了协同效应和互补效应，互补效应主要利用可见资源，而协同效应则主要利用隐性资产。蒂姆·欣德尔（2004）根据前人的研究提出了企业实现协同的方式，包括协同战略、资源共享、整合有效资源以及与供应商谈判和整合力量等。而安索夫则认为协同是企业战略的一部分，通过结合企业业务，能更有效地利用现有优势和资源来拓展新的发展空间。多元化协同效应则通过共享人力资源、知识技能、企业资金设备以及企业品牌等资源来实现企业规模效益，降低成本，从而规避市场风险。美国学者莫斯·坎特（R. Moss Kanter）提出，公司多元化的唯一理由就是获得协同效应。

第三章 广西文化旅游产业发展的战略地位

新时代背景下，全面推进乡村振兴战略对广西提出了更高、更严格的要求，而广西文化旅游产业对居民增收至关重要。因此，广西应抓住有利时机，发挥旅游资源优势，推进文化旅游产业快速发展，以进一步巩固脱贫成果。

第一节 后脱贫时代的现实困境

有关统计数据显示，2015 年年末全国农村贫困人口 5 575 万人，贫困发生率为 5.7%，2019 年年末全国农村贫困人口 551 万人，贫困发生率为 0.6%；2020 年，中国农村贫困人口全部脱离绝对贫困，脱贫攻坚成绩斐然。2020 年，广西 54 个贫困县全部脱贫摘帽，奋力攻克脱贫堡垒，但由于贫困具有长期性、复杂性、反复性等特征，因此脱贫工作不可能快速、一次性得以解决。后脱贫时代是指绝对贫困消失，而相对贫困和返贫风险的存在，使得有效治理贫困风险成为我们必须面对的难题。

一、旅游扶贫范围广

广西曾经是全国脱贫攻坚的主战场之一，脱贫压力大体现在"老、少、边、山"等方面，脱贫范围广体现在贫困面积大和贫困人口多两个方面。2015 年，广西建档立卡贫困人口有 452 万人，全国排名第四，贫困发生率为 10.5%，比全国平均水平高 4.8%，全区 54 个贫困县中有 33 个国家扶贫重点县。2020 年，随着最后 8 个贫困县脱贫摘帽，广西脱贫攻坚战取得历史性胜利，但是由于历史、自然和经济原因，即使进入乡村振兴时期，广西防止返贫的任务仍然十分艰巨。

具体而言，首先是广西贫困的时间较长，解决贫困的难度较大，还需要通过强有力的措施来解决历史遗留的贫困问题。其次，由于广西山区较多，交通条件并不便利，虽然近几年已经得到改善，但是仍处于相对闭塞的状态，旅游扶贫需要的基础设施条件限制了企业进入、市场拓展等。最后，因为产业基础薄弱，农业是当前脱贫地区最主要的产业，要想顺利实现旅游扶贫，达到扶贫的预期效果，还需要进一步完善扶贫工作机制，创新和丰富扶贫方式。

二、兜底脱贫压力大

为有效治理农村贫困问题，我国农村反贫困问题通过低保制度和扶贫开发制度共同解决。其中，"兜底脱贫"是 2015 年习近平总书记在减贫和发展高层论坛上提出的"五个一批"中的重要内容，担负着脱贫攻坚的底线任务，以保障脱贫地区的老弱病残困难群体的基本生活。根据《广西壮族自治区 2020 年社会救助兜底脱贫行动实施方案》（桂民发〔2020〕13号），2020 年，各市农村低保标准按照上年度 15% 以上幅度提高标准，农村低保标准提高到每人每年 5 000 元以上，确保所有县区农村低保标准稳定高于国家、自治区脱贫摘帽标准；城市低保标准按照上年度 10% 以上幅度提高标准，年内全区城市低保平均保障标准提高到每人每月 720 元以上。兜底脱贫制度一方面在反贫困工作中发挥着"安全网"的作用，提高了居民的可支配收入，但另一方面也给基层治理带来了新问题。

兜底脱贫面临的困境包括：一是资金压力。自身无力脱贫或者无产业脱贫的脱贫人口，部分或完全丧失了劳动能力，家庭抵御风险的经济能力差，通过社会救助兜底脱贫，其在基本生活、医疗、养老、教育等方面得到了制度保障。但因缺乏真正摆脱贫困的条件，他们难以在短时间内依靠自身力量改变现状，这给救助政策和资金造成了压力。二是救助标准制定困难。过高的救助标准可能会滋生"懒汉"，出现消极救助，解决了贫困人口眼前的问题，却忽视了可持续发展的"造血"能力。但是救助标准过低，虽在一定程度上可以扩大救助范围，但是兜底扶贫的效果会减弱。三是低保政策在执行中存在问题。一些地区在实际执行政策时，可能出现"人情保""关系保"等问题。与往常人们认为的领取低保不光荣不同，有些人争当贫困户，认为"低保是国家的钱，即使我不拿，别人也会拿"。

虽然各地加强了对违规领取低保事件的查处力度，但是由此造成的负面影响却难以彻底消除。

三、脱贫地区内生能力不足

（一）脱贫地区个体能力欠缺

以低保为基础，以各种救助政策构成的救助体系，是传统的救助理念，并不是主动对抗贫困风险的办法，因此脱贫地区可能出现内生能力不足的情况。脱贫地区内生能力不足受劳动力年龄和受教育程度两方面的影响。随着经济的不断发展，农业占生产总值的比重不断下降，脱贫地区能从事农业生产的劳动力远远不够，缺乏独立自强的"造血"能力，从根本上制约了农民的收入增长。脱贫地区拥有较高知识和技能的青壮年人口面临更多的机遇与挑战，他们更多地选择"走出去"而非"留下来"。《中华人民共和国 2019 年国民经济和社会发展统计公报》显示，2019 年，全国农民工总量 29 077 万人，其中，外出农民工 17 425 万人，本地农民工 11 625 万人，分别比上年增长了 0.9% 和 0.7%。《广西统计年鉴 2020》数据显示，2019 年广西人口总数为 5 695 万人，常住人口 4 960 万人，外出人口 735 万人，与 2018 年外出人口 733 万人相比增长了 0.3%。由于环境的制约，脱贫地区既无法吸引流失的人口回归，也无法吸引外来人口流入。

（二）脱贫地区土地资源不足

除人力资源外，土地资源是农民最重要的资源，土地决定了农民能否过上幸福的生活。广西地处云贵高原东南边缘，山体庞大、连绵，总体是山体丘陵盆地地貌，以海拔 1 000 米以下的山地为主，特点是山多地少。广西壮族自治区人民政府门户网站资料显示，山地、丘陵、台地、平原分别占全区陆地面积的 62.1%、14.5%、9.1% 和 14.3%，林地面积大，人均耕地少，后备耕地资源不足。表 3-1 列出了 2015—2019 年广西的土地面积情况，其中林地面积约占土地面积的 56%。

2018 年 12 月，国务院新闻办召开新闻发布会，公布了全国岩溶地区石漠化监测结果。广西岩溶地区石漠化面积达到 153.3 万公顷（1 公顷 = 10 000 平方米），占全区土地面积的 6.5%；广西有关网站数据显示，在河池市 335 万公顷土地面积中，石漠化土地比重已超过四分之一，潜在石漠化土地比重超过三分之一。2015 年广西识别出的 69 万贫困人口中，大部分人口居住在潜在石漠化和石漠化地区。石漠化是水土流失导致的土壤受损，土地失去了农业利用价值，也是生态环境退化的体现。

表 3-1　2015—2019 年广西的土地面积情况

单位：万平方千米

面积	2015 年	2016 年	2017 年	2018 年	2019 年
土地面积	23.76	23.76	23.76	23.76	23.76
其中：林地面积	13.32	13.31	13.3	13.3	13.3

四、存在返贫问题

返贫是指已经脱贫的地区或人口又重新陷入贫困的状态。脱贫户作为社会经济生活中的弱势群体，他们陷入贫困的时间越长、贫困程度越深，返贫的风险就越大。造成返贫的因素包括三类。

首先，大部分脱贫地区自身基础薄弱，基础设施落后，交通不便。脱贫户虽然摆脱了绝对贫困，但因抵抗风险的能力弱，已经脱贫的人口在面临突发性事故时，往往难以承担巨大损失。一旦他们遇到这些可控或不可控的致贫因素，经济上会陷入困境，因病、因灾导致的返贫现象普遍。

其次，贫困户通过社会救助发放的救助款、物资"输血式"脱贫，短期效应明显，但实现"救"而忽视"助"，并不是真正意义上的脱贫。脱离救助政策后，被动、消极的脱贫户可能再次回到贫困状态。中共中央、国务院印发的《中国农村扶贫开发纲要（2011—2020 年）》指出，要稳定脱贫户实现"两不愁三保障"，即不愁吃、不愁穿，确保其义务教育有保障、基本医疗有保障、住房安全有保障。精准脱贫政策的执行，给脱贫地区带来了翻天覆地的变化，深度贫困的概率变小。

最后，在产业扶贫过程中，出现了通过购买农产品帮助农民提高收入的方式，但是这不符合以市场为导向的原则，导致部分脱贫人口没有积极性和进取意识，依赖性较强，不能接受发展周期长、见效慢、风险大的产业。因此，缺乏对教育扶贫的长远规划，"扶贫"但没有"扶志"，也是返贫的重要原因之一。

五、乡风文明受到挑战

党的十九大报告提出，实施乡村振兴战略，要按照产业兴旺、生态宜居、乡风文明、治理有效、生活富裕的总要求，而乡风文明是乡村振兴的灵魂与核心，文明乡风为乡村振兴提供了正确的价值引导。在脱贫的道路上，有一些贫困人口因缺乏谋生的技能和机会，走上了歪路，通过乞讨、诈骗、传销、造假等手段谋取财富，这些违法行为对乡风文明建设造成了不良影响。

第二节　文化旅游产业发展对居民增收的影响

一、文化旅游产业扶贫的发展历程

文化旅游产业是第三产业的重要组成部分，起源于 1841 年英国人托马斯·库克创办了世界上第一家旅行社，开始经营组团旅游，自此之后，文化旅游产业快速发展，成为现代人的重要生活方式。由于文化旅游产业可以带来巨大的经济利益，因此备受人们关注，文化旅游产业甚至成为一些旅游资源丰富的国家和地区的重要经济来源。文化旅游产业衍生出的扶贫功能也得到了人们的关注，通过开展文化旅游产业，提高当地居民收入，从而实现脱贫致富。

我国文化旅游产业相对于西方发达国家来说起步较晚，但随着人民生活水平日益提高，人们对文化旅游的需求逐渐增加，文化旅游产业发展势头强劲。文化旅游产业的发展能够为脱贫户增加收入，也会促使脱贫地区地方政府或企业增加对文化旅游产业的投入，使得文化旅游产业进一步发展，达到良性循环的效果。

二、广西文化旅游产业经营情况

近年来，广西以文化旅游产业为切入点，加大开发和支持力度，把第三产业发展作为广西经济发展的新引擎。截至 2019 年年底①，广西共有899 家旅行社，470 家星级饭店，其中五星级饭店 12 家，四星级饭店 110家，三星级及以下饭店 348 家。2019 年，广西旅游总消费 10 214.4 亿元，

---

① 由于 2020—2022 年，新冠病毒感染疫情（以下简称"疫情"）暴发，人们的出行受到了严重的限制，这对文化旅游产业的发展产生了严重的影响，相关数据不具有可比性，因此本书的相关数据只统计到 2019 年，下同。

同比增长 34.4%。

截至 2019 年年底，广西住宿业法人企业 751 个，年末从业人数 51 556 人；餐饮业法人企业 415 个，年末从业人数 34 553 人，表 3-2 列出了 2017—2019 年广西住宿和餐饮企业的基本情况，通过分析 2017—2019 年的数据发现，住宿业法人企业数量年均增长率为 9.9%，住宿业从业人数年均增长率为 3.3%；餐饮业法人企业数量年均增长率为 6.3%，餐饮业从业人数年均增长率为 3.8%。由此可见，文化旅游产业包容性大，对收入增长和促进就业均有影响。

表 3-2　2017—2019 年广西住宿和餐饮企业基本情况

指标	2017 年	2018 年	2019 年
住宿业法人企业/个	566	635	751
住宿业从业人数/人	46 720	49 421	51 556
餐饮业法人企业/个	346	362	415
餐饮业从业人数/人	30 917	30 429	34 553

三、广西文化旅游产业发展与居民收入现状分析

居民收入来源包括工资性收入、生产经营收入、财产性收入、转移净收入。随着文化旅游服务越来越普遍，旅游生计在当地居民收入中占据越来越重要的地位，旅游业提供的就业岗位数量多且门槛不高，有助于提升当地居民的人均可支配收入。据广西壮族自治区统计局统计，截至 2019 年年底，广西人口总数为 5 695 万人，表 3-3 列出了广西 2015—2019 年的 GDP、旅游人数、旅游总消费、人均可支配收入，广西居民人均可支配收入随着旅游总消费的增长而增长（趋势见图 3-1）。

表 3-3 　2015—2019 年广西 GDP、旅游人数、旅游消费、人均可支配收入统计

指标	2015 年	2016 年	2017 年	2018 年	2019 年
GDP/亿元	14 797.8	16 116.55	17 790.68	19 627.81	21 237.14
旅游人数/万人次	34 111.06	40 901.56	52 324.44	68 329.33	87 618.96
旅游总消费/亿元	3 254.2	4 191.4	5 580.4	7 619.9	10 241.4
全区居民人均可支配收入/元	16 873	18 305	19 905	21 485	23 328
城镇居民人均可支配收入/元	26 416	28 324	30 502	32 436	34 745
农村居民人均可支配收入/元	9 467	10 359	11 325	12 435	13 676

注：资料来源于《广西统计年鉴 2020》。

由表 3-3 可知，广西 GDP 由 2015 年的 14 797.8 亿元增长到 2019 年的 21 237.14 亿元，年均增长率为 7.5%；旅游人数由 2015 年的 34 111.06 万人增长到 2019 年的 87 618.96 万人，年均增长率为 20.8%，旅游人数增长迅速，旅游前景较好；旅游总消费由 2015 年的 3 254.2 亿元增长到 2019 年的 10 241.4 亿元，年均增长率为 25.8%，是 GDP 年均增长率的 3.4 倍；城镇居民人均可支配收入由 2015 年的 26 416 元增长到 2019 年的 34 745 元，增长了 0.3 倍；农村居民人均可支配收入由 2015 年的 9 467 元增长到 2019 年的 13 676 元，增长了 0.4 倍。从整体上来看，广西居民人均可支配收入较低，2019 年全国居民人均可支配收入为 30 733 元，全国城镇居民人均可支配收入为 42 359 元，全国农村居民人均可支配收入为 16 021 元，而广西居民人均可支配收入仅为同期全国居民人均可支配收入的 76%，广西农村居民人均可支配收入则更少。

近年来，外出务工人口增加，农村居民收入中的工资性收入比重加大，但从生产经营中获得的收入较少，农村人口、教育、环境等问题日益凸显，因此乡村振兴的关键在于将脱贫地区的人口增收与产业发展相结合。随着航空、铁路、公路等交通方式日益完善，旅游乘数效应显著，旅游业发展对广西经济增长具有重要贡献，且发展势头强劲，有利于调动农村居民参与旅游产业的积极性，从而解决人口就业问题，为剩余劳动力提供更多岗位选择，具有很强的带动居民增收的效果。

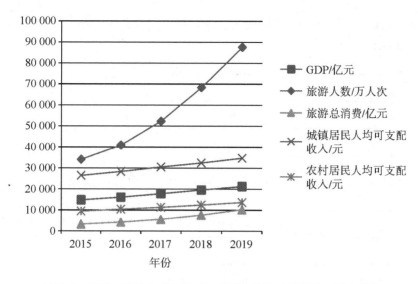

图 3-1　2015—2019 年广西经济、旅游与居民人均可支配收入趋势

四、广西文化旅游产业发展对城乡居民收入差距的影响

近年来，脱贫地区通过发展文化旅游产业防止人口返贫，取得了令人瞩目的成绩，但新的问题也引起了大众关注，即可喜的成绩背后是否会拉大贫富差距，能否实现可持续发展。如果发展文化旅游产业造成脱贫地区贫富差距加大，脱贫人口更加贫困，富裕人口更加富裕，则违背了发展文化旅游产业的初衷；如果发展文化旅游产业使得脱贫地区居民收入实现正增长，同时收入差距缩小，相对贫困人口从中获得更多收益，共享文化旅游产业发展带来的经济成果，那么可以认为文化旅游产业的发展缩小了城乡居民收入差距，同时满足了效率和公平。

广西文化旅游总消费和居民人均可支配收入都处于持续增长的状态，2019 年广西文化旅游总消费突破 1 万亿元，文化旅游产业迈上新台阶。广西文化旅游总消费占 GDP 的比重也不断上升，2015 年占比为 22%，2019 年占比为 48%，可见文化旅游产业在经济发展中逐渐占据重要地位。此外，本书以城镇居民人均可支配收入与农村居民人均可支配收入比来表示广西城乡居民收入差距水平，如图 3-2 所示，可以看出，文化旅游产业的发展不仅实现了居民收入增长，而且缩小了城镇、农村居民的收入差距。因此，坚持可持续的文化旅游产业发展战略，打造有特色、竞争力强的文化旅游项目，如美丽乡村、红色旅游、康养项目，做好旅游与文化的协调工作，可以有效增加城乡居民收入，缩小城乡居民收入差距，实现区域经济整体提升。

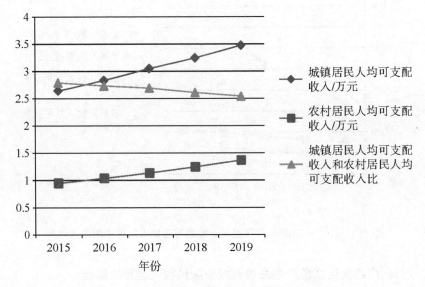

图 3-2　2015—2019 年广西城乡居民人均可支配收入趋势

（数据来源：根据广西统计年鉴相关数据整理而得）

第三节　文化旅游产业发展是富民兴桂的必然选择

发展文化旅游产业需要具备的条件：第一，拥有文化旅游资源，这是发展文化旅游产业的基础条件，是游客参与旅游活动的对象。第二，要有优越的地理条件，以吸引足够的客源来此旅游，客源包括境内和境外两部分。第三，要有相应的政策扶持，鼓励脱贫地区人民参与到文化旅游产业的发展中来。第四，产业发展需要潜力，包括客源潜力和市场潜力，避免市场开发后继无力。第五，需要健全的管理制度，保证文化旅游产业的可持续、健康发展。

广西工业发展相对滞后，科技创新水平处于短板，而构建结构合理、竞争力强的现代产业体系需要较长时间和高额投入。但是，广西许多脱贫地区生态良好、环境优美，蕴藏着丰富的旅游资源。因此，广西应充分发挥生态环境和自然资源优势，并利用网络技术进行宣传和推广，因地制宜，促进文化旅游产业结构调整，从而引导、帮扶、投资振兴脱贫地区，带动脱贫户增收。

一、广西文化旅游资源具有突出优势

发展文化旅游产业的首要条件是拥有旅游资源，广西处于低纬度地区，西南面与越南社会主义共和国接壤，气候条件适宜，四季皆可旅游。同时，广西植被资源丰富，《广西统计年鉴 2020》有关数据显示，截至 2019 年年底，广西拥有旅游景区 557 个，其中 AAAAA 级景区 7 个，AAAA 级景区 247 个，AAA 级景区 290 个，AA 级景区 13 个。这些都为广西文化旅游产业发展提供了有利条件。此外，广西的地貌特色突出，包括岩溶地貌、丹霞地貌，山水风景甲天下。

广西下辖 14 个地级市，12 个民族自治县，少数民族文化氛围浓厚，是全国少数民族人口最多的省份之一，居住着壮、汉、瑶、苗、侗、仫佬、毛南、回、京、彝、水、仡佬 12 个世居民族，其中，壮族人口约占全区户籍总人口的 32.5%。广西各族人民在日常生活中创造出了特色鲜明的民族文化，建造了不同风格的特色建筑，这些不同民族的文化汇聚成了广西少数民族文化。

当前，广西特色文化品牌包括长寿巴马、文学桂军、漓江画派、八桂书风和刘三姐等，文化消费市场包括中国—东盟博览会文化展、电影文化周展览和电视周展览等。

二、将文化旅游资源转换成文化旅游产业的重要意义

"旅游+文化"产生了文化旅游产业，文化旅游产业是绿色产业和朝阳产业，发展文化旅游产业既可以保护当地生态环境，又可以使脱贫地区人口实现增收。

（一）文化旅游产业符合新发展思路

文化旅游产业将旅游资源和文化体验相结合，具有诸多优点：一是在发展经济的同时兼顾环境保护，实现了既要金山银山也要绿水青山，拒绝再走以牺牲环境换取经济发展的老路。广西兼顾生态、环境和居民收入的关系，在生态脆弱区和脱贫地区挖掘了新的经济增长点。广西是岩溶地貌发育的典型地区，也是石漠化最严重的地区之一，石漠化制约着当地种植业的发展。石漠化需要治理，但换一个角度看石漠化问题，即从旅游资源的角度出发，石漠化地区具有天然旅游资源和人文旅游资源，生态环境极具特色，民风淳朴，广西可以通过整合政府、企业、研究机构的力量，形成开发与保护的良性循环，助力经济高质量发展。近年来，广西加大了对石漠化地区的环境治理工作，以修复荒漠生态系统，有效利用广西石漠化地区的自然资源，全面贯彻落实习近平总书记"绿水青山就是金山银山"的重要论述，以石漠景观为主体，以打造休闲游憩为目的，通过参与式体验，使宣传教育与生态保护为一体，打造农林文旅融合发展的特色产业示范基地。例如，通过全力打造，2017年，广西环江县、宾阳县申报的景区景点获得首批国家石漠公园称号。又如，原国定贫困县广西马山县，该县深度石漠化的古零镇弄拉屯经过多年的修复种养，建立了"山顶林、山腰竹、山脚药、平地粮、低洼桑"立体式生态农业，同时，该地将壮族文化与山地旅游有机结合起来，打造了远近闻名的"中国的弄拉、世界的弄拉"，有效促进了森林旅游的快速发展，该项目也入选了2015年意大利米兰世博会中国馆农业综合案例展。而广西边境县大新县，通过对石漠化地区进行生态修复，并将其与山地旅游有机结合起来进行文旅项目开发，将德天跨国瀑布建设成为国家AAAAA级旅游景区，旅游人数年增长超过20%，成为当地脱贫户重要的收入来源。此外，从就业帮扶角度出发，文化旅游资源转化成文化旅游产业，也是市场消费驱使的，随着居民消费升级转型，人们由欣赏自然山水、历史古迹、人文风光等景观，衍生为参与文艺演出、休闲娱乐等主题活动，再进一步发展为追求健康养生的文旅方式。

（二）文化旅游产业的乘数效应

乘数效应是指一个项目的投资引起其他项目随之投资而带来的连锁反应，乘数效应可以分为同化、异化、吸引、扩散等效应，由增长极带来的效应使关联产业集中，从而产生聚合效应。

文化旅游产业是一个包容性强、污染小的产业，发展文化旅游产业不仅能推动第三产业发展，还能带动第一、第二产业的发展，涉及食、住、行、娱等方方面面，包含科技、地产、商业、文创等，从而对第一、第二、第三产业的发展和结构变动起着推动作用。文化旅游产业的乘数效应主要包括以下几种：

（1）营业收入乘数，是指旅游消费引起的营业额增加。文化康养、文创企业的出现，使得绿色、有机、无污染等品牌被激活，旅游产业营业额增加。

（2）就业乘数，是指旅游消费直接或间接引起的就业人数增加。一方面，文化旅游产业中的基础服务能为无一技之长的贫困农民提供就业机会，如脱贫地区的低学历、低收入等弱势群体。另一方面，可以转移当地剩余劳动力，直接吸纳居民在当地就业，留住原本想要外出务工的青壮年劳动力。

（3）产出乘数，是指旅游消费对产出水平增加量的影响。文化旅游产业能够吸引外来资本和企业，吸引"社会精英"创造出产业新融合。如广西花山岩画因其历史价值受到关注，2016 年，当地政府组建投资集团开发文化旅游项目，用优质旅游资源吸引外部投资，以产业思维运营景区，打造文化旅游精品，举办了"花山国际歌坡节""壮族三月三"和《花山》演出等活动，达到了理想的吸引外资的效果。

发展文化旅游产业成为反贫困的重要手段，并受到广泛关注，其关键在于能够在促进经济发展的同时改善环境质量，能够带来广泛的就业机会且门槛较低，以及产业关联度大能够带动其他产业发展。除此之外，发展文化旅游产业的乘数效应还体现在可以促进信息、文化交流，加强城乡甚至是国际交流。

三、文化旅游产业是保障脱贫成果的有效途径

文化旅游产业的发展兼具物质扶贫和精神扶贫，同时具有环境友好、就业辐射面广、准入门槛低、经济带动力度大的优势，是乡村振兴时期保障脱贫成果的有效途径。

（一）支持文化旅游产业发展的政策背景

近 20 年来，国家为文化旅游产业的发展提供了大量政策支持。2014 年，中共中央、国务院印发的《关于创新机制扎实推进农村扶贫开发工作的意见》，明确提出要扶持贫困村开发乡村旅游。2015 年，《国务院办公厅关于进一步促进旅游投资和消费的若干意见》（国发办〔2015〕62 号）提出，要实施整村扶持，指出到 2020 年通过乡村旅游带动 200 万贫困人口脱贫致富，扶植 6 000 个扶贫村开展旅游。2018 年，习近平总书记在全国宣传思想工作会议上指出，要推动文化产业高质量发展；而推动旅游业高质量发展则被 2019 年中央经济工作会议确定为促进经济社会发展的重要抓手之一；2020 年中央经济工作会议指出，要坚持扩大内需这个战略基点。因此，广西积极响应国家号召，从统筹规划的角度出发，在 2020 年出台了支

持文化产业高质量发展的措施①，主要包括：一是推进文化产业集聚发展，到 2025 年前打造 10 个自治区级文化产业园区和基地。二是激发文化市场主体活力，在发挥龙头企业带头作用的同时支持引导中小微文化企业的发展。三是推动文化产业重大项目建设，建立重大项目库并推动建设进度，鼓励桂商回家乡发展。四是扩大文化消费范围，创新消费模式。五是完善财政金融支持，发挥资金的引导和杠杆作用。这些措施有助于广西高质量发展文化产业，建设民族文化强区，体现了政府对文化旅游产业发展的重视。

文化旅游产业发展的重点在于项目开发，而开发项目的前提是解决用地问题。2019 年，广西出台了《广西壮族自治区人民政府办公厅印发关于支持文化旅游高质量发展用地政策的通知》（桂政办发〔2019〕110 号），提出推广桂林旅游产业用地改革试点经验，以支持文化旅游产业高质量发展。具体而言，一是提出要强化规划引领，确保文旅项目用地指标，并将其纳入"十四五"广西国土空间规划；二是使年度用地指标中的专项保障到位，深化"文旅+扶贫"或对乡村振兴具有示范带头作用的文化旅游项目建设；三是完善文化旅游用地分类管理；四是采取灵活的土地供给模式，可采取先租后让、长期租赁、租让结合、弹性年期等方式提供文旅项目用地；五是降低文旅用地成本；六是鼓励盘活利用农村集体用地。桂林市利用试点政策保障文化旅游项目用地，开创了用地差别化管理的先河，鼓励农村居民利用集体土地参与文化旅游项目的开发。

近年来，广西为保障乡村振兴战略顺利实施，为乡村文化旅游投资积极营造良好环境，出台了促进乡村旅游高质量发展的相关措施②，重点包括拓宽乡村旅游投融资渠道和加大乡村旅游财税扶持力度。鼓励国有投资和民间投资通过多种方式参与乡村旅游的开发，把乡村旅游品牌等级纳入信用体系中，推进农村承包土地经营权抵押贷款，乡村旅游经营权、门票收费权抵押贷款，鼓励资质优良的中小乡村旅游企业发行信用债券以取得资金，为乡村旅游发展争取到了优惠额度和优惠利率的信用贷款，解决了资金来源问题。此外，通过利用税收杠杆作用，为旅游企业特别是开展乡

---

① 《广西壮族自治区人民政府办公厅印发关于加快提振文化和旅游消费若干措施的通知》（桂政办发〔2020〕37 号）。

② 《广西壮族自治区人民政府办公厅印发关于促进乡村旅游高质量发展若干措施的通知》（桂政办发〔2020〕44 号）。

村旅游的企业提供税收优惠政策，进一步融合交通、农业、脱贫资金，加大对脱贫地区开发旅游项目的支持力度。如广西三江县八江镇布央村，通过开发产业路，广泛种植茶叶，将侗族民族文化与农林业有机结合，将当地打造成为国家 AAAA 级旅游景区、自治区级农文旅融合发展乡村振兴示范区，成为远近闻名的旅游村。

（二）乡村振兴战略引领乡村旅游发展

2020 年，党中央举全国之力，全力打赢脱贫攻坚战，广西贫困县也全部摘下贫困帽。党的十九大报告提出以全面实施乡村振兴战略为抓手，持续推进和巩固脱贫地区的脱贫成果，确保到 2050 年，乡村全面振兴，农业强、农村美、农民富的目标全面实现。因此，全面脱贫与乡村振兴的有效衔接是一个多层次、多领域、多视角的综合衔接概念，具有长远意义。"旅游+乡村振兴"可以有效配置资源，改善乡村风貌。

第一，文化旅游产业的发展可以推动区域经济发展，提高经济实力，增加政府财政税收，能够加大对教育、医疗和科技的投资力度，为脱贫地区人口提升文化素养提供机会和保障。

第二，文化旅游产业的发展能够助力脱贫地区对外开放。脱贫地区大多处于交通不便、自然条件不佳的山区，落后的交通条件制约着脱贫地区的社会发展。而随着文化旅游产业的兴起，脱贫地区的交通条件得以改善，促进了人员、信息、商品、教育的交流互通。脱贫地区人民获得相对较高的收入水平后，便可吸引更多人才扎根农村，提升了人民的获得感和幸福感。

第三，文化旅游产业的发展能够改变农村居民的传统观念和思维模式。脱贫地区的外出务工人员多数从事的是劳动密集型产业，但 2020 年突如其来的疫情使这些人员无法外出务工，再加上中美贸易摩擦加剧，外贸出口受到冲击，因此扩大内需成为后疫情时代的热点，而扩大内需的核心在于投资和消费。投资开发乡村文化旅游产业可以作为拉动内需的新动力，发展乡村文化旅游产业，能够改善脱贫地区的人力资源情况，达到乡村振兴的目的。

第四，文化旅游产业的发展有助于加强教育投入，减少留守儿童数量。脱贫地区年轻劳动力外出务工时，通常将孩子留在农村，在物资、精神匮乏环境下长大的儿童，易成为新一代的贫困群体。为了阻止贫困一代代传递，后脱贫时代要努力减少留守儿童数量，而文化旅游产业的发展能够为脱贫地区创造大量工作机会，有助于儿童在父母身边成长。

第五，文化旅游产业的发展能够为农村经济发展提供人才支撑。通过搭建乡村文化旅游平台，能够吸引有能力、有志向的年轻人到农村发展。通过定向培养文化旅游专业人才，促使大学生在学有所成后返回家乡工作，参与家乡的乡村振兴事业，可以促进乡村文化旅游产业健康、稳定发展，将人才"输血"常态化。

第六，文化旅游产业的发展有助于完善医疗体系建设，防止"因病返贫"。对于脱贫地区人口而言，因病致穷是返贫发生的重要因素，政府虽出台帮扶政策以减轻脱贫地区人口的医疗压力，但是庞大的医疗支出仍是较大的负担。而发展文化旅游产业有助于医疗体系建设，如从文化旅游收入中提取一部分为脱贫人口购买商业医疗险、推行公益赞助等，以减轻政府压力。

第四节　现代产业体系对广西文化旅游企业高质量发展提出新要求

2023 年 5 月 5 日，二十届中央财经委员会第一次会议强调，要"建设具有完整性、先进性、安全性的现代化产业体系"。对标有关会议精神，现代产业体系对广西文化旅游企业高质量发展提出了创新驱动、优质服务、产业融合、绿色可持续发展和数据驱动五方面的新要求。

一、创新驱动

现代产业体系要求广西文化旅游企业在产品、服务和管理等方面进行创新。

（1）产品创新：通过引入新的科技手段，如虚拟现实、增强现实等，可以为游客提供更加丰富、个性化的消费体验。

（2）服务创新：通过运用互联网、大数据等技术手段，可以为游客提供在线预订、导览、推荐等服务，提高游客的满意度和忠诚度。

（3）经营模式创新：引入共享经济模式，通过与其他相关企业的合作，实现资源共享、优势互补，提高效益和竞争力。

（4）营销创新：通过新的营销渠道和运用新的营销手段，如社交媒体、短视频等，可以更好地提升企业形象和传播产品信息，从而吸引更多游客。

（5）人才培养和创新文化建设：加大人才培养力度，培养员工的创新思维和专业能力。同时，通过建设创新文化，鼓励员工提出新的想法和创意，从而推动企业的创新发展。

二、优质服务

现代产业体系强调提供优质的服务体验。广西文化旅游企业需要注重提升服务质量，提供个性化、定制化的服务，以提高游客的满意度和忠诚度。

（1）提升游客满意度：通过提供热情周到的服务、个性化的定制服务、高效便捷的服务等，可以使游客感受到良好的服务体验，从而提高他们的忠诚度和扩大口碑传播范围。

（2）增加重复消费：优质的服务可以促使游客再次选择同样的产品，增加重复消费率。

（3）增强竞争力：通过提供与众不同的优质服务，可以吸引更多游客选择企业的产品，从而使企业在市场中占据有利位置。

（4）建立品牌形象：通过提供一流的服务，企业可以树立良好的品牌形象，提升品牌价值和知名度。

（5）建立客户关系和忠诚度：通过与游客保持良好的沟通和互动，以及为其提供个性化的关怀和服务，可以提高游客的忠诚度，使其成为企业的忠实客户。

三、产业融合

现代产业体系鼓励不同产业之间的融合和协同发展，产业融合可以推动经济高质量发展。

（1）优化产品和服务：通过与其他相关产业进行融合，可以引入其他领域的优质资源和技术，从而提升产品和服务的质量。

（2）创新营销模式：产业融合可以带来新的营销机会和方式。通过与电商、社交媒体等产业进行融合，广西文化旅游企业可以拓展新的营销渠道，实现线上线下的互动和融合。

（3）优化资源配置和利用效率：产业融合可以实现资源的共享与互

补。如与物流、交通等产业进行融合，可以共享物流配送网络，提高旅游产品的配送速度和效率。

（4）增强竞争力和提高市场占有率：通过与其他产业进行合作，企业可以提供更全面的服务，吸引更多游客选择自己的产品。同时，产业融合还可以带来品牌效应和联合营销的机会，从而提升企业的市场影响力。

（5）创新发展模式和商业模式：通过与其他产业进行融合，企业可以探索新的商业模式和盈利模式，从而提升企业的盈利能力和可持续发展能力。

四、绿色可持续发展

绿色可持续发展可以推动文化旅游企业高质量发展。

（1）环境保护和资源节约：广西拥有丰富的自然资源和独特的生态环境，绿色可持续发展可以有效保护这些资源。

（2）提升旅游产品和服务的质量：绿色可持续发展可以促使广西文化旅游企业提升旅游产品和服务的质量。通过注重环境保护和资源利用，企业可以打造更具特色和可持续性的旅游产品，以及提供更优质的旅游服务。

（3）增强企业竞争力和提升品牌形象：绿色可持续发展可以提升广西文化旅游企业的竞争力和品牌形象。通过积极践行绿色可持续发展理念，企业可以吸引更多环保意识强的消费者，从而提升企业的市场竞争力和品牌形象。

（4）推动产业升级和转型：通过注重环保和可持续性，企业可以引入新的技术和理念，以推动产品和服务的创新。例如，引入智慧旅游技术，提升旅游产品的科技含量；推出低碳旅游线路，减少旅游活动对环境产生的不利影响。

五、数据驱动

现代产业体系强调数据的重要性。广西文化旅游企业需要加强数据收集和分析能力，利用大数据和人工智能等技术手段，进行市场预测、产品定制、运营优化等工作，以提高决策的科学性和精准度。

（1）深入了解客户需求：通过分析客户的消费行为、旅游偏好、评论和评分等数据，企业可以更准确地了解客户的需求，从而针对性地开发旅游产品和服务，以提升客户满意度和忠诚度。

（2）优化产品和服务：通过分析客户的反馈和评价数据，企业可以了解客户对产品和服务的评价，以及时调整并优化产品和服务，从而提升企业的竞争力。

（3）精细化营销和推广：通过分析客户的购买行为和旅游偏好，企业可以精确锁定目标客户群体，并通过个性化的营销和推广策略吸引他们。

（4）预测和规划：通过分析历史数据和市场趋势，企业可以预测未来的旅游需求和市场变化，从而制订相应的策略。

（5）实时监测和反馈：通过建立数据监控系统，企业可以实时监测关键指标和业务流程，发现问题和异常，并及时采取措施进行调整和改进。

第四章　广西文化旅游资源概述

第一节　广西文化旅游资源的整体分布及特征

一、整体文化旅游资源分布

广西地处祖国南疆，行政区域土地面积为 23.67 万平方千米，是个既沿边又沿海的西部少数民族自治区，周边分别与湖南、贵州、云南、广东等省份毗邻，是我国西南出海的大通道，西南与越南社会主义共和国接壤，南面管辖有面积近 4 万平方千米的北部湾海域，有漫长的陆海岸线。

广西属于多山地区，山地、丘陵和石山面积占陆地面积的 69.7%，平原和台地面积占 26.9%，水域面积占 3.4%。其中喀斯特地貌占广西地貌的 10.2%。广西紧邻云贵高原，地势由西北向东南倾斜，四周山地环绕，桂南、桂东、桂东北一带有大片谷地，总体呈现山岭连绵、丘陵起伏、平原狭小、河流众多、喀斯特地貌显著等特征。

因受地壳运动的影响，广西山脉多呈弧形，山脉大都围绕在盆地边缘或交错在盆地内，形成了独特的绚丽多彩的自然风光，如环江喀斯特自然风光等，就是南方喀斯特地貌世界自然遗产地的重要代表。同时，六万大山、十万大山、越城岭山脉等，森林覆盖率高，自然景观迷人。越城岭山脉属于"五岭"之一，也是当年毛主席笔下"五岭逶迤腾细浪，乌蒙磅礴走泥丸"中的一岭。越城岭的土名为老山界，是当年红军长征途中翻越的第一座大山，聚居着苗、瑶、侗、壮、汉等多个民族。越城岭的主峰猫儿山主峰海拔 2 141.5 米，是华南地区的最高峰，也是越城岭山脉中最高的山峰，其主峰位于桂林市兴安县境内，山上生物资源极为丰富，有大量濒危的生物物种，山顶风光旖旎。猫儿山是湘江、漓江的发源地之一，2015

年被评为国家 AAAA 级旅游景区。

广西河流水系也随山势而走，从西北向东南流入珠江进入大海，但因地势的影响，也造成了广西沿海但内河航道不通海的尴尬状况，广西内河航道全部通过广东才流入海洋。广西水资源丰富，具有以红水河——西江为主干流的横贯中部以及两侧支流的树枝状水系。其中，最大的水系——西江水系的流域面积占广西土地总面积的 85.2%。广西的主要河流有西江、浔江、郁江、右江、左江、桂江、柳江、红水河、黔江等，这些河流受盆地地形的影响，顺应地势的总倾斜方向，总汇于梧州，后称西江，流域长1 239 千米，因此西江水系是广西最大的水系。而猫儿山也是湘江的源头之一，湘江广西段、资江属洞庭湖水系上游，经湖南汇入长江。秦始皇当年为了解决运输问题，命史禄于公元前 223 年至公元前 214 年修筑灵渠（在今广西兴安县境内），灵渠长达 34 千米，沟通了湘漓二水，联系着长江与珠江两大水系。后来又经东汉的马援、唐代的李渤和鱼孟威的精心维修，灵渠的工程体系得以完成。灵渠是古代中国劳动人民创造的一项伟大工程，是世界上最古老的运河之一，有着"世界古代水利建筑明珠"的美誉，在 2018 年 8 月 13 日入选 2018 年（第五批）世界灌溉工程遗产名录。

当前，为打通广西内陆河，使其通江达海，直达北部湾，广西正在修建新中国成立以来的第一条运河——平陆运河。运河起点位于广西南宁横州市西津库区平塘江口，经钦州灵山县陆屋镇沿钦江进入北部湾，全长134.2 千米，设计年单向通过能力为 8 900 万吨。该工程主要包括航道、航运枢纽、水利设施改造以及沿线跨河配套工程建设，工程总概算约 727 亿元。建成后的平陆运河不仅会推动广西的发展，也将成为我国西南地区运距最短、最经济、最便捷的出海通道。平陆运河的建设吸引了现有通道货运量的转移，使得运输费用每年可降低 52 亿元以上，未来会对我国多个省份的外贸经济和内需货运业务等起到重要的支持作用，将大力推动沿线地区的产业发展。运河大部分是在现有的沙坪河和钦江的基础上进行改造的，分水岭 6 千米处的一段河道为新开挖的。整个运河全程落差 60 米，可通航 3 000 吨海轮。运河建成后，南宁经平陆运河由钦州港出海里程仅 291千米，比经广东出海缩短 560 多千米。

广西除了喀斯特地貌，还有丰富的地下河，长度在 10 千米以上的地下河有近 250 条，如河池都安的地苏河，沿途自然风光引人入胜，多处地下河在广西都安县地苏乡流露地表，宛如形状各异的玛瑙。同时，地苏河是世界上已发现的最大的地下河体系，其中以堪称水中大熊猫活化石的"桃花水母"为代表的地下河浮游生物尤为典型。与其相伴的岩溶峰丛洼地、峰丛谷地地貌也被公认为热带、亚热带岩溶地貌的典型代表，完善的岩溶地貌分带现象也为国际国内所少见，是科普教育的极佳场所。2019年，都安地下河国家地质公园被评为国家级地质公园，2022被评为国家AAAA级旅游景区。

广西有漫长曲折的海岸线，全长1 595千米，从与广东交界的洗米河口、中越交界的北仑河口，到北部湾连接的中国广西与越南，沿海岛屿多样，共有651座，其中最大的海岛涠洲岛面积为24.7平方千米，2020年被评为国家AAAAA级旅游景区。广西海岸线的旅游资源丰富，全区拥有0~20米的浅海面积6 488平方千米，海滩沙质细腻，色泽白如雪，风光迷人，其中北海银滩、防城港金滩闻名区内外，每到夏季，游人如织，风景美不胜收。而北部湾近海海底平坦，由东北向西南逐渐倾斜，倾斜度不到2°，水深为20~50米，是当年孙中山先生《建国方略》中的"南方深水良港"，是开通海上大型游轮的绝佳处所。

二、文化旅游资源特征

"桂林山水甲天下""广西处处是桂林"，广西自然风光美轮美奂，民族风情多姿多彩，历史文化底蕴深厚，是天下民歌眷恋的地方。

（一）山水田园风景如画

广西山川田园秀丽，风光旖旎。广西美丽宜居的村庄、富有特色的民族村寨、底蕴深厚的历史名镇名村与世界级的喀斯特地貌、绚丽多彩的民俗文化相结合，构成了一幅美丽的山水田园画卷。位于桂林龙胜的龙脊梯田，被誉为"中国最美梯田之一""世界梯田之冠"，是中国古代人民智慧的结晶，于2017年入选全球重要农业文化遗产。崇左明仕田园有着"隐者之居"的美誉，也被称为"神仙居住的地方"，与周边独特的喀斯特地貌景观共同构成了极具垄断性的山水旅游资源，具有极高的独特性、知名度和美誉度。桂北山水田园、边关山水生态等自然山水景观特色突出，资源独特性强，具有较高的美学观赏价值。

（二）长寿资源优势突出

广西气候条件优越，生态环境优良，空气质量优良天数和主要河流水质达标率位于全国前列。广西是名副其实的森林旅游资源大省，境内森林覆盖率和负氧离子含量高，森林景观和物种资源丰富。2021 年广西的森林覆盖率为 62.55%，位居全国第三，生态优势金不换。广西境内拥有富含矿物质的独特水质、良好的生态环境、极强的原生态地磁场、分布广泛的温泉、充裕的富硒土壤、丰富的中医药及绿色食材资源、历史悠久的长寿文化，共同构成了得天独厚的长寿养生资源，是养生、养心、养老"三养"佳境。当前，广西拥有 2 个"世界长寿市"、4 个"世界长寿之乡"和 29 个"中国长寿之乡"，其拥有的"中国长寿之乡"超过全国总数的三分之一，是"中国长寿之乡"最多的省份，成为世界著名的长寿老人聚居地。

广西巴马瑶族自治县（以下简称"巴马县"）长寿村，是世界五个长寿村之一，其人口长寿与地理、气候、环境有关。负氧离子被称为"空气中的维生素"和"长寿素"，它能改善肺的换气功能，增加肺活量，起到止咳、平喘、祛痰的作用；它能够改善和调节神经系统和大脑的功能状态，调节和抑制兴奋过程，起到镇定安眠、稳定情绪的作用。在巴马县，空气中的负氧离子含量很高，拥有著名的水晶宫、百魔洞和百鸟岩等旅游景点，其每立方厘米的负氧离子为 2 万到 5 万个。盘阳河两岸每立方厘米的负氧离子达 3 000 个以上，县城城区每立方厘米的负氧离子也有 2 000 个以上。巴马县的水，多是地下水和富含矿物质的山泉水，又称小分子水。可以说，水是巴马县最突出的亮点，它具有天然弱碱性（pH 值一般为 7.2~8.5），富含丰富的矿物质，氧化还原电位低，极易进入人体细胞膜被人体吸收，尤其空腹饮用极易吸收，进入血液后，能很快使凝聚成团的红细胞分散开，降低血黏度，促进微循环，可减轻或消除人体的心闷、心痛、腿软、气短乏力、头痛、头胀、头晕、失眠、四肢发凉、肢体麻木、耳鸣、视物模糊等症状。另外，巴马县的地磁、阳光日照及食物都对人体具有独特的效果。

（三）民族风情绚丽多彩

广西有壮、汉、瑶、苗、侗、仫佬、水、京、毛南、回、彝、仫佬 12 个世居民族，是多民族地区，民族文化灿烂多姿。广西乡村非物质文化遗产丰厚，壮族霜降节作为"农历二十四节气"扩展项目之一，入选了联合国教科文组织人类非物质文化遗产代表作名录；国家级非物质文化遗产"壮族三月三""刘三姐歌谣"闻名区内外。截至 2023 年年底，广西拥有国家级非物质文化遗产代表性项目 70 项，自治区级非物质文化遗产代表性项目1 115项。此外，各民族各具特色的建筑、民间工艺品、服饰，以及歌圩、舞蹈、饮食、婚嫁、节庆等传统习俗，构成了广西多姿多彩、特色浓郁的民族文化，"壮族的歌、瑶族的舞、苗族的节、侗族的楼"更是被誉为广西"民族风情四绝"。广西还建设了河池铜鼓文化生态保护区、百色壮族文化生态保护区及壮族文化（崇左）生态保护区等。广西举办的南宁国际民歌艺术节、壮族三月三歌圩暨骆越文化旅游节、来宾金秀瑶族盘王节等民族节庆活动热闹非凡，阳朔《印象刘三姐》、三江侗族《坐妹》、融水苗族《苗魅》、宁明《花山》等民族文化演出更是精彩纷呈。广西多姿多彩的民族文化，构成了广西文化旅游的核心吸引要素之一。

（四）历史文化底蕴深厚

广西历史悠久，是海丝文化起源地、古骆越文化的发祥地，历史文化积淀深厚，历史遗迹数量多、保存完好，文化遗产众多。世界灌溉工程遗产名录兴安灵渠、世界文化遗产左江花山岩画文化景观、全球重要农业文化遗产龙脊梯田等世界级文化资源丰富。广西还拥有传统村落770个（其中列入中国传统村落名录280个）、历史文化名镇名村68个（其中列入中国历史文化名镇名村名录38个），以及众多的文物古迹、传统建筑、传统村落等独具特色的乡村旅游资源。昭平黄姚古镇、阳朔兴坪古镇、灵川大圩古镇、鹿寨中渡古镇、灵川东漓古村、灵山佛子镇大芦村等古镇古村已成为闻名区内外的旅游地，其中，黄姚古镇于2022年获评国家AAAAA级旅游景区。乡村历史文化与生态环境相互衬托，凸显了广西民族文化旅游资源的独特魅力。

（五）红色文化厚重深远

广西是中国共产党开展革命活动和建立地方组织较早的地区之一，红色文化资源丰富，老区文化、抗战文化等主题特色突出，中国人民反帝反封建斗争、抗日战争、解放战争、社会主义建设以及改革开放时期在广西各地留下了大量珍贵遗迹。百色起义、龙州起义、湘江战役等许多重大历史事件影响深远。广西乡村地区分布着众多红色历史遗址遗迹，为红色旅游开发提供了很好的基础条件。截至2021年12月，广西共有全国爱国主义教育示范基地13处，红色旅游经典景区16处。此外，中越跨国红色旅游兼具独特性和垄断性，广西境内至今仍保留有多处胡志明等越南革命党人在广西进行革命的活动旧址、秘密机关旧址和"海上胡志明小道"，见证了中越两国的友好情谊。

第二节　地文景观类文化旅游资源

地文景观类文化旅游资源是在长期地质作用和地貌变动过程中形成并在地表面或浅地表面存留下来的景观，分布面极大，种类多，直观性强，一般可以直接构成景观，是旅游资源中最重要的类型之一，根据《旅游资源分类、调查与评价》（GB/T 18972—2017），地文景观类文化旅游资源可分为综合自然旅游地、沉积与构造、地质地貌过程形迹、自然变动遗迹和岛礁5个亚类，包括37个基本类型。

一、综合自然旅游地

（一）山地、山丘型旅游地

海拔超过 500 米，坡度较陡的地形被称为山地，山地是五大基本地貌中最富有多样性造型的自然景观资源。雄伟、奇峻、险、秀、幽及其组合变化，是山地景观地貌的主要审美特征。山丘型旅游地按其组成岩性可以分为：花岗岩、变质岩、砂岩、玄武岩、流纹岩、丹霞和喀斯特山丘。广西境内涵盖上述各类已开发和待开发的山地、山丘型旅游资源，且资源丰富。如广西来宾市金秀瑶族自治县的圣堂山，位于金秀瑶族自治县西南部，距县城 45 千米，其主峰海拔高 1 979 米，是华南第二高峰，其山奇、水秀、花艳，特别是每年的 5 月份，山顶上五颜六色的野杜鹃花竞相争艳，令人流连忘返。圣堂山是国家 AAAA 级旅游景区，也是国家自然保护区，圣堂山上常年云雾缭绕，每当一缕霞光照射过云层，仿如美人略施粉黛，透出羞涩，令人神往，让人陶醉。而具有"华南第一峰"美誉的桂林兴安猫儿山，其主峰高 2 141.5 米，地跨兴安、资源、龙胜 3 县，距桂林市 122 千米。猫儿山是漓江、湘江的发源地之一，其境内山高林密，山集险、秀、幽于一体，夏可避暑、冬可赏雪，也是秋天登高的好去处，其在 2016 年被评为国家 AAAA 级旅游景区。此外，广西还有玉林大容山、六万山，桂南的九万山、十万大山，桂西北的元宝山等，都特别适合开展观赏山地、休养山地及地质类研学旅游活动。

（二）谷地型旅游地

谷地型旅游地是指河谷地区内可供观光游览的整体区域或个别区段，

谷地是由河流的侵蚀、搬运和堆积而形成的。在谷地型旅游地，人们既可以顺河沿江观赏沿岸峡谷峭壁的壮丽风景或河岸上田园瓦舍的秀美风光，也可以河流为依托，开发有价值的综合旅游景观。如从桂林市到阳朔县的漓江段，就是闻名中外的旅游胜地；还有崇左大新县的明仕田园，是由上游的国家 AAAAA 级旅游景区的大新德天跨国瀑布冲积下来而形成的风光，其在 2022 年获评国家级旅游度假区，度假区内山水田园景如画、悠然静谧隐者居，是休闲度假、生态康养的首选胜地。

（三）滩地型旅游地

滩地型旅游地是指缓平滩地内可供观光游览的整体区域或个别区段，如海滩和滩涂。广西有很好的滩地型旅游资源，如素有"天下第一滩"美誉的国家旅游度假区北海银滩，位于广西北海市银海区，占地面积约 38 平方千米，面积超过大连、烟台、青岛、厦门和北戴河海滨浴场沙滩的总和，且平均坡度仅为 0.05 度，沙滩均由石英砂堆积而成，在阳光的照射下，洁白、细腻的沙滩会泛出银光，故称银滩。北海银滩以其"滩长平、沙细白、水温净、浪柔软、无鲨鱼"等特点，而被称为"天下第一滩"，广西也一直以"北有桂林山水，南有北海银滩"而自豪。北海银滩度假区内的海域海水纯净，陆岸植被丰富，环境幽雅宁静，空气格外清新，可容纳国际上最大规模的沙滩运动娱乐项目和海上运动娱乐项目，是中国南方最理想的滨海浴场和海上运动场所。

（四）自然标志地

广西有北回归线标志地质公园，位于广西桂平市城东约 5 千米的石咀镇小汶村南梧二级公路旁，因公园建在北回归线上而得名。广西第一座北回归线标志塔就建在该公园内，北回归线标志的东西方向嵌有宽 5 厘米、长 20 多米的北回归线标志指示线，也是热带与温带的分界线，站在这里，人们可以一只脚踩在热带上，另一只脚踩在温带上；站在标志正中间说话，声音特别洪亮，好似用了麦克风一样，在该处相距 32 米的南北两地说悄悄话，竟似通电话般清晰，这是全球 9 个北回归线标志中唯一有强回声的标志塔。

（五）垂直自然带

垂直自然带是指山地景观及自然要素（地貌、气候、植被和土壤等）随海拔呈递变规律而产生的现象，具有极高的观光、研学和科研旅游价值。

二、沉积与构造

沉积与构造类旅游资源包括断层景观、褶曲景观、节理景观、底层剖面、钙化和泉化、矿点矿脉与矿石积聚地、生物化石点七种基本类型，如具有独特性且优势较突出的广西桂林南边村泥盆—石炭系界线剖面和广西的奇石。广西的奇石有广西大化石、大湾玉、墨石、天峨石、石胆石、三江彩卵石、八步蜡石、南流玛瑙、马安彩陶石等。

三、地质地貌过程形迹

地质地貌过程形迹包括凸峰、独峰、峰丛、石（土）林、奇特与象形山石、岩壁与岩缝、峡谷段落、沟壑地、丹霞、雅丹、堆石洞、岩石洞与岩穴、沙丘地、岸滩14种基本类型。广西境内包含上述14种基本类型的旅游资源，具有代表性和突出价值的资源有：

（1）凸峰，如猫儿山主峰，海拔高2 141.5米，素有"华南第一峰""山海经第一山"的美称。

（2）独峰，如桂林的独秀峰、伏波岩。独秀峰位于广西桂林市中心的靖江王城内，它是王城景区不可分割的一部分。独秀峰孤峰突起，陡峭高峻，气势雄伟，素有"南天一柱"之称，海拔216米，峰高66米。

四、自然变动遗迹

自然变动遗迹包括重力堆积、泥石流堆积、地震遗迹、陷落地、火山与熔岩、冰川堆积、冰川侵蚀遗迹7种基本类型。广西境内有上述7种基本类型的旅游资源，但不具备与其他省份同类型旅游资源的竞争优势。因此，本书仅对自然变动遗迹做简要介绍，可将其作为其他独特文化旅游的辅助资源进行开发利用，以补充和丰富其他独特文化旅游项目。

五、岛礁

岛礁包括岛区、岩礁2种基本类型。岛区是指小型岛屿上可供游览休憩的区段，一般按照岛屿成因分为陆岛和海洋岛2类。岩礁是指江海中隐现于水面上下的岩石，以及由珊瑚虫的遗骸堆积成的岩石状物。岛礁在广西沿海区域分布广泛，是具有极大开发价值的旅游资源。

广西的岛礁有涠洲岛、北海外沙海鲜岛、斜阳岛、江山半岛、京族三岛、麻蓝岛、七十二泾、系龙洲、南州岛，广西绵延 1 600 千米的海岸线，分布着大量可供开发的岛礁旅游资源。有关部门应对其进行系统的调查评估、评价，并结合海洋经济有规划地、系统地、阶段性地积极开发岛礁旅游资源。涠洲岛属于广西最有特色的海岛，位于北海市北部湾海域中部，东望雷州半岛，东南与斜阳岛毗邻，南与海南岛隔海相望，西面面向越南，总面积为 24.74 平方千米。涠洲岛的岛形近似于圆形，东西宽约 6 千米，南北长约 6.5 千米。岛上有鳄鱼山景区、天主教堂、五彩滩等景区，其中鳄鱼山景区于 2021 年被评为国家 AAAAA 级旅游景区，天主教堂景区则为国家 AAAA 级旅游景区。岛上风光迷人，植被富有亚热带风情，是游客出海游玩的必到之处。

第三节　水域风光类文化旅游资源

水域风光是大自然风景的重要组成部分，是"灵气"之所在，所谓"智者乐水"，是文化旅游资源构成的基本要素。江河、湖海、飞瀑流泉、冰山雪峰不仅能独自成景，还能点缀周围景观，使得山依水而活，天得水而秀。凡是能够吸引旅游者观光，并能够产生经济、社会、环境效益的水体与水文现象都可以被视为水域风光类文化旅游资源。水域风光类文化旅游资源主要包括河段、天然湖泊与池沼、瀑布、泉、河口与海面、冰雪地等几种类型。

水域风光类文化旅游资源是指水体及其所依存的地表环境共同构成的景观或现象。该文化旅游资源可分为 6 个亚类，包括 15 个基本类型。

（1）河段包括观光游憩河段、暗河河段、古河道段落 3 种类型。广西的河流众多，有闻名世界的漓江、柳州的柳江、融水的贝江、资源的资江、宜州的下规河、大新的黑水河、崇左的左江、宁明的明江等。广西都安县内地下水系最发达，河流长度共有 30 多千米，几乎在有石灰岩露出的地方都有暗河的身影。

（2）天然湖泊与池沼包括观光游憩湖区、沼泽湿地和潭池。

（3）瀑布。广西最具代表性的瀑布有德天跨国瀑布，位于广西崇左市大新县硕龙镇德天村，中国与越南边境处的归春河上游，瀑布气势磅礴、蔚为壮观，与紧邻的越南板约瀑布相连，是亚洲第一、世界第四大跨国瀑布，年均水流量约为贵州黄果树瀑布的三倍，为中国国家 AAAAA 级旅游景区，还是电视剧《酒是故乡醇》和《花千骨》的外景拍摄地，神奇而美妙。而位于河池环江县的牛角寨瀑布群景区是新近被开发的瀑布型景区，2019 年被评为国家 AAAA 级旅游景区。牛角寨瀑布群景区坐落在环江县中部的明伦镇，离县城 42 千米，离贵州省荔波县小七孔景区也很近。景区占地约 10 平方千米，属喀斯特地貌。景区内丛峰叠起连绵、森林繁茂、山幽谷深、溪流潺潺，瀑布成群、潭池如境，是集峰丛、峡谷、溪流、瀑布、潭池为一体的自然生态景观。瀑布群中最大的七仙女瀑布，宽 60 米、高 50 米，银白色的瀑布流水飘然泻下，形似仙女在空中裙带飘逸，隽永秀丽，被誉为"广西的黄果树"。

（4）泉包括冷泉、地热和温泉。广西温泉众多，桂西北有南丹温泉、桂北有龙胜温泉、桂东有贺州姑婆山温泉，桂中有象州县温泉，桂南有陆川温泉等，且大多数都已开发成为国家 AAAA 级旅游景区或自治区级生态旅游示范区。其中，龙胜温泉又独具特色，龙胜温泉森林旅游度假区位于龙胜县城东北 32 千米处，从县城乘车约 40 分钟即可到达，有着独特的地理环境和自然资源，是大自然的天然氧吧，被誉为"人间仙境""华南第一泉"。度假区内峰峦叠翠、林木葱郁、云雾缭绕、溪流清澈、空气新鲜，空气中负氧离子的含量每立方厘米达 9 000 多个单位以上，故有"天然氧吧"之称，已成为国际著名旅游品牌和旅游目的地。龙胜温泉的独特之处还在于拥有可以直接饮用的天然矿泉水，它从地下 1 200 米深处的岩层涌出，水温为 45 ℃～58 ℃，水中含有锂、锶、铁、锌、铜等十几种有益于人体的微量元素，水质经国家地矿部、轻工部等有关专家鉴定为超低钠矿化度的偏硅酸重碳酸钙镁型天然饮用矿泉水。

（5）河口和海面包括观光游憩的海上区域、涌潮现象、击浪现象 3 种基本类型。

（6）冰雪地包括冰川观光地和常年积雪地 2 种基本类型。广西属于亚热带气候，无自然冰雪地旅游资源，因此，广西存在人造冰雪地旅游资源开发的市场空间。

第四节　生物景观类文化旅游资源

生物是地球上有生命物体的总称，由植物、动物和微生物三部分组成，在其漫长的历史演化过程中，形成了丰富多彩的生物景观。生物在任何一个地理景观或任何一个旅游景区中都是最引人注目的对象。生物景观和其他各类自然和人文旅游资源一起，共同构成了各个旅游景区。

生物景观类文化旅游资源是指各生物群体构成的总体景观，包括个别珍稀品种和具有奇异形态的个体。该类文化旅游资源可分为4个亚类，包括11种基本类型。

（1）树木包括林地、丛树和独树3种基本类型。林地，广西代表性的林地有广西合浦东南部山口红树林景观。丛树，是由生长在一起的小片树木组成的植物群体。独树，指单株树木，代表性的如桂林古榕树，古榕树高17米，径围7米，覆盖面积约1 000平方米；树冠呈圆形，远望似一把绿色巨伞，近看盘根错节，叶茂根多，其中一枝径长0.6米，横出10余米，离地约1米，如潜龙猛出，甚为奇特。古榕树独树成林，亭亭玉立于金河畔，被当地居民称为"神树"，经常有人在树下烧香祈福。其树横向伸展之气势，既有静穆森严的凝重，又具飘扬的轻盈。电影《刘三姐》中刘三姐和阿牛哥在大榕树下抛绣球喜结良缘的镜头就在此拍摄。

（2）草原与草地包括草地和疏林草原2种基本类型。

（3）花卉地包括草场花卉地和林间花卉地2种基本类型。

（4）野生动物栖息地，是指一种供多种水生动物、陆地野生动物（哺乳动物、两栖动物、爬行动物等）、鸟类、蝶类常年或季节性栖息的地方，包括水生动物栖息地、陆地动物栖息地、鸟类栖息地、蝶类栖息地4种基本类型。截至2022年9月，广西拥有自然保护区223处，总面积为225.36万公顷。其中，国家级自然保护区23个，数量居全国第六位。

第五节　天象与气候景观类文化旅游资源

天象与气候条件既是旅游活动顺利开展的基础，又是游客们的重要观赏对象。千变万化的天象、气候景观与其他自然景观相结合，再加上人文旅游景观，共同构成了绚丽的自然旅游景观。天象与气候景观是指天文现象与天气变化的时空表现，该类文化旅游资源可分为光现象、天气与气候现象2个亚类，包括8种基本类型。

（1）光现象包括日月星辰观测地、光环现象观测地、海市蜃楼现象多发地3种基本类型。

（2）天气与气候现象包括云雾多发区、避暑气候地、避寒气候地、极端与特殊气候显示地、物候景观5种基本类型。

第六节　遗址遗迹类文化旅游资源

遗址遗迹类文化旅游资源是指人类在发展过程中留下的历史遗迹、遗址、遗物，是古代人们适应自然、利用自然和改造自然的结果，是人类历史的载体和见证。广西历经千年，留下了许多的历史遗迹、遗址，它们中有很多在社会和历史的发展中发挥着重要作用，具有典型性、代表性，能够对游客产生吸引力，成为重要的文化旅游资源。

遗址遗迹类文化旅游资源是指已废弃的，目前已不再有实际用途的人类活动遗存的人工构筑物，可分为史前人类活动场所、社会经济文化活动遗址遗迹2个亚类，包括12种基本类型。

（1）史前人类活动场所，如柳州白莲洞遗址为古人类遗址群落，揭开了南方史前文化、古人类的神秘面纱。柳州白莲洞洞穴科学博物馆是以白莲洞石器时代文化遗址为基础建立起来的遗址博物馆，博物馆陈列分洞内和洞外两部分。洞内陈列包括洞穴古人类遗址现场和洞穴古人类生产生活雕塑；洞外有"史前动植物"露天陈列、白莲洞史前文化陈列、柳江流域及其附近古人类文化陈列和洞穴知识。博物馆的陈列室内陈列了大量的古人类和哺乳动物的化石，这些化石（遗物）的存在证明在大约距今5万年以前，"白莲洞人"已经会缝制衣服、用火烹饪食物，这些共同构成了白莲洞文化。白莲洞文化及附近的"柳江人住址"在人类学上占有相当重要的地位。白莲洞遗址已经成为中外人类学家关注的科研场所、科普课堂和旅游胜地。此外，广西百色手斧的发现，动摇了统治学术界长达半个世纪的"莫维士理论"；还有石器制作厂的发现，以及最早的陶器制作和稻作农业的发现等，都是极具开发价值的文化旅游资源。

（2）社会经济文化活动遗址遗迹，如广西梧州六朝冶铁遗址、防城港皇城坳遗址、广西清代边防遗址等。

第七节　建筑设施类文化旅游资源

建筑设施类文化旅游资源是指，对我国的政治、经济和科学技术曾经或现在产生了重大影响，并对游客具有吸引力的建筑和设施。该类文化旅游资源能融入旅游的某些基础设施或专门为旅游开发而建设的建筑物和场所，可分为7个亚类，包括49种基本类型。

（1）综合人文旅游地包括教学科研实验场所、康体游乐休闲度假地、宗教与祭祀活动场所、园林游憩区域、文化活动场所、建设工程与生产地、社会与商贸活动场所、动物与植物展示地、军事观光地、边境口岸、景观观赏点11种基本类型。

（2）单体活动场馆包括聚会接待厅堂、祭拜场所、展示演示场馆、体育健身场馆、歌舞游乐场馆5种基本类型。

（3）景观建筑和附属型建筑包括佛塔、塔形建筑物、楼阁、石窟、长城段落、摩崖字画、碑碣（林）、广场、人工洞穴、艺术建筑、建筑小品11种基本类型。如经略台真武阁，坐落在广西容县城东绣江北岸，20世纪60年代初，建筑学专家、清华大学教授梁思成经详细考察，将其称为"我国古代建筑史上罕见的一颗明珠"。1982年，真武阁被国务院定为全国重点文物保护单位。经略台建于唐代，真武阁建于明代。唐乾元二年（759年），容州刺史、御史中丞、容管经略使元结在容州城东筑经略台，用以操练兵士，游观风光，取"天子经营天下，略有四海"之义而得名。明朝初年在经略台上建真武庙，明万历元年（1573年）将真武阁庙增建成三层楼阁，这就是真武阁。我们所见到的三层纯木结构真武阁，是明万历元年的原物，已有400多年的历史了。真武阁有三大特色：一是地基既没有坚硬的石头，也没有牢固的钢筋水泥，而全是在砖墙内填上夯实的河砂，经略台、真武阁建在砂堆上，历千年而不倒；二是全楼阁不用一颗钉子，全部是木榫结构，以杠杆原理串联吻合，数百年来稳如泰山；三是二楼中有四根大柱子承受上层楼板、梁、柱和屋瓦的千钧重量，柱脚却悬空不落地。

（4）居住地与社区包括传统与乡土建筑、特色街巷、特色社区、名人故居与历史纪念建筑、书院、会馆、特色店铺、特色市场8种基本类型。

（5）归葬地包括陵寝陵园、墓（群）和悬棺3种基本类型。

（6）交通建筑包括桥、车站、港口渡口与码头、航空港、栈道5种基本类型。

（7）水工建筑包括水库观光游憩区、水井、运河与渠道河段落、堤坝段落、灌区、提水设施6种基本类型。

第八节　旅游商品类文化旅游资源

旅游商品一般代表地方特色文化，且具有一定的纪念意义，同时也是吸引游客出游的主要因素之一，因此也是地方旅游资源的重要组成部分。旅游商品类文化旅游资源包括菜品饮食、农林畜产品及制品、水产品及制品、中草药材及制品、传统手工产品与工艺品、日用工业品、其他物品7种基本类型。

广西有丰富的少数民族文化元素，在传承和发扬少数民族文化的同时，形成了大量的旅游商品，具有极大的旅游开发价值。广西为了培育一批具有广西特色的旅游商品，设立了广西旅游品牌推广展示中心，展示来自广西14个城市的上千种旅游商品。同时，广西整合社会各方力量积极参与广西旅游商品的研发、生产和销售，努力培育独具特色的广西旅游商品品牌，培育了一批具有广西特色和文化内涵的"名、特、优、奇、新"旅游商品。当前广西已开发旅游商品约100个种类、上千个品种，名优产品很多，特别是北海南珠、钦州坭兴陶、梧州宝石、柳州奇石、桂林字画，以及以壮锦、铜鼓、绣球为代表的民族工艺品，都很有特色。以梧州六堡茶、防城港市金花茶、容县沙田柚、田阳香芒、田林县八渡笋、黄姚豆豉、北部湾海鲜及干货等为代表的农林畜产品及制品也深受游客喜爱。

此外，广西设立了旅游商品研发补助专项资金，以加快建立和壮大广西旅游商品研发、生产基地，努力培育独具特色的广西旅游商品品牌。截至 2023 年年底，广西共培育和建立广西旅游商品研发、生产、销售基地企业达 62 家，重点扶持了北海亨通珠宝有限公司等 9 个旅游商品研发、生产和销售基地。

第九节　人文活动类文化旅游资源

人文活动简单地说就是人类的文化活动，人文活动类文化旅游资源指人类的某些活动记录和行为方式。该类文化旅游资源主要包括地方的民俗、宗教、文学艺术作品和有影响的人物、事件、节庆活动，可分为人事记录、艺术、民间习俗、现代节庆 4 个亚类，包括 16 种基本类型。

（1）人事记录包括人物和事件 2 种基本类型，如广西十大名人等。

（2）艺术包括文艺团体和文学艺术作品 2 种基本类型。

（3）民间习俗包括地方风俗与民间礼仪、民间艺术、民间演艺、民间健身活动与赛事、宗教活动、庙会与民间集会、饮食习俗、特色服饰 8 种基本类型。

（4）现代节庆包括旅游节、文化节、商贸农事节和体育节 4 种基本类型。

第五章 广西文化旅游产业 RMP 现状分析

第一节 广西文化旅游资源现状分析

一、广西文化旅游资源总体评价

旅游资源是旅游业赖以生存和发展的前提条件，文化与旅游的结合是诗与远方的结合，这种结合的高级形式是文化与旅游融合发展，而文化与旅游融合发展又是文化与旅游资源的整合开发。在文旅融合发展趋势之下，文化资源的开发利用和资源转化成为重点。

本节主要评价广西的文化旅游基础资源，分析广西文化旅游资源开发的现状及存在的问题，并在此基础上提出广西文化旅游资源整合开发的思路和原则，以及探讨广西文化旅游资源整合开发的路径，以加强对广西文化旅游资源的总体开发和利用。

（一）广西文化旅游基础资源评价

1. 文化旅游资源特性和特色

广西作为旅游资源大省，具有丰富的旅游资源，吸引着来自世界各地的游客，同时，其独具特色的文化特性也是吸引游客的重要因素。从历史文化资源来看，广西作为岭南骆越文化的重要发源地之一，其境内有 12 个世居民族[①]，各民族文化璀璨，独具特色，如壮族的三月三、侗族的侗年、瑶族的盘王节、毛南族的分龙节、苗族的苗年、京族的哈节（亦称唱哈

---

① 蒋雪娟. 广西少数民族传统体育文化在高职院校的传承与创新研究 [J]. 广西教育，2016（3）：2.

节）等，每到传统节日，各民族的传统节目就会轮番上演，独特各异的民族建筑、民族饮食、民族服饰、民族礼节、民族节日等，使得来自世界各地的游客顿足观看，令人流连忘返。可以毫不夸张地说，来到广西，游客们能够体会到广西各地"各族人民月月有节庆、天天都在歌里过"的感觉。从区域特色文化来看，广西既沿边又沿海，有以闻名于世的世界遗产地喀斯特地貌为代表的桂林山水，有风情万种的边关风光，有闻名遐迩的世界长寿之乡，有历史厚重的百色起义、湘江战役纪念馆等红色文化。就文化旅游资源的组合度来看，广西拥有多元而富饶的文化旅游资源，涵盖了各种丰富多彩的类型，这些资源不仅种类繁多，而且分布均衡，形成了一个出色的资源组合。这些资源在等级和品位方面都属于高水平，同时也在地域特色上表现出色。在广西，你可以发现异常奇妙的喀斯特山水景观和壮观的岩溶地貌资源，这些自然景观令人叹为观止。此外，亚热带滨海文化资源也为游客提供了独特的体验，而边关地区则散发着独具特色的风情和拥有丰富的边贸资源，让人流连忘返。从旅游产业来看，十多年来，广西人民政府高度重视旅游产业的建设和开发，从 2012 年建设的广西特色旅游名县，到现如今的创建全域旅游示范区，广西通过整体创建，一体化推进，打造了集边关风情、民族特色、山水景观、红色文化于一体的独具特色的文化旅游资源。

2. 文化旅游资源价值和功能

文化旅游资源的价值涵盖了多个维度，包括美学、历史、科学考察等，同时也涉及商贸和文化交流等方面的价值。不同类型的文化旅游资源呈现出独特的主体价值，这种多样性是资源质量和品位的体现。在广西，民族文化旅游资源体现在丰富多彩的少数民族文化中，语言、服饰、民居建筑、生活习俗、节庆、民间艺术、工艺特产、烹调技术等方面都展现出多姿多彩的民族特色，构成了一幅独具魅力的民族风情画卷。这些资源成为发展民族文化旅游的重要基石。深入挖掘和利用广西的民族文化旅游资源，不仅有助于保护和传承广西少数民族文化，还可以在民族地区实现乡村振兴的目标，丰富广西特色文化旅游产品市场，推动广西全域文化旅游产业的持续发展，从而实现旅游强区建设的目标[①]。广西的自然旅游资源，象征着"绿水青山"美景，不仅是广西经济发展的重要支柱，也是游客旅

---

① 甘毛文. 广西民族文化旅游发展研究 [J]. 广西广播电视大学学报，2018，29（2）：6.

游体验的核心依托。这些资源的非使用价值，如存在价值、遗产价值和选择价值，对于景区的可持续发展至关重要。在宣传和引导游客的过程中，提高游客的资源保护意识，加强景区的管理能力，都会对资源保护产生积极作用。综上所述，广西的文化旅游资源具有丰富多元的价值，不仅是文化传承的媒介，也是经济和社会发展的引擎，在保护、传承和可持续发展方面具有重要意义。

文化旅游资源的功能是指旅游资源所具有的特殊的开发利用能力，这一特性直接体现了文化旅游资源的价值。在现代文化旅游产业中，文化旅游资源的功能较多，包括观光度假、娱乐、健身、体育、商务等多个方面。首先，对游客而言，文化旅游资源的功能主要体现在观赏休闲、娱乐健身以及增长知识三个维度。其中，观赏休闲作为文化旅游资源的基本功能，是吸引游客的根本驱动力。其次，对广西乃至整个文化旅游产业的经营者来说，文化旅游资源的功能还表现在经济效益、社会效益以及环境效益方面。文化旅游资源的经济效益体现在可以创造更多的就业机会，以及推动相关产业的繁荣发展。社会效益则体现在可以促进地区文化传承，增进不同地域间的交流，以及增强社会凝聚力。而在环境效益方面，正确的旅游资源开发利用可以促进环境保护与可持续发展的平衡。总之，旅游资源的功能多样性丰富了游客体验，也为广西的经济和社会发展提供了坚实基础。在开发利用旅游资源的过程中，平衡各种功能的需求，合理规划，注重可持续性，将有助于实现文化旅游产业的可持续发展。

3. 文化旅游资源数量、密度和布局

文化旅游资源数量代表在旅游目的地范围内可供游客观赏的景观资源的充沛程度。在广西，国家 AAAAA 级旅游景区有 10 个，分别为：南宁市青秀山旅游区、崇左市德天跨国瀑布景区、百色市百色起义纪念园景区、桂林市两江四湖·象山景区、桂林市乐满地度假世界、桂林市漓江景区、桂林市独秀峰—王城景区、北海市涠洲岛南湾鳄鱼山景区、贺州市黄姚古镇景区以及柳州市程阳八寨景区。

截至 2023 年年底，广西有 348 个国家 AAAA 级旅游景区，其在广西各地区的具体分布如表 5-1 所示。其中，数量排名前三位的是南宁、桂林、柳州三市。近年来，河池、崇左、百色三市属于后起之秀，特别是崇左市和百色市，各有一个景区被评为国家 AAAAA 级旅游景区。

表 5-1　广西各地区的国家 AAAA 级旅游景区数量　　单位：个

地区	国家 AAAA 级旅游景区数量	地区	国家 AAAA 级旅游景区数量
南宁市	50	百色市	23
柳州市	46	北海市	18
桂林市	47	钦州市	12
梧州市	15	防城港市	7
玉林市	16	来宾市	17
河池市	38	贺州市	17
崇左市	25	贵港市	17

旅游资源密度，也被称为旅游资源丰度，是指在特定地域内旅游资源的集中程度。旅游资源布局则涵盖了景观资源的分布和组合特征，是资源优势和特色的生动体现。如果一个区域的资源丰富且相对密集，资源布局合理，这将是一个理想的旅游开发区域。

广西的旅游景区和景点容量雄厚，功能多样，组合资源也十分优越。广西的文化旅游资源是自然与人文元素的完美融合，将浓郁的少数民族风情与独特的山岳地貌巧妙结合，再加上迷人的滨海风光，呈现出一幅如诗如画的风景画卷，同时也蕴含着丰富的文化内涵。

从整体地域角度看，广西的旅游景区和景点在组合上种类多样，独具特色，功能齐全，分布遍及整个区域。各旅游区内资源分布得当，富有特色，种类丰富多样，易于结合，变化多样。根据初步调查，广西 111 个县（市、区）分布着各具特色的旅游景点，它们之间互为补充，形成了一系列景观群。其中，桂北地区以其壮丽的山水风光、丰富的历史文化古迹和多彩的民族风情而闻名于世；桂南地区则以其美丽的风景名胜、古老的历史遗迹、珍贵的文物收藏、宗教圣地以及市区内引人入胜的庙宇景观而独具特色；而桂西地区则以其独特的高峰丛林、低洼地带，丰富的地下水系统，以及长寿之乡等独特的旅游资源和革命历史纪念地而自成一体。

总之，广西的不同地区都拥有丰富多样的文化旅游景点，这些景点相互交融，形成了一个多元且独具特色的文化旅游资源体系。

4. 旅游资源容量

旅游资源容量，又称旅游承载力或饱和度，是指在维持旅游资源质量的前提下，一定时间内能够容纳的旅游活动量。它体现了旅游资源的特质和空间规模，在满足游客最低浏览需求、心理体验和风景保护要求的同时，保持最高的旅游利用水平，通常以容人量或容时量来衡量。

广西拥有丰富多样的文化旅游资源，各类景区和景点遍布全区。无论是旅游承载容量还是接待游客数量，都显示出极高的饱和度。很多景区拥有广阔的面积，能提供宽敞的旅游空间，其容纳能力与维护生态环境的能力显著。在地理分布上，广西的文化旅游资源覆盖整个区域，景区景点规模大且类型多样，这为广西的旅游空间容纳能力创造了充足条件。截至2020年11月，广西拥有国家级森林公园23家，自治区级森林公园36家。同时，这些资源类型丰富多样，包括森林生态系统、野生动植物、海洋和海岸系统以及地质遗迹等。

综上所述，广西丰富多彩的文化旅游资源充分展示了其在旅游容量方面的饱和度。各种类型的景区和景点，以及广阔的旅游空间，使得广西成为一个极具旅游吸引力的目的地。

（二）广西文化旅游资源开发情况评价

1. 广西文化旅游资源开发现状

首先，广西经过多年的不懈努力，特别是在近年来国家全域旅游示范区和广西特色旅游名县、广西全域旅游示范区"双创"工作的积极推动下，广西文化和旅游资源的整合开发取得了显著的成绩。在整合民族特色文化资源与旅游资源方面，广西各地充分挖掘和借鉴民族文化，创造了一系列独具特色的旅游产品。例如，阳朔县充分融合了壮族"歌仙"刘三姐的文化传承与当地旅游资源，成功推出备受全球瞩目的《印象·刘三姐》特色演艺项目；金秀瑶族自治县将瑶族文化与城市资源相融合，将县城所在地打造出充满瑶族风情的水韵瑶都国家 AAAA 级旅游景区；而三江县的程阳八寨景区，通过多年的努力建设，将侗族文化和侗族木结构建筑有机融合，打造成了吸引着众多中外游客的国家 AAAAA 级旅游景区；还有融水苗族自治县则以苗族文化为核心，创建了多个国家 AAAA 级旅游景区。有关数据显示，广西已成功建成的 32 个特色旅游名县（市、区）中（2014—2019 年），有 10 个县（市、区）以壮族、瑶族、苗族和侗族等少数民族文化为核心吸引要素，占总数的 31.25%。而成功创建设的 5 个国家全域旅游示范区（2019 年首批：来宾金秀瑶族自治县、桂林阳朔县，2020年第二批：柳州融水苗族自治县、桂林兴安县、防城港东兴市）中，多数地区都以少数民族文化为特色，如融水的苗族、金秀的瑶族，还有东兴市的京族等。2018—2022年，广西成功创建的37个县（市、区）旅游示范区中，相当部分县（市、区）也都是以壮族、瑶族等为特色的民族文化元素为核心吸引物。

在区域特色文化与旅游资源整合开发方面，广西充分发掘地方独特文化与丰富旅游资源，成功创造了一系列世界知名和全国著名的文化旅游产品。例如，桂林漓江风景名胜区、青秀山风景名胜区、大新德天跨国瀑布等以山水文化打造成的国家 AAAAA 级旅游景区；以及凭祥友谊关、东兴国门等以边关文化为主题的国家 AAAA 级旅游景区，都是典型代表。在海洋文化领域，北海银滩旅游度假区、北海市嘉和冠山、涠洲岛鳄鱼山等一系列以海洋文化为主题的国家 AAAA 级旅游景区或国家 AAAAA 级旅游景区也傲然跻身其中。在红色文化方面，则有百色起义纪念馆和红军长征突破湘江烈士纪念碑园等红色文化旅游区。此外，巴马县的盘阳河、长寿岛、洞天福地等以长寿文化为主题的国家 AAAA 级旅游景区也是广西文化旅游资源的亮点之一①。

综上所述，广西充分整合了丰富多样的民族特色文化与地方特色文化，为广西文化旅游产业的可持续发展提供了坚实基础。这些独具特色的旅游产品吸引了众多游客，展现了广西在文化和旅游领域的显著优势。

"十三五"以来，广西文化和旅游产业规模不断扩大，呈现出令人瞩目的增长趋势。旅游总消费从 2015 年的 3 254 亿元激增至 2019 年的10 241 亿元，同时接待游客总人数也从 2015 年的 3.41 亿人次迅速攀升至 2019 年的 8.76 亿人次。

根据广西壮族自治区文化和旅游厅政策法规处于 2021 年 1 月 3 日公布的数据统计，因受疫情的影响，2020 年广西全区累计接待国内游客达到 6.612 4 亿人次，较 2019 年同期恢复了 76% 的水平，旅游总消费达 7 267.53 亿元，同比恢复了 72.6%。具体来看，国内游客数量达 6.61 亿人次，同比恢复了 76.0%，国内旅游消费达 7 262.08 亿元，同比恢复了 72.6%。与此同时，入境过夜游客接待量达 24.68 万人次，相较 2019 年同期下降了 96.0%，而国际旅游（外汇）消费额则达 0.79 亿美元，同比下降了 97.8%。

---

① 粟琳婷，粟维斌. 广西文化和旅游资源整合开发路径探讨 [J]. 旅游与摄影，2020 (10)：3.

2020 年，广西（柳州）文化旅游产业投资合作洽谈会暨重大项目签约仪式在柳州举行，共有 42 个项目达成签约，总投资额超过 1 035.28 亿元，为广西文化和旅游领域的高质量建设提供了有力的支持。据了解，此次合作与签约项目涵盖了大健康产业、文化设施、旅游开发、休闲度假、医疗养生、运动康养等内容，突出产业融合，涵盖大健康和文旅全产业链。

2. 广西文化旅游资源开发存在的问题

广西文化旅游资源的整合开发尽管已取得一些进展，但仍然存在诸多挑战，主要体现在三个方面。

第一，文化资源与旅游资源的整合开发尚未在时间和空间上实现充分覆盖。在时间维度上，多数整合开发项目集中在现代文化与旅游资源领域，对历史文化与旅游资源的深度整合开发尚有待提升。而在空间分布上，大部分整合仍然依赖就近原则，跨区域或跨境整合开发的文化旅游产品相对有限。

第二，文化资源与旅游资源整合开发的力度需要进一步加大。尽管文化是旅游的核心，但在广西已开发的旅游产品中，还有部分缺乏独特的文化内涵，甚至存在严重的同质化问题。不同地区开发的旅游产品较为相似，而真正深度挖掘本地文化内涵并与特色旅游资源整合形成的文化旅游品牌或产品相对较少。

第三，文化资源与旅游资源整合开发需要更多的创新。文化是旅游的灵魂，而创新则是文化旅游产业可持续发展的关键。当前，广西的文化和旅游资源整合开发的产品大多属于传统的观光型文化旅游产品，缺乏更具参与性和体验性的文化旅游产品。特别是融合养生、心灵养护、道德养成等元素的创新型文化旅游产品尚未充分涌现。

文化旅游产业虽然有效地促进了县域经济发展和县域旅游转型升级，但是在取得整体成效的同时，也存在一定挑战，即广西县域旅游还存在旅游消费结构不合理、旅游发展不均衡、产业融合度较低、资源特色和区位优势未充分发挥等问题。此外，疫情造成的影响也不容忽视。为解决当前面临的问题，广西文化旅游部门需要采取一系列积极措施，以确保文化旅游产业的持续全面发展、旅游消费的扩大提升、文化旅游产业的高质量发展、旅游经济的充分平衡发展、数字旅游经济的推进，以及为旅游经济的发展提供有效保障，同时关注疫情后的文化旅游产业恢复。

（三）广西文化旅游资源开发条件、思路及原则

1. 区位条件

区位条件涵盖了文化旅游资源所在地区的地理位置、交通便捷程度，以及与周边文化旅游资源的互动程度。这些要素直接决定了游客对文化旅游资源的可接近性，因而在决定文化旅游资源的开发时间、规模和市场导向方面具有重要影响，构成了评估文化旅游资源开发潜力的至关重要的要素。广西位于中国南疆，北纬 $20°54′ \sim 26°20′$ 与东经 $104°29′ \sim 112°04′$ 之间，土地总面积为 23.67 万平方千米，位居全国第九。广西东邻经济发达的广东，靠近港澳台地区；东北与湖南紧密相连；西与云南相望；西北与贵州接壤，且资源丰富；西南与越南接壤，毗邻东南亚；南面是中国最大、最美的北部湾，管辖其近 4 平方千米的海域，与经济特区海南隔海相望；地处华南、西南和东南亚经济圈的结合带，是五个民族自治区中唯一一个既沿边又沿海的省份。这独特的地理位置，为广西的文化旅游产业发展提供了有利条件，同时也是影响广西文化旅游产业发展的关键因素。

2. 客源条件

客源条件是开展旅游活动不可或缺的要素，其与经济效益密切相关，对于提高文化旅游资源开发的效益发挥着至关重要的作用。因此，客源条件对文化旅游资源的开发规模和价值有着直接而深远的影响。客源条件主要可从空间和时间两个维度来全面考量。在广西的 21 个主要入境旅游客源地中，中国台湾、中国香港、越南、马来西亚以及韩国是广西入境旅游的主要客源地；相比之下，俄罗斯、印度、新西兰、菲律宾和意大利的入境游客数量较少。2010 年以来，广西入境游客人数迅速增长，这主要归因于中国—东盟自由贸易区的建立，以及南宁举办的中国—东盟博览会、中国—东盟商务与投资峰会等国际会议。这些活动提升了广西的国际知名度和影响力，为境外游客提供了更多了解广西的机会，从而促使入境游客数量增加。因此，举办国际性会议和赛事对于促进广西文化旅游产业的发展具有积极作用。

3. 环境条件

环境条件包括多个方面，涵盖了自然生态环境、经济政治社会文化环境以及投资氛围等。自然生态环境在总体文化旅游资源中占据重要地位，也构成了旅游活动的关键外部条件之一。卓越的自然与生态环境有助于吸引游客，并推动资源的有效开发和利用。此外，一个地区的文化旅游资源

开发必须建立在坚实的经济基础之上。因此，政治的稳定、各民族和睦相处、社会治安良好、人民安居乐业、友好热情的氛围以及政府提供的投资优惠条件，都是文化旅游产业蓬勃发展所必不可少的要素。这些条件共同构成了评估文化旅游资源开发潜力的关键要素。广西地处西南边陲，亚热带季风气候为其带来了丰沛的降水量，再加上广泛分布的石灰岩地质特点，逐渐形成了独特的喀斯特地貌。这里奇峰林立，河网交错，洞穴幽深，森林茂密，动植物资源丰富。此外，古代的官员们也为广西文化旅游产业的发展注入了活力，他们的政绩和人格魅力，连同他们的文学作品，共同铸就了丰富的文学景观，深受当地百姓传颂，如唐朝的柳宗元。游客们在游览这些人文古迹时，往往怀着敬意，从先贤的事迹和精神中汲取启发，逐渐培养出乐观超然的心态。

4. 建设施工条件

文化旅游资源的开发必须考虑适宜的设施场地，并需要评估工程建设的条件和规模，以及施工的难易程度。因此，施工场地的地形、地质、气候等自然条件，以及供水、供电、材料等工程建设的供应条件，都会对文化旅游景区建设的施工进度、投资规模和项目完成时间产生重要影响。为进一步完善广西的文化旅游用地政策，提升土地要素对文化旅游高质量发展的支持能力，广西壮族自治区人民政府办公厅印发了《关于支持文化旅游高质量发展用地政策的通知》（桂政办发〔2019〕110号）。该通知涵盖六个方面的关键政策措施：强化规划引导和用地空间保障、加大年度用地计划指标保障、完善文化旅游用地分类管理、采取灵活的土地供给模式、降低文化旅游用地成本、鼓励盘活利用农村集体土地。政府特别强调建立科学有效的考核评估机制，将文化旅游产业高质量发展纳入各级政府的绩效目标考核中，作为领导班子和干部绩效评价的重要依据。这一举措将加强政策执行和项目实施的监督和检查，有助于克服发展过程中的障碍，推动项目的有效执行和落地

5. 思路和原则

"十四五"期间，我国全面进入全域旅游建设发展的新阶段，文化旅游融合发展成为我国旅游业的新常态。在文化旅游融合发展的初步阶段，关键是要充分开发和利用文化和旅游资源。考虑到广西独特的文化和旅游资源特点，以及"十四五"时期广西经济社会发展对文化和旅游业的需求，资源整合开发应遵循以下核心原则：首先，必须着眼于文化和旅游资

源的有效保护。文化和旅游资源整合开发的前提是确保它们得到充分的保护。因此，必须始终坚持"保护为先、开发为辅，在保护中开发，在开发中保护"的原则，以确保文化和旅游资源的可持续利用，实现可持续发展。其次，必须追求文化和旅游资源的合理开发。文化和旅游资源的开发应当以促进文化事业发展和文旅产业经济增长为目标，实现规模化和升级化发展。在开发过程中，应积极引导资源的合理配置和开发，以最大程度地发挥其潜力，推动文化和旅游业的繁荣。因此，必须全面了解资源属性，进行科学整合和合理开发，确保开发的科学性和合理性。最后，要有利于民族文化传承和产品品质提升。文化和旅游资源的开发也要促进优秀民族文化的传承和文旅产品品质的提升。因此，广西必须以地方文化资源为核心，以特色旅游资源为媒介，通过整合开发，促进地区文化传承与提升文旅产品品质。其关键在于：第一，必须着重支持文旅产品的特色打造和创新发展。文化和旅游资源的开发任务之一是生产独具特色的旅游产品，深入挖掘地方文化资源的内涵，巧妙融合文化元素与特色资源，从而孕育全新的文化旅游业态，生产更多引人入胜的特色文旅产品，从而提升文旅产品的吸引力。第二，必须有利于强化民族地区的文化自信。在文化和旅游资源的开发过程中，应强调对民族地区的文化自信的培养，应以民族文化为起点，通过资源融合与市场策略，展现广西的多元文化，让全世界深入了解、亲近、认同广西文化，从而提高全区居民的文化自信心。总之，广西的文化与旅游资源开发应以文化为灵魂，以旅游为平台，注重创新发展，推动文旅融合，从而实现高质量发展的目标。

第二节　广西文化旅游市场现状分析

广西拥有多元丰富的文化宝藏，如何将这些文化资源转化为经济增长的引擎？当前，最可行的战略之一是推进旅游市场的蓬勃发展。2021 年是中国共产党成立 100 周年，也是我国开启全面建设社会主义现代化国家新征程的第一年，即"十四五"规划的开局之年。因此，广西于 2021 年 1 月 16 日在南宁召开了全区文化和旅游工作会议，详细部署了在"十四五"时期和 2021 年推动文化旅游工作的计划。会议特别强调，在"十四五"时期，广西的发展要聚焦于加速推进"三地两带一中心"建设，以强化龙头项目、促进资源整合、打造特色旅游、优化生态环境、激发活力、拓展市场为主要目标。同时，积极推动大型项目的实施，培育知名品牌，建立高水平的产业体系，努力推动文化旅游产业的高度集约化、高品质化和国际化发展。预计到 2025 年，广西的文化旅游产业将初步形成高质量发展的体系，建立起一个强大的文化旅游区域。综上所述，借助广西丰富的文化旅游资源，积极推动旅游市场的发展，将文化的价值转化为经济的效益，已经成为推动广西文化旅游产业高质量发展的关键战略。

一、文化旅游市场发展现状

广西旅游游客主要来自国内，以广东省、湖南省、浙江省和四川省游客居多。2018 年广西国内旅游收入占旅游总收入比重为 97.59%；2019 年广西国内旅游收入占旅游总收入比重为 97.63%。

2019 年，广西县域旅游助力脱贫攻坚和乡村振兴，文旅融合进一步提速升级，边境旅游试验区建设稳步推进，红色旅游和夜间旅游彰显时代魅力，品牌创建和旅游联合体联动示范效应明显进步，广西县域旅游经济发展取得明显进步。2019 年，广西接待国内外游客共 8.76 亿人次，同比增长 28.2%，实现旅游总消费 10 241.44 亿元，同比增长 34.4%。

当前，广西文化旅游产业的发展仍面临多个方面的挑战和不足。具体来看，广西的旅游综合实力相对薄弱，产业规模尚未达到期望水平，服务质量有提升的空间；资源整合和开发存在一些缺陷，旅游产品结构还不够合理；人才队伍的素质有待进一步提高，发展方式相对粗放；旅游基础设施和服务设施的建设相对滞后，政府主导型旅游产业发展机制需要进一步完善。此外，支持文化旅游产业发展的政策力度亟须加大，以解决当前亟待解决的问题。总之，尽管在 2020 年广西的文化旅游收入取得了一定的增长，但依然需要应对多个方面的不足和挑战，以实现旅游业的可持续发展。

二、广西文化旅游市场发展思路和主要措施

（一）发展思路

广西文化旅游市场要紧紧围绕广西自然山水和文化区域特色，建设自然与人文融合的魅力空间；以喀斯特地貌、近海生态、边境山地等地文生态自然景观，湘桂古道、潇贺古道等历史文化遗产线路和主要江河水路，以及滇桂粤边海国家风景道、西江国家风景道、环广西风景道等风景游赏线路为载体，构建全区自然人文魅力空间网络；挖掘海丝文化、珍珠文化等海洋文化价值，加强银滩、金滩等自然海岸线和涠洲岛、钦州七十二泾群岛等近海岛屿以及平陆运河景观提升工作，发展滨海休闲旅游，打造宜居宜业宜游的北部湾城市群；保护桂东北"中国传统山水人居与喀斯特峰林平原景观"、桂西"少数民族文化与岩溶河谷生态景观"等重点区域，加强历史传统风貌保护与城市文化品牌塑造，促进重点文化旅游目的地优化发展，强化广西山水人文魅力空间支撑。

（二）主要措施

1. 搞好文艺精品创作

深挖八桂文化，打造桂系特色文化品牌。要通过进一步深化国有文艺院团改革，实施精英文化名家培养计划，推动高水平文艺创作迈向新的高峰，培养一批充满文化特色、与观众互动紧密、深受欢迎的壮乡作品，打造独具魅力的"广西有戏"品牌。如 2021 年，广西以有效推进乡村振兴为重点，有序推进"庆祝中国共产党成立 100 周年舞台艺术精品创作工程"。这一工程的目标是着力打造 8 部备受支持的重点作品，精心雕琢和提升它们的质量，并进行相关展演。同时，广西还将持续推陈出新，加大对壮剧《苍梧之约》、杂技剧《英雄虎胆》、音乐剧《致青春》和《拔哥》等重要艺术创作项目的指导和支持力度；积极举办广西舞台艺术精品展演、比赛等多样化的文化活动。此外，广西还将深入进行文化惠民活动，通过组织巡回演出等方式，将优秀的文艺精品送到大众面前，让更多人感受到文化的魅力。

2. 提升公共文化服务水平

博物馆作为提供公共文化服务的重要平台，在满足人民群众需求方面扮演着至关重要的角色。广西博物馆作为广西地区藏品丰富、文物多样、文物品级高的代表，具有特殊地位。为更好地服务公众，2019 年，广西启动了广西博物馆的改扩建工程。与此同时，广西文化和旅游厅还积极推进广西自然博物馆的迁建，以及广西民族剧院等重要文化设施的建设，不断推进基层公共文化设施的改进。

在改善旅游设施方面，广西应全面加速推进旅游厕所、城市旅游集散中心、旅游导览标识系统等项目的建设，以进一步提高公共文化服务水平。

在信息化领域，广西应全力推动"一键游广西"网络平台的建设，旨在为游客提供全程、便捷、个性化的智慧旅游服务。同时，还应构建和完善"壮美广西·文旅云"系统，以提高广西智慧文旅服务水平。

在举办文旅活动方面，广西应通过积极开展"走读广西""文兴广西"等活动，促进文化和旅游的深度融合。同时，要持续推出"魅力北部湾""5·23广西全民艺术普及日"等大众文化活动。此外，还要继续开展"春雨工程""阳光工程"等文化和旅游志愿服务示范项目，为广大居民提供更多优质的文化和旅游服务。通过这些举措，不断提升广西的公共文化服务水平。

3. 强化文化遗产保护

传承红色文化基因，充分利用重要时间节点，开展系列红色文化展演（示）活动。如广西为庆祝中国共产党成立100周年，组织开展了一系列重要的文化旅游活动，包括推出革命文物巡回展览，以展示红色精神内涵，同时进行红色历史宣讲。此外，广西要继续办好"红遍八桂 讲好故事"大赛，以弘扬红色文化。

在文化遗产保护方面，要以推进重点项目为抓手，开展系列文化遗产保护工作。如要加快完成广西石窟寺（包括摩崖造像）的专项调查工作，实施桂林石刻等文物保护利用工程，加快国家级文物保护利用示范区的建设，持续推进文物平安工程的实施；要全面加强文物、非物质文化遗产和古籍系统性保护，使全国重点文物保护单位"四有"工作完成率达到100%，国有博物馆建有安防系统比例达到100%，馆藏文物保存环境全部达标，非物质文化遗产保护体系与传承机制基本健全，非物质文化遗产代表性项目完好存续率达到70%以上，以确保广西的文化遗产安全得到保障。同时，要进一步加强对文化遗产的保护和传承利用；要加快推进侗族村寨申报世界文化遗产预备名单步伐，争取早日列入《世界遗产名录》；要全力推动建成长征国家文化公园（广西段）、1家（含）以上国家考古遗址公园和1家国家文物保护利用示范区。

在非物质文化遗产保护方面，要进一步加强非物质文化遗产的申报、保护和利用工作，使这些宝贵的非物质文化遗产在传承和发展中焕发更为夺目的光彩。2020年，广西壮族天琴、柳州螺蛳粉等18个项目被列入国家级非物质文化遗产代表性项目名录，取得了显著成就。此外，广西还要深入挖掘文化创意旅游商品的潜力，丰富文化旅游商品的品类和种类，如通过策划举办"非遗购物节"和"广西有礼"年度特色文创旅游商品创意设计大赛、"广西有味"美食大赛等一系列活动，为游客提供更加丰富多彩的文化旅游消费体验。

4. 打造知名文旅品牌

在加强文旅项目推进和品牌建设方面，要聚焦核心目标，积极助推重要文化旅游项目的发展，塑造"秀甲天下 壮美广西"品牌，致力于提升文化旅游产品的质量和价值；要结合广西秀美山水和区域独特文化，全力打造广西文化旅游"六大品牌"：

一是"桂林山水"品牌。要开发自然山水观光、山水文化体验、山水休闲度假、自然生态康养等复合型山水旅游产品，着力打造世界级山水旅游名城和具有世界影响力的观光游览旅游品牌。

二是"浪漫北部湾"品牌。要开发海滨海岛观光、滨海休闲度假、历史文化体验和跨国邮轮航线等特色旅游产品，打造国际一流的休闲度假旅游品牌。

三是"壮美边关"品牌。要开发中越边关探秘、历史文化研学、边关风情体验、边境商贸购物、跨国自驾旅游等特色旅游产品，打造国际知名的历史文化旅游品牌。

四是"长寿广西"品牌。要开发长寿村寨游览、长寿文化体验、森林康体养生、温泉度假疗养、壮瑶医药养生、体育休闲健身等健康旅游产品，打造国际领先的长寿健康旅游品牌。

五是"壮族三月三"品牌。要开发民族村寨游览、民族风情体验、民族文化演艺、民族节庆节事、民族美食购物等民族文化特色旅游产品，推出"广西有戏""广西有礼""广西美味"等系列精品，打造国际知名的民族文化旅游品牌。

六是"刘三姐文化"品牌。要深入挖掘"刘三姐文化"的时代精神和现实意义，推出系列文学艺术、歌舞戏剧、影视动漫、数字文化、文化创意等具有国际影响力的文化艺术精品，打造全国民族文化传承创新高地和世界知名的文化品牌。

在提升景区品质方面，广西要加强文化旅游品牌形象的打造，积极引导各地争取国家 AAAAA 级旅游景区、国家级旅游度假区、国家级文化产业示范基地等国家级荣誉。同时，要对一批国家 AAAA 级旅游景区、自治区级旅游度假区和乡村旅游区（农家乐）进行提档升级，为游客提供多样化的旅游体验。与此同时，还要坚决推进全域旅游示范区的建设，新建一批国家级和自治区级全域旅游示范区，为广西的经济社会发展注入新的活力和动力。

5. 提振文化旅游消费

积极培育夜间经济和"双周"经济，培养一批夜间经济聚集区；不断深入推动不同产业的融合，促进乡村旅游、工业旅游、体育旅游、研学旅游等新业态的发展，以满足游客日益多样化的需求。例如，广西南宁市夜间经济经过几年的建设，其城市的夜间生活场所愈加多元丰富。南宁市不仅有引人入胜的夜游邕江，还有方特东盟神画的夜间表演、龙门水都的梦幻之夜、中山路的夜市、三街两巷的夜景等，这些活动备受广大市民和游客的欢迎。根据相关调查报告，南宁已连续两年名列中国夜经济活跃百强城市的前茅，可谓是"全国夜不眠之城"。夜间消费已成为刺激内需的重要动力，南宁市通过与各方合作伙伴通力合作，进一步扩大夜间经济规模，携手打造了"中国不夜城·浪漫夜南宁"文旅品牌。同时，广西还要加大创新力度，举办"壮族三月三""广西人游广西""冬游广西"等主题营销活动，振兴文旅消费市场；要充分利用好南宁是中国—东盟博览会永久举办地的优势，精心策划中国—东盟文化论坛、中国—东盟博览会旅游展、中国—东盟传统医药与健康旅游论坛等重要活动，以持续提升"秀甲天下 壮美广西"文旅品牌的影响力。

此外，广西文化和旅游部门要强化文化旅游市场监管和安全生产监督检查，持续开展"强监管严执法年"等专项行动，以确保创造一个良好的消费环境，为文旅事业的健康发展提供坚实的保障。

6. 做好乡村振兴文章

广西要以乡村振兴为背景，通过推动乡村生态环境的全面治理，完善文化旅游的公共服务设施，积极培育乡村文旅的创新模式，推进广西各地乡村旅游的集中、连片开发，为全面推动乡村振兴注入强劲动力。同时要特别强调乡村振兴和文化旅游产业的协同发展，以确保二者之间的无缝衔接。

第三节 广西文化旅游产品现状分析

一、相关概念

文化旅游活动的核心在于文化旅游产品。然而，当前我国尚未明确定义文化旅游产品的概念。从游客的角度来看，文化旅游产品可以被理解为一种综合性的地域景观和服务，旨在满足游客的需求并提供愉悦的体验。从旅游从业者的角度来看，文化旅游产品是指为了满足游客需求并实现经济利润而推出的盈利性产品，它包括交通、住宿、餐饮、观光、娱乐、购物等多个方面的内容。而从旅游目的地的角度来看，文化旅游产品主要围绕着旅游目的地展开，依赖于不同地区的文化和自然景观等因素，为游客提供各种旅游服务。在这一过程中，文化旅游产品强调了旅游服务的提供，这也是吸引游客的主要关键因素。随着人们生活水平的提高，旅游逐渐成为人们的日常生活方式之一，在旅游过程中，人们也逐渐培养了消费意识，文化旅游产品作为旅游消费的一种，越来越受人们的关注与喜爱，所以有品位、有内涵、有意义、有文化特色的文化旅游产品愈来愈受到消费者青睐。

二、背景

广西是一个具有自然旅游资源优势的省份，近年来，广西的文化旅游产业得到了快速的发展。特别是广西出台新规深入推进用地政策改革，支持文化旅游高质量发展，使得广西的旅游环境及区域规划都得到了较多的优化，游客群体的规模持续扩大。然而在广西发展文化旅游产业的过程中，仍然存在多种旅游产品开发与发展的问题。虽然广西的文化旅游环境逐渐得到改善，但文化旅游产品质量却未能相应提升。从当前的发展状况来看，广西文化旅游产品的整体水平不高，产品种类相对单一，缺乏特色，竞争力相对不强。

三、广西文化旅游产品开发的现状分析

文化旅游产品扮演着游客与旅游目的地之间的纽带角色，而其开发水平直接关系到游客对旅游地的感知和满意度。因此，在对广西的文化旅游

产品进行全面分析时，需要从旅游供给和游客需求两个方面进行考虑。从旅游供给的角度来看，广西的旅游产品主要可分为自然景观旅游、人文景观旅游、民俗文化旅游以及美食购物旅游四大类。

广西拥有多元丰富的自然景观，包括但不限于一些稀有奇观，这些景观包括峰林景观、岩溶洞穴、山地风光、河湖美景、瀑布奇观、泉水仙境以及滨海风光等。当前，广西的自然景观旅游资源已经得到了大力的开发和利用。以"桂林山水"为例，桂林市内及其周边的壮丽山川、奇妙溶洞和蜿蜒江水等已经或正在积极开发。漓江上游的猫儿山区得到了有效的保护，漓江的水源和水质也得到了良好的维护。桂林至阳朔江段的自然景观开发利用也相当丰富，兴坪渔村开放供游人观赏，江中的冠岩已引入外资进行高标准的旅游洞穴开发，草坪乡也正在建设大型水乡度假景区。此外，阳朔的月亮山和大榕树也已成为备受瞩目的观光胜地。广泛的"大桂林"范围内，包括兴安的灵渠、资江的风景、灌阳的神宫、全州的龙岩、荔浦的丰鱼岩、龙胜的瑶族村寨和温泉、三江的侗族寨风景、融水的民族村寨等也都得到了积极的开发，以其独特的自然美景和民族文化特色吸引游客前来观光。除桂林作为"龙头"之外，广西的其他自然景区也受到了应有的关注，包括北海和防城的海滨风光、桂平西山的壮观景色、北流的勾漏洞奇景、合浦的星岛湖美景，这些地方都得到了不同程度的开发和游客的喜爱。在人文景观方面，广西拥有悠久的历史，众多古人类遗址、古建筑、古文化遗址、古水利工程、石刻和墓葬等古代文物，以及革命斗争纪念遗址见证了这里的丰富历史。其中，一些著名的景点包括历史悠久的柳州白莲洞、桂林的甑皮岩，以及南宁的豹子头等古人类遗址。近现代的一些革命活动纪念地，如太平天国的发源地——桂平金田村，百色红七军军部等，都具有考察、参观和缅怀的价值。然而，当前这类旅游产品的类型相对单一，难以对游客产生足够的吸引力。

为了丰富人文景观旅游产品，引入适当的附加设施显得至关重要。合适的附加设施能够丰富游客的旅游体验，满足一部分游客的需求，从而促进文化旅游产业的繁荣发展。以桂林为例，其引入了高尔夫球场、熊虎山庄和民族风情园等设施，冠岩地区设有云雾山庄，荔浦丰鱼岩提供田园度假村服务，龙胜设有温泉宾馆，还有资源资江漂流项目等，这些附加设施不仅扩大了游客的选择范围，还有助于提升旅游目的地的吸引力。

广西拥有多样的民俗文化，然而，近年来，城市化进程不断加快，民俗文化逐渐式微，原本具有丰富体验价值的民俗旅游产品也逐渐减少，导致旅游市场缺乏必要的互动性和体验性。以广西作为树皮布文化的发源地（据查，海南、广西等南方地区都是其发源地之一）为例，这一文化现象为研究树皮布的起源、演变和传播提供了可靠的历史依据，同时也为环太平洋地区南岛语系的人类迁徙提供了新的研究方向。在纺织布料问世之前，南方地区的居民依赖树皮制作衣物，这一树皮布文化成为人类服装历史的重要组成部分。然而，这一丰富的历史文化尚未充分整合到文化旅游产品的开发中。

尽管广西拥有丰富多样的民俗文化资源，但随着城市化的推进，这些宝贵的文化遗产正逐渐消失。与此同时，能够呈现民俗文化的文化旅游产品变得越来越稀缺，而这些产品的互动性和体验性是文化旅游市场中不可或缺的要素。如广西柳州程阳八寨景区，就是将侗族文化与侗族木结构技艺有机结合起来，成功开发成为国家 AAAAA 级旅游景区。而广西作为拥有 12 个世居民族的少数民族自治区，拥有绚丽多彩的民族文化和民俗风情，但因地方政府重视不够或经费投入受限，没能很好地将其开发成为文化旅游品牌。因此，我们需要更积极地保护和传承广西丰富的民俗文化遗产，同时要加大投入，创新开发与之相关的深度体验型文化旅游产品，从而为游客提供更加丰富、互动性强的旅游体验。

虽然广西拥有丰富的民俗美食资源，但部分民俗美食店的经营方式仍未迈向现代化，存在部分企业管理和监管方面的不足，卫生和产品质量问题也令人担忧。

总体而言，广西的文化旅游资源多种多样，然而在开发过程中并未充分发挥这些资源的潜力，因此，各类文化旅游产品的开发进程仍有待加快。

四、广西文化旅游产品开发存在的问题

广西作为我国五大少数民族自治区之一，拥有悠久的历史和独特丰富的文化特色，其文化旅游产业和产品市场得到了快速发展。通过调查广西文化旅游产品的发展情况并进行横向对比，可以发现，中国的文化旅游产业整体而言缺乏创新，这一情况同样在广西文化旅游产品的发展中存在。总体来看，最为普遍的文化旅游主题仍然是"古镇文化"，且所有古镇文化产品呈现出相似的特点，简而言之，在开发"古镇文化"景区中，同质化比较严重。文化旅游产品同样在创新方面存在明显不足，缺乏吸引力。

1. 文化旅游产品的发展与历史脱节

文化旅游产品的发展与历史脱节的主要原因在于，它们在发展过程中缺乏历史特色和相应的文化内涵。在广西很多旅游景区景点中，一种物品如果仅仅通过更换图案或地名就被重新包装成另一种物品，虽赋予了其某种文化意义，但这样的文创产品因缺乏独特性，也无法真正代表广西当地的文化传承。对游客而言，这只是在不同地方体验着相似的文化，缺乏视觉冲击，也缺乏新鲜感，无法真正深刻地体验广西的民族特色和悠久的历史文化。

2. 区域特色文化旅游产品开发不足

旅游纪念品不仅具有经济价值，更重要的是它们承载着深刻的文化内涵。对于游客而言，具备纪念性和收藏价值的旅游纪念品在经济方面发挥作用的同时，也凸显了它们的文化价值。在对广西文化旅游产品进行研究时，我们发现，现有的文化旅游产品缺乏能够展示当地风俗、体现地方文化以及凸显区域特色的文化元素。调查问卷也反映出，绝大多数游客期望文化旅游产品通过文化内涵来传达当地的文化特色，他们希望在当地购买独具特色的文化旅游产品。随着时代的不断变迁，越来越多的人寻求与众不同，小众化的事物受到大众的欢迎。追求独特性和代表性的产品需要重新回到当地历史文化中寻找灵感。然而，当前市场上所看到的产品大多是速成品、初级作品，缺乏深刻的文化内涵和地方特色。

就广西而言，它有 14 个地市，各地拥有独特的文化特色，比如桂林山水的美、南宁的百越文化等。如果能够充分展示这些特色，每个区域都有机会拥有独一无二的文化特点，从而避免同质化的问题。

3. 利益的催化导致脱轨

当前的文化旅游产品往往偏重追求短期效益，而忽略了长远发展的考虑。随着社会的不断进步，大量的文化旅游产品涌入市场，为短期经济效益所驱使，导致具有悠久历史文化的产品被忽视。各种各样的文化元素涌入民族文化之中，最终导致本真的民风民俗背离了初衷。

4. 缺少传统民族文化精神

中华民族源远流长，自古便孕育了许多卓越的设计与产品，无一不呈现出当时人民的优雅生活，同时也映照了中华民族的创造力。近年来，受西方文化冲击的影响，部分年轻人对传统文化缺乏理解或认同，导致传统文化产生了断层；部分年轻的设计师，因受西方文化的影响，加之对民族文化的理解和认同不够到位，进而影响了文化旅游产品的设计。这种情况导致部分文化旅游产品缺乏深度内涵，缺乏生命力。

5. 创意型文化旅游产品欠缺

随着人民生活水平的提高，游客的旅游频次增加，其对旅游纪念品的需求也不断提升。然而，在实地考察中，虽然广西的旅游景区和一些文创产品的专卖店摆放着各式各样的商品，但这些商品通常都是仿制品，缺乏地域特色，呈现方式过于单一，缺乏互动性和实用性，导致游客对这些文化旅游产品失去了购买的兴趣。许多产品滞销的主要原因在于缺乏创新，文化旅游产品未能跟上时代的步伐，缺乏设计、创意和创新。因此，有必要加大对广西文化创意型旅游产品的开发和投资，从产品外观、展示方式、内容表达等多个方面充分体现创新和独特创意。

6. 文化旅游产品宣传不到位

广西的文化旅游产品在市场宣传方面存在明显不足，且营销手段相对单一。一项调查结果显示，大多数游客主要通过景区专卖店和官方网站购买产品，而对主流媒体和网络平台的利用相对有限。随着时代的不断演进，旅游者更加偏好新颖且具有创意的文化旅游产品，然而，广西缺乏完善的自助旅游网络服务平台，导致文化旅游产品的信息传播速度相对缓慢，一些拥有重要历史文化价值的产品也鲜为人知。因此，广西迫切需要采用多元化的方式和形式，以对文化旅游产品进行更为全面、科学、翔实的宣传。

五、广西文化旅游产品开发对策

广西拥有丰富多彩的文化旅游资源，展现出巨大的发展潜力和市场开拓前景。然而，在文化旅游产品的开发过程中，依然存在一系列问题亟待解决。为了在开发过程中保护这些宝贵资源，同时在保护之中实现更大程度的开发，本书奉行"保护优先，突出典型，适度开发"的原则，提出以下可行的开发策略，这些策略将充分发挥广西文化旅游资源的价值，同时促进民族文化的传承与弘扬。

1. 将历史文化资源与其他旅游资源组合开发

广西的历史文化作为一项旅游资源，当前对它的开发仍处于初级阶段。在对广西民族地区景观的旅游开发、利用和经营状况进行深入考察和分析后，我们明显观察到一个严峻的问题，即许多景观存在"情"与"景"的分离现象。虽然游客能够欣赏到"山歌好比春江水"般的壮美景致，但他们可能并没有真正理解其中蕴含的丰富历史渊源。由于缺乏展示真实自然状态的生活景象，这些地区独特的风土人情未能得以完整呈现。因此，我们迫切需要采取一种保护性的开发策略，重点突出广西历史文化资源的地域特色和自然人文景观，打造一个自然而然、充满独特魅力的民族风情实景，将历史、文化、自然景观等多种旅游资源有机融合，以展示民族传统文化资源的丰富旅游价值。

2. 设计开发具有广西地域特色的旅游文化产品

广西现有的旅游服饰产品主要集中在服饰配件和相对简单的服装上，并且这一现象十分普遍。具体而言，包括低价、工艺粗糙的耳环、项链、手镯，以及缺乏独特性的民族娃娃等产品，还有采用机器大规模生产的所谓民族面料制成的挂包等商品。这些产品在广西的旅游景区中广泛存在，然而，由于缺乏地域特色和精心设计，游客对广西的旅游服饰产品兴趣不足。这种情况不仅导致资源浪费，还对广西的民族旅游形象产生了负面影响。

为了解决这一问题，我们需要积极开发具备实用性、纪念性、艺术性、审美性和文化收藏性特色的广西民族旅游服饰文化产品。利用广西现有的民族资源，有关部门可以定期组织面向当地农民、设计院校以及企事业单位的民族旅游服饰文化产品设计大赛，将优秀设计成品化并推向市场。同时，在激烈的市场竞争中，持续改进设计，提升产品工艺制作水平。

当然，在设计制作这类商品时，需要保持民族服饰的原汁原味，同时在选材方面应尽量使用传统的原材料。此外，各民族独特的刺绣、编织等手工技艺也可以作为文化旅游产品的重要组成部分进行开发。通过这种循环模式，不仅可以改变广西现有旅游服饰文化产品的状况，还能将广西的旅游服饰文化推向国际舞台。

3. 创新文化旅游资源开发的内容和形式

广西蕴藏着丰富的民族资源，为开发创新的文化旅游产品奠定了坚实的基础。

首先，注重体验式旅游。旅游的魅力在于其过程，将独特的民族文化内涵融入日常生活，创造出体验式旅游产品，本身就是一种身临其境的民俗旅游资源。这种方式能够让游客融入民族文化的创造过程中，使他们参与服饰等相关产品的制作与穿戴等环节，以更深入的方式理解和感受当地民族文化。这不仅满足了旅游者对异域风情的好奇和求知欲，还能在实际体验中更好地传播广西的民族文化。

其次，充分利用节庆活动和相关平台。广西涵盖了众多少数民族，因此各种节日庆典丰富多样。政府和相关部门应高度重视这一资源，鼓励各民族在自身传统节日中穿戴传统民族服饰，展示其独特的服饰文化，如晒衣节、祭萨节、红衣节等。此外，广西近年来举办的"东盟博览会"和"大地飞歌"等大型主题活动，已成为展示地区特色文化和促进文化交流的重要平台。同时，广西可以探索与高校合作的模式，进行全方位的研究与创新，致力于文化旅游产品的设计与开发，从而跟上时代潮流。此外，还可以整合资源，与当地的人文和自然旅游资源相结合，将现代元素融入文化旅游产品的设计中，有望在推动旅游业发展和壮大旅游经济方面发挥积极作用。

第四节　广西文化旅游企业高质量发展现状分析

文化和旅游企业是文旅产业繁荣发展的重要市场主体，是推动经济社会发展不可或缺的重要力量。多年来，广西文化和旅游企业从小到大、由弱变强，在促进创新、改善民生、推进文旅产业发展等方面发挥了重要作用，正在成为推动广西文旅产业实现高质量发展的主力军。

一、顶层设计赋能企业高质量发展

一是助企纾困。旅行社、A 级旅游景区、星级旅游饭店、乡村旅游企业、旅游民宿是广西旅游发展的市场主体和基本盘。特别是在疫情常态化防控期间，广西把助企纾困工作摆在突出位置，出台实施了一系列政策，以促进旅游业恢复发展。如广西先后出台了《广西壮族自治区人民政府办公厅印发关于加快提振文化和旅游消费若干措施的通知》（桂政办发〔2020〕37 号）、《广西壮族自治区发展和改革委员会等部门关于印发广西壮族自治区促进服务业领域困难行业恢复发展若干政策措施的通知》（桂发改财信规〔2022〕464 号）、《关于科学精准做好疫情防控加快旅游业恢复发展若干政策措施的通知》，在产业发展政策落实、项目资金补助、企业规模发展壮大、企业形象宣传推介等方面给予扶持；通过推出"重大产业项目贷""文旅贷"等金融扶持产品，支持文旅企业发展，诸多企业顺利渡过难关；努力建立完善支持文旅企业发展的常态化、长效化机制，进一步优化广西文旅企业发展环境，全面推动文旅企业健康平稳发展。

二是出台保障政策。按照构建"三地两带一中心"文化旅游产业发展新格局的要求，广西关注重点区域文旅产业布局，出台了《广西壮族自治区人民政府办公厅印发关于促进乡村旅游高质量发展若干措施的通知》（桂政办发〔2020〕44 号）、《广西壮族自治区人民政府办公厅关于支持柳州市加快打造大健康和文化旅游装备制造基地的意见》（桂政办发〔2020〕78 号）、《广西壮族自治区人民政府办公厅关于支持北海市建设国际滨海旅游度假胜地的意见》（桂政办发〔2021〕99 号）、《广西壮族自治区人民政府办公厅关于支持崇左市建设国际边关风情旅游目的地的意见》（桂政办发〔2022〕82 号）、《广西壮族自治区文化"双创"示范企业及孵化示范基地遴选管理办法（试行）》等政策文件。

三是编制产业规划。广西编制了《广西"十四五"文化和旅游发展规划》《加快建设北部湾国际滨海度假胜地三年行动计划（2022—2024年）》《"广西有戏"品牌战略行动计划（2022—2024）》《深化"互联网+旅游"加快"一键游广西"项目建设方案》等，作为文旅市场主体提质升级、创新发展的指导性文件。

二、总体规模不断扩大夯实高质量发展基础

（一）文化类企业

1. 规模以上文化企业数量缓慢增长

截至 2022 年年底，广西规模以上文化企业共 821 家，比上年新增 38家，增幅 4.9%。

按行业类别划分，在文化及相关领域 9 大类中，新闻信息服务、内容创作生产、创意设计服务等 5 个行业的企业数量增幅均超过两位数，其中，增幅最大的为文化消费终端生产，企业数量同比增长 27.2%；文化传播渠道、文化娱乐休闲服务企业数量分别减少 60 家、6 家，分别下降 36.6%、5.7%，这两个行业的企业数量连续三年出现减少的情况。

按产业类型划分，在文化产业三大类中，批发零售业法人企业 169 家，与上年相比减少 29 家，下降 20.7%；文化制造业和文化服务业法人企业分别为 218 家、434 家，比上年分别增加 15 家、52 家，增幅分别为 7.4% 和 13.6%。制造、批零、服务业三大产业企业数量占比分别从上年的 27.5%、19.2%、53.2% 调整为 26.6%、20.6%、52.8%。

按设区市划分，14 个设区市中，柳州、防城港、百色、来宾的文化企业数量与上一年相比分别减少 5 家、5 家、6 家、6 家，降幅分别为 4%、55.6%、16.2%、54.5%，其中，防城港、百色、来宾连续 3 年文化企业数量同比减少。在其余 10 市中，贵港、河池的文化企业数量增幅超过两位数，南宁、桂林、梧州、北海、钦州、玉林、贺州、崇左的文化企业数量小幅增加。

2. 文化企业营收稳中有增

截至 2022 年年底，广西规模以上文化产业法人企业实现营业收入 1 147.95 亿元，比上年同期增长 7.7%，呈现企稳态势。

按行业类别划分，在文化及相关领域 9 大类中，新闻信息服务、内容创作生产、创意设计服务、文化传播渠道、文化辅助生产和中介服务、文化装备生产、文化消费终端生产的营业收入同比实现增长，增幅分别为 42.1%、3.4%、5.5%、3.6%、21.2%、16.9%、3.2%；仅文化娱乐休闲服务的营业收入出现较大程度下降，降幅为 23.7%。

按产业类型划分，文化制造业、文化批发零售业、文化服务业营业收入分别为 495 亿元、153 亿元、500 亿元，与上一年相比，增幅分别为 8.6%、12.6%、5.5%。三大行业企业的营业收入均实现正增长。

按设区市划分，南宁、桂林、柳州、梧州、北海、防城港、钦州、贵港、河池、来宾、崇左 11 个市的营业收入实现增长，分别为 259 亿元、53 亿元、47 亿元、17 亿元、461 亿元、2 亿元、192 亿元、13 亿元、8 亿元、3 亿元、18 亿元；玉林、百色、贺州 3 个市的营业收入下降，分别为 41 亿元、5 亿元、29 亿元，与上一年相比，分别下降 8.2%、3.2%、6.5%。

3. 企业盈利能力有待进一步提升

根据 2022 上半年的数据，广西规模以上文化企业的利润总额为 25.29 亿元，同比下降 34.8%。其中，文化制造业利润总额 11.83 亿元，下降 29.8%；文化服务业利润总额 10.98 亿元，下降 44.4%；文化批发零售业利润总额 2.48 亿元，增长 12.6%。在 92 个小类行业中，53 个行业利润总额同比出现下降，24 个行业下降幅度超过 100.0%，其他出版业、电影放映、照相器材零售、文化会展服务、音响设备制造、其他文化艺术经纪代理、城市公园管理 7 个行业利润总额的下降幅度超过 500.0%。

4. 文化产业从业人员总数略有增加

截至 2022 年年底，广西规模以上文化产业法人企业的从业人员为 91 789 人，比上年同期增长 1.2%，产业整体呈现复苏迹象。

按行业类别划分，在文化及相关领域 9 大类中，文化辅助生产和中介服务、文化消费终端生产从业人员实现净流入，同比增幅分别为 4%、15%；内容创作生产、创意设计服务、文化传播渠道、文化装备生产、文化娱乐休闲服务从业人员数量出现不同程度的下降，同比降幅分别为 3%、8%、6%、14%、5%。

按产业类型划分，文化制造业、文化批发零售业、文化服务业从业人员数量分别为 49 619 人、7 416 人、34 754 人；与上一年相比，文化制造业、文化批发零售业从业人员增幅分别为 3%、40%，文化服务业从业人员数降幅达 7%。

按设区市划分。桂林、钦州、贵港、贺州、河池、来宾、崇左 7 个市的文化产业从业人员数量呈增长态势，分别为 10 745 人、7 606 人、2 993 人、3 031 人、1 960 人、186 人、1 092 人，与上一年相比，分别增长 13%、12%、39%、38%、12%、42%、1%。南宁、柳州、梧州、北海、玉林、百色 6 个市的文化产业从业人员数量减少，分别为 24 787 人、6 375 人、3 894 人、9 454 人、18 643 人、915 人，与上一年相比，分别下降 5%、7%、12%、4%、1%、2%。

（二）旅游类企业

1. 旅游企业数量增速较快

截至 2021 年年底，广西限额以上住宿法人企业达 1 680 个，比上年增加 350 个，增幅达 26.3%。按住宿业行业小类划分，限额以上新增法人企业中，一般旅馆数量增加最多，达 87 家；限额以上旅游饭店、民宿服务和露营地服务新增法人企业数量为 41 家、3 家和 0 家。星级饭店达 419 家，同比下降 5.6%，其中五星级饭店新增 2 家，四星级、三星级和二星级饭店均有不同程度减少。

截至 2021 年年底，广西限额以上餐饮企业达 745 家，比上年增加 214 家，增幅达 40.3%。按餐饮业行业小类划分，限额以上新增法人企业中，正餐服务企业数量增长最多，增量达 173 家；限额以上快餐服务、饮料及冷饮服务、餐饮配送及外卖送餐服务、其他餐饮业新增法人企业数量均有不同程度增长，分别增长 22 家、9 家、7 家和 3 家。

截至 2021 年年底，广西旅行社数量达 937 家，比上年增长 6.4%。广西 AA 级及以上旅游景区数量达 661 个，同比增长 10.7%，其中，AAAAA 级景区增加 1 个，AAAA 级景区增加 32 个，AAA 级景区增加 33 个，AA 级景区减少 2 个。

2. 旅游企业收入增长较快

截至 2021 年年底，广西限额以上住宿餐饮企业营业额共计 187.4 亿元，比上年增长 43.5 亿元，增幅达 30.2%。其中客房收入和餐费收入分别为 60.1 亿元和 106.8 亿元，同比增幅分别为 22.9% 和 34.3%。

截至 2021 年年底，限额以上住宿业营业收入为 83.2 亿元，其中客房收入和餐费收入分别为 57.6 亿元和 24.3 亿元，同比增幅分别为 23.5% 和 20.9%。按住宿业行业小类划分，限额以上民宿服务和露营地服务法人企业营收增速超过一倍，分别达 118.6% 和 154.7%，展现了新兴业态率先复苏的市场活力和发展潜力。

截至 2021 年年底，限额以上餐饮业营业收入为 94.4 亿元，同比增幅为 39.5%。按餐饮业行业小类划分，限额以上饮料及冷饮服务企业营业收入增幅最大，达到 139.7%；餐饮配送及外卖送餐服务和正餐服务同比增速分别达 48.5% 和 47.8%。

三、多样融合塑造高质量发展品牌

一是"文旅+""+文旅"品牌不断增多。2022 年，南丹丹泉洞天酒海景区成功创建首批国家工业旅游示范区。桂林东西巷、南宁三街两巷入选首批国家级旅游休闲街区。南宁市东盟文化和旅游片区、柳州市月也侗寨、桂林市东西巷、桂林市融创旅游度假区、崇左市太平古城街区入选第二批国家级夜间文化和旅游消费集聚区。二是工业企业主动向旅游行业跨界，形成了一批广受市场欢迎的工业旅游景区（点）和研学线路。比较典型的有广西丹泉酒业有限公司等，丹泉酒业借势长寿产地独特的自然资源，大力发展酒旅融合项目，由丹泉投资建设的丹泉小镇、南丹矿物温泉、歌娅思谷、瑶望天下、土司大酒店等全域旅游项目已经形成丹泉"酒旅融合"体验式营销的最新载体。

第六章 广西文化旅游产业发展的路径与策略

第一节 提炼广西文化旅游的核心价值

一、全方面挖掘广西文化品牌价值

广西应从了解当地文化资源入手，对当地文化资源与旅游资源进行综合评估，以为后续建立一系列体系奠定基础，打造属于广西特色的文化旅游品牌。

第一，开展文化资源普查。广西应调动各级相关政府部门设立调查小组，聘请文化开发利用的知名专家与有助于文化挖掘的各界人士，与当地政府部门联合深入到县（市）级以下，积极调查当地可供开发利用的历史、民族、革命特色文化资源，统筹掌握文化资源分布情况，并在此基础上开发与旅游资源相结合的文化旅游项目。做大做强已建成的大型景区，加强配套设施升级，完善相关产业体系；对小型景区实行精品品牌建设，突出特色特点。邀请区内外已经建成文化旅游示范区的城市或地区的核心设计团队，定期召开文化旅游开发利用交流会。政府可设立专项旅游调度发展资金，扩大招商引资规模，以及参加与文化旅游相关的交流会，以吸引区内外致力于文化旅游开发的专业人士。同时，文化资源开发包括历史遗留古迹、民族服饰文化、民族饮食文化、民俗民风、演艺表演等，广西应在此基础上，赋予传统文化新时代内涵，并加以创新。

第二，着力品牌设计与推广，提升景区档次。品牌价值推广与景区质量提升息息相关。广西应与已经建成文化旅游示范区的成熟团队开展交流合作，丰富景区内博物馆、展示馆的布展内容，利用数字技术提高感官感受，提升布展水平；按照修旧如旧的原则修复文化历史古迹，规划建设一批与之相符的园区古城作为特色景点，如壮族干栏式建筑、瑶家竹楼、苗家吊脚楼、侗家鼓楼等民族特色建筑，不可盲目跟风，建造出不属于民族文化的古城；增添景区景点自动化解说牌，包含关于景物、物品的历史故事和人文传说等，并建造雕塑和亭阁打造身临其境的独特景点，实现休闲娱乐与参观教育的结合。此外，广西还可高薪向社会招聘设计师并对生产厂家进行招标，开发纪念性强、精致美观，能够生动反映当地自然风光、民族风情和历史文化的旅游纪念品、民族服饰、衣帽鞋袜、雨伞、徽章、明信片等；对当地特产加大宣传，完善旅游购物服务，实现产、供、销一体化；在创建民族文化旅游品牌的过程中，要加强对文化资源的保护，完善各项传统文化保护机制。

第三，完善品牌管理，把握发展趋势。在提升当地文化旅游品牌知名度和美誉度后，对后续的品牌管理和可持续发展也需要重视，品牌管理要始终围绕提高民族文化旅游的吸引力、竞争力入手，要不断升级、壮大品牌实力，使品牌具有可持续发展空间。设立专项品牌管理部门，收集并处理文化旅游品牌建设中的反馈，及时对品牌进行适当修改与完善，实时跟踪品牌衍生产品市场，对涉及的名誉、相关产品的营销策略做出反应；持续关注文化旅游品牌形象和品牌的发展周期，与时俱进，及时更新各项内容，把握最新发展趋势，满足游客不断变化的旅游需求，使文化旅游品牌不断呈现新鲜与活力。

二、定位与规范文化旅游品牌

文化旅游品牌具有重要的辨识度，如从民族文化旅游品牌中就可以识别当地的特色，因此，对品牌进行定位与规范会影响游客对品牌的喜好度和忠诚度，是制订旅游决策和计划的重要依据。因此，定位与规范广西特有的文化旅游品牌，对提炼广西文化旅游的核心价值具有重要意义。

第一，进行品牌功能定位。不同地区因地理位置、历史文化不同，而独具特色。广西全力打造丰富多样的旅游产业发展新格局，赋予不同区域文化内涵使其独具特色，例如，打造了以自然风光山水游为特色的"桂林山水旅游"品牌、以滨海休闲为特色的"北部湾滨海度假"品牌、以康寿养生为特色的"巴马长寿养生"品牌、以边关异国风情为特色的"中越边关风情游"品牌等,并进一步推出具有广西特色的地方品牌,打造了节庆品牌、演艺品牌、美食品牌、特色商品品牌等。此外,广西还应对成熟品牌进行完善,重点做好旅游示范区;创建县(市)级以下的小范围品牌,并做好开发与升级的准备。

第二,拓宽多点联合营销模式,扩大品牌效应。除将特色表演作为旅游附加项目外,广西在饮食方面也应加强特色宣传,对当地具有传统特色的食品加大投入,加强对食品的保鲜、储存、运输等方面的研发,并在当地传统特色食品风味的基础上加以创新,实现美食文化产业输出,进而促进文化旅游产业融合发展。同时,在民俗体验、服饰展示等方面也加以宣传,建设独具壮族特色的民宿、民族文化展示体验馆等,营造壮族之美,丰富游客的感官体验。进一步完善景点宣传,以在该地拍摄的影视作品为宣传契机,如在崇左取景的《花千骨》,通过影片的传播效应可提高景区知名度,促使游客拍照"打卡",通过口碑传播吸引源源不断的旅游者。设计推广"酒店+""景区+""特色小镇+"等多种整合模式,充分发挥周边各种资源的优势,实现跨界、多渠道、多场景、多方位营销,积极宣传文化旅游品牌,扩大品牌影响力。

第三,通过创新节庆活动,丰富文化品牌内容。各地应创办具有差异化的节庆主题活动,以提升文化旅游的创新性、独特性和趣味性;以当地特有的自然资源风光、独特地貌打造出具有旅游功能的民俗节庆活动;适当引入适合当地栽种的花草树木形成特定花卉风景区,并配备一系列经贸、娱乐等项目,开展季节性旅游节庆活动。充分利用传统民族节日的品牌效应开展并丰富多项旅游活动,例如积极举办山歌艺术节、壮族文化节、游览会、美食节、旅游嘉年华等庆祝活动,将其作为旅游项目之一,同时保持民族品牌的独创性、稀缺性,提升其对中外游客的吸引力。完善相关配套措施,在饮食、贸易、住宿等方面加大投入,形成丰富、全方位、具有民族特色的旅游体验。

三、加快推进高质量文化旅游项目建设

第一,进一步加强建设多层次文化旅游项目。加快建设文化旅游核心项目的工程,可适当建立功能完善、宜游宜业的文化旅游产业示范基地,推动现有国家级景区、旅游度假胜地、生态旅游示范区等软硬件转型升级。政府应加大马力,积极创建区域内的国家 AAAAA 级景区,推进红色

文化旅游项目建设，例如桂北红军长征主题国家公园、左右江革命红色主题国家公园等红色旅游景区。对于无法承担大型旅游项目建设的地区，可以鼓励其打造主题特色突出的文化旅游小镇。对于文化遗产旅游项目，应着重加大文化遗产保护利用力度，适当建设遗址公园、遗址博物馆和陈列馆、历史文化名城等；加大对非物质文化遗产项目的开发利用，着力对民歌民谣、音乐舞蹈、民俗风情、民族技艺、民族服饰、民族餐饮等进行开发创新。

第二，构建特色民族文化旅游路线，积极培育旅游新业态。在可持续发展的前提下，适当挖掘更丰富的旅游路线，路线设计应考虑景区与当地人文特点，可面向社会大众征集灵感，充分了解大众需求，设计灵活性旅游路线供游客多元化选择。依托特色农业和乡村文化资源，发展观光休闲农业旅游路线。发展森林度假和水利旅游，建设主题森林公园和水利风景区旅游路线。依托历史和矿产资源开发研学旅游产品，建设研学旅游路线。打造体育旅游综合体，创建体育旅游路线。结合机场、北部湾邮轮母港、码头等，培育低空旅游、邮轮旅游新业态。

第三，完善相关宣传机制，提高文化旅游项目知名度。在"互联网+"时代，可通过创建微博公众号、微信公众号加强宣传，以及通过定期发布最新旅游资讯，制作微电影，开展旅游景点打卡活动等进行传播与营销。鼓励游客拍小视频，或采用网络直播方式预告景点活动，利用网络效应提高景区吸引力与影响力。借助交通运输网络，在铁路沿线城市以及高铁、地铁投入广告，以进行针对性的精准宣传，提升当地文化旅游对区域内旅客的吸引力。借助与第三方官方媒体的合作宣传，提高当地文化旅游项目的可信度和影响力。

第二节　完善文化旅游的融合机制

一、加快体制改革，营造文化旅游产业融合环境

政策支持作为文化旅游产业融合的外生动力，对文化旅游产业融合具有重要促进作用。政府应当带头发布重要政策措施，为产业融合提供必要的外在环境。第一，把文化和旅游产业融合任务规划到整体产业发展中去，不仅在文化旅游产业顶层设计上着力，而且要将两大产业融合作为新

的发展动力，使其融入统筹城乡发展规划、乡村振兴、区域协调发展等各个层面的发展格局中，使文化旅游发展要素打破区域壁垒，能够自由流动。政府应加强对文化旅游产业融合发展的主动引导，起到引导金融业、服务业、餐饮业等产业对文化旅游产业进行投资生产的引领作用。同时，应推进"放管服"改革，提高审批服务效率，减少产业融合发展受到体制因素等的阻碍。

第二，健全多部门协同合作统筹协调机制。政府应定期召开联席会议，就县（市、区）级专门讨论当地文化旅游产业融合现状，针对当前的发展目标和出现的问题、瓶颈等，集思广益，为进一步产业融合提供政策支持。完善相关产业政策法律法规，为产业融合发展保驾护航。充分发挥各部门积极性和主动性，充分转变政府职能，通过跨部门共同协作，增加专门负责文化旅游产业融合的公共服务单位，以解决专项问题，建立互相支持的工作机制，提高办事效率。推动建立文化旅游产业发展评估体系，增加对两大产业的基本公共服务供给，提高服务能力，从而促进当地文化旅游产业良性发展。

第三，建立文化旅游资源的开发和保护机制。在对广西现有的文化遗产加大保护力度的前提下，还应充分发挥其文化价值，形成特色旅游项目。加快历史遗迹、村寨等申报世界文化遗产工作进度，形成旅游景区并出台相关保护政策与规范。以建设生态保护区为载体，促进非物质文化遗产保护与旅游体制机制建立相融合。

二、延长文化旅游产业链，实现多方驱动融合

文化旅游产业相互渗透、相互补充，要在生产、技术、市场等方面的深度融合持续发力。第一，促进文化与旅游产业生产融合。借助当地民族、历史、革命文化的内容和符号，叠加旅游功能，促使文化产业链和价值链延伸，以实现文化旅游产业的融合。借鉴国内外典型文旅融合的景区设计理念，聘请技术含量高的设计团队与熟知当地文化内涵的人士联合参与品牌讨论和设计，在当地旅游景区的景观、旅游项目上开展创意，使文化融入游客的体验中，形成独一无二的记忆点。在生产文化旅游产品时避免同质化，要生产品牌化的文化旅游产品，不仅要使产品具有当地特色，使其深入人心，而且要开展市场调研，根据不同类型游客设计具有不同体验感的文化旅游纪念品，满足多元需求。依靠网络宣传等新媒体方式，出售民族特色工艺品、特色小吃和文化旅游纪念品，扩大产品销售途径，提升吸引力与影响力，优化文化旅游产品结构。

第二，加强技术创新，促使文化旅游产业融合。充分借鉴桂林阳朔山水实景演艺的《印象·刘三姐》开创的旅游演绎新模式，并在此基础上扩大数字科学技术范围，全面深入各领域的融合。除利用光影效果进行演艺外，技术融合可延伸到产品上，因此，政府应鼓励当地企业和社会团体对多元市场需求进行调研，利用新技术对文化品牌进行挖掘，通过工艺美术、游戏游艺、特色商品改进与创新，进行有效产品供给，提高文化旅游产品的附加值。

第三，促进文化与旅游市场融合。有关部门可适当降低文化旅游企业的经营业务门槛，并加大后续监管力度，鼓励企业自主尝试开拓新的市场领域，发挥市场机制作用，促进文化和旅游产业边界融合，对准同一消费市场提供不同产品。鼓励跨国、跨区域、跨产业间的企业合作，主动对开发本地特色品牌的企业给予政策倾斜，加大扶持力度，运用政策贴息、补贴、奖金等形式，吸引文化旅游知名企业入驻，为本地产业增添新的活力。此外，政府还可以鼓励企业进行产业转型升级、新旧动能转换，使文化旅游产业融合下的消费者可以体验到多种休闲、益智等模式。

三、完善共建共治共享的现代文化旅游治理体系

在文化旅游产业融合上，巩固社会效益是产业发展的重要职能，公共产品是文化和旅游的共同载体，提供公共物品的服务场所则是文化旅游产业融合的发展空间，政府部门主导的多主体分权调控治理架构对产业融合具有提升治理精度和效率的作用。因此，应加快形成由政府部门、社会组织、社会大众、旅游者等多方共建共治共享的现代文化旅游治理体系。第一，构建政府部门监督考核体系。建立全面文化旅游发展考核评价制度，以考核评价文化旅游产业发展作为目标责任制的考核内容，使其成为考核干部实绩和进行干部选拔的重要参考指标。建立长效工作机制，定期开展调研、协调、部署等工作。第二，加强多方主体对市场的监管。建立健全文化旅游市场监管制度，加大部门联合执法检查力度，持续开展全域文化旅游市场秩序整治行动。提高行业执行标准，提高对文化旅游市场综合安全的治理能力，定时定期严格巡查，确保有关食品、卫生、景区安全设施设备安全，排除隐患。第三，提升大众对文化旅游的监督意识。提升行业

协会等民间监管组织的参与度。鼓励社会团体建立监督小组，鼓励定期宣讲安全旅游知识，大众对有安全隐患的旅游设施、景区存在的食品安全问题，可进行举报，有关部门核实后可给予一定物质奖励。

第三节　发挥市场机制的推广作用

一、政府提升服务意识，坚持市场主体地位

为了市场的良好有序发展，政府应加强引导，提升服务质量。第一，敏锐捕捉市场需求信号，及时做出政策、监管和服务调整。打造金融服务平台，引导区内外资金流向文化旅游产业，引导金融产业调整政策，积极引进和培育投资及运作主体，推进文化旅游产业建设市场化。定期开展市场调研，深入企业和各项经营主体，了解其需求，从而研究制定促进其发展的计划，重点建造产业园，以促进文化旅游产业集聚，建立具有示范效应、辐射效应的文化旅游综合体，以点带面促进市场发展。以市场为导向，保障文化旅游项目建设所需的土地供给。积极引导体制内企业走市场化的道路，主动参与市场竞争。实施惠民工程为市场提供便利，在公共服务、资源环境、生态建设、基础设施等领域进一步创新投融资机制，在共建重大项目中健全政府和社会资本合作机制。

第二，整合多方资源，重点打造有实力、高品质的龙头企业。对市场中的企业进行深入调研，挑选有资格的企业作为扶植对象，积极配合企业制定发展规划，整合各职能部门资源，提高企业的专业服务质量。加强引导企业进行技术创新，对其补贴研发资金，鼓励企业与区内外院校联合建立研发中心。通过政策调整、企业主导、市场化运作，打造有实力、有竞争力的企业，形成规模效应，辐射周边企业，形成不同类型的文化旅游企业共同发展、相互促进的格局。

第三，积极规范创业和创新主体，进一步全面发展市场。加强对各项创业主体的调研，使市场各类主体统一战线；给予各类市场创业主体，包括个体创业主体发声的机会，促使市场全面发展。规划一定空间与场地使创业主体正常经营，统一规范其样式，并定期进行整改，形成一定规范，避免造成"脏、乱、差"的局面，从而形成特色"文创一条街""美食一条街"。

二、多措并举，引导企业主体全方位发展

企业是市场发展的主体，要想发挥其市场机制的推广作用，企业应从产品、营销策略、宣传和加强交流合作等方面全面促进整个市场的发展，从而促进文化旅游产业协调、良性发展。第一，推动企业加强研发文化旅游产品。推动企业注重加强文化旅游产品的创意开发，引导文化旅游产品应深入挖掘当地文化品牌的内涵；推动企业与当地高校联合对文化旅游产品进行开发研究，定期举办高校文化旅游产品设计比赛及企业产品设计大赛并颁发奖项，设置创新资金奖励，设计产品可涵盖品牌标识、产品样式、旅游娱乐项目等；提升企业的研发积极性，并推动其产品走向国外市场。第二，鼓励运用新媒体营销推广文化旅游品牌。在对外宣传方面，有关部门应提供一定空间与渠道让渡文化旅游宣传，推动企业采取公关、广告投入、推销和营业推广等方式，联合进行宣传和促销。除通过电视、广播、电台、报纸、橱窗、车厢等传统宣传媒介进行宣传以外，企业应加强网络宣传，运用微博、微信公众号、直播等新媒体助力；还可通过创办文化旅游的专业杂志或制作相关手册，在旅游景区、旅行社、酒店、饭店等重要交通节点供游客免费领取；制作手持扇子、布袋、帽子、雨伞、雨衣等精品实用工具，在各大热点旅游景区进行推广互动。第三，鼓励企业开展跨区域交流合作。把企业跨区域交流合作任务贯穿各级各部门的议事日程中，在企业开展跨区域合作交流过程中做好组织、协调和服务等工作，每年积极举办跨地区或国际企业交流合作会议，构建交流合作平台，因地制宜开展多形式的交流合作活动。

三、积极推动多方主体共同完善市场机制

第一，建立客户数据分析系统，把握消费市场的特点、趋势。鼓励企业运用大数据技术搭建客户数据分析系统，利用数据分析调整市场策略，根据区域内不同特色的文化旅游产品设计不同营销策略。针对海外旅游市场，重点推广桂林、北部湾和巴马康养国际度假胜地；针对国内市场，可重点推广边关风情游系列；对于区域内市场，可加快推广旅游新业态，着力推广美食、购物、娱乐等系列。第二，完善信息传播渠道，加大宣传力度。加强对宣传机制理论政策的研究，做好宣传规划的编制工作，大力表彰先进文化旅游企业，充分发挥各项媒体的作用，广泛宣传文化旅游产业

政策支持与本地文化旅游产业品牌。推动各类平台、机构助力企业推广品牌产品。第三，加强监管，进一步保障市场机制发挥作用。发挥市场机制的推广作用，应保证政策的配套、措施的跟进和相关法规的逐步完善。建立一系列信息化、大数据化和智能化管理平台，使管理过程实现透明化、系统化，使市场主体能够放心参与市场的培育与发展。

第四节　完善交通基础设施

一、完善交通基础设施网络，提高旅游可及性

第一，加大改造交通基础设施力度。需要加大对高速路、国道、省道的改造力度，完善景区附近公路和旅游村公路建设，提升旅游的可及性。进一步完善公路、铁路、水路、航空安全便捷的交通网络，优化调整景区交通结构，完善各类交通工具，方便游客按需选择，可发展景区专线出租汽车，延伸公共汽车站点，高铁站零换乘等。国家级风景名胜区与区域内重点建设的大型景区应实现公路互通，全面加强路牌建设。第二，设立旅游集散中心，增添旅游休憩点等。设立休憩点为游客提升旅途便利度与舒适感，并完善相应配套措施，包括咨询中心、酒店、饭店、娱乐场所等。第三，完善景区停车场。在旅游高峰期，停车场的停车位数量应与外来车流量相匹配。因此，景区应以不破坏当地历史文化遗迹为前提，合理设立新型停车场，以免高峰期旅游车辆过多，产生交通拥堵。对于无法设立新型停车场的景区，在旅游旺季时，应规划临时停车区域，在不影响当地居民出行和生活的前提下，使其与公共道路交通良好衔接，方便游客停车。同时，停车场应设置必要的配套设施，包括自动化识别车牌系统、安保系统和自动收费系统等，以提高停车的安全性和便利性，全面杜绝乱停乱收费的现象发生。

二、完善旅游公共信息服务平台

第一，建立旅游信息服务平台。建立旅游信息服务平台，提供旅游呼叫、旅游咨询、旅游救援、旅游投诉和旅游资讯等服务。在火车站点、汽车站点和机场、码头等地增设旅游咨询服务窗口，使中外游客可以便捷获取酒店、车票、旅游景点、地图、购物、休憩点和厕所等重要旅游信息。

政府与当地网络运营商应合力开发能够展现本地旅游资源的软件，提供导游、客房预订、票价查询、车况查询、车辆租赁等服务。设立有效运行的旅游呼叫中心，为游客提供全天 24 小时的投诉受理服务，提高旅游管理部门解决投诉、咨询、救援等问题的效率，为游客提供便利性服务。第二，完善旅游引导系统。完善旅游目的地的道路与旅游设施标志系统，包括道路交通引导系统、城市旅游引导系统。在旅游路线设计上应设立醒目的出入口，张贴具有文化特色、多语种的引导指示标牌。在语种选择上，应考虑当地旅客的实际情况，除增添英文外，特别要将东盟国家语种也纳入编制范围。在旅游景区内设置全景牌示、指路牌示、景点牌示、安全牌示、服务牌示等。组织编印多语种、信息量完全、实用的旅游指南和地图，并将其放置在机场、车站、码头、饭店、酒店等场所供游客免费取阅。第三，狠抓交通服务场站建设。在旅客吞吐量大的地区，有关部门应加大资金投入，建设道路客运场站、水运码头、渡口等，完善交通服务设施，为旅客创造良好的旅游环境。积极拓宽服务渠道，从单一的旅客运输功能，发展到旅游、商贸、吃住一条龙服务。

三、加强交通管制，维护交通秩序

第一，完善交通监管系统。交通管理部门应在各个路口增添"电子眼"和"人工眼"，实现共同监测，减少交通安全隐患，加强交通管制。景区周边合理规划道路，以减少乱停乱放现象。在旅游旺季，在景区附近路口增加交通协管员，可直接向社会招聘，减少管理成本。第二，强力打击景区周边"黑车"、私家车等的非法运营行为。严格监管周边"黑车"运营情况，出台相关法律法规制度，不定期地持续对周边车辆进行排查监管，对私自接活、违法接私活的车辆实行严厉打击，必要时可移交相关部门罚款甚至拘留。第三，加强行业监管。充分发挥行业协会的示范引领作用，引导旅游企业、运输企业、经营企业遵守相应法律法规、经营规范，加强对相关从业人员的培训和管理，使其不断提高业务服务水平和技能。

第五节　打造文化旅游产业的特色品牌

一、加快桂林、北部湾和巴马国际旅游胜地转型升级

以推进桂林、北部湾和巴马国际旅游胜地转型升级为基础，打响广西文化旅游品牌，并充分发挥龙头带动作用。第一，推进绿色发展，着重完善生态环境保护机制。要把绿色发展、全面发展、可持续发展作为开发利用文化旅游资源的要义，以保护生态环境为前提，促进环境与文化旅游产业共同协调发展。改革环境准入制度，对于拟开发的旅游项目，要谨慎考察对比环保指标，并进行综合审核，使其符合各项相关规定和标准。完善相关环境监管与检测制度，运行高效的环境开发与利用保护体系。对于开发利用的新土地，要妥善处理好移民安置的问题。第二，完善相关产业体系和配套基础设施。打造旅游、吃住、娱乐等产业集群，促进文化旅游与相关产业深度融合发展。积极开拓高端文化旅游新业态，开展极限运动、滨海度假旅游、海洋邮轮旅游、水上运动等海洋休闲活动，配备高等级滨海休闲设施和度假酒店群。打造健康养生品牌，发展养老旅居住宿，研发一系列结合当地民族特色的健康食品，以满足游客的健康旅游消费需求。第三，不断增加与其他地区的全面合作与交流的广度和深度。有关部门应积极组织参加区内外、国内外有关交流合作的重要活动，开展合作洽谈，突出本地资源优势，积极探索合作交流开发项目的新途径、新方法，积极落实合作交流的项目和协议，并完善后续项目跟踪机制，提高服务水平。加强区域间政府部门合作，定期组织与其他地区的高层进行互访交流。

二、加快建设边关风情和生态旅游带

第一，完善边境地区旅游交通体系，加快边境口岸景区景点建设。进一步完善边境地区道路基础设施，开通从机场、高铁站直接通往边境地区的直达旅游线路，产在景区配备舒适高档的观光车。深化边贸旅游和民族文化融合发展，建设边贸旅游产业园区，培育带动力强的边境旅游产业链，对当前的文化旅游产业进行互补。加快建设边关国家风景道，打造边关民族风情特色旅游线路。积极推进中越边境口岸旅游通关便利化新举措，增加境外旅客流量，并完善跨境旅游管理服务体系，提升跨境旅游服

务国际化水平。第二，加强与周边城市的旅游项目合作。根据边境发展新趋势，积极探索与周边城市开展新的合作机制和形式。深化区域间政府部门合作，建立区域合作平台，推动双方交通运输体系、产业发展、共同市场培育、环境保护机制完善、人才开发等专项合作，依托本地自然风光、文化、民俗风情等特色资源，做大做强边关风情特色旅游品牌和生态旅游品牌。利用独特地理优势和气候条件，创新季节性节庆活动，并以此为契机，加大宣传力度，吸引中内外游客。第三，抓住品牌特色，加强景区宣传。借助边关具有的得天独厚的自然风光和历史遗迹，积极宣传其独特性，加强产品策划与包装，做好政府门户网站、政府旅游推介会等官方媒体宣传，举办品牌推介会和展销会等活动，并可通过网络主播、摄影师和自媒体宣传同步推进，形成多方位、多角度、高密度的宣传阵势。提高当地旅行社对接游客的工作能力，积极培训旅行社人员的接待技能。

三、强化南宁区域性国际旅游中心城市集散功能

第一，依托中国—东盟博览会效应，不断补充与完善城市的集散功能。中国—东盟博览会的招牌吸引了大量境外旅客，成为建设南宁区域性国际旅游中心的巨大优势。在现有配套措施下，有关部门应合理规划土地利用，引进和建设大型都市文化旅游商贸综合体，同时大力发展商务会展、文化娱乐、都市休闲等旅游新业态，完善相关道路、通信等公共措施，为旅客提供休息、餐饮、购物、娱乐、住宿、演艺等休闲服务；引入大企业大集团、新技术、先进管理经验与先进人才，促使产业发展和集散功能的完善。第二，发挥好区域内其他景区的中介作用。做大做强区域性国际旅游中心，并对接周边城市，发挥好带动作用。逐步完善中心城市通往其他景区的交通基础设施，规划设计通往旅游目的地的多元化旅游路线，配备多种、足量的交通工具，提高对旅客的专业高效的服务质量。第三，塑造城市形象，提高城市影响力。培育形象代言人，聘请当地户籍的明星或培养宣传使者，同时借用网络助力，增强宣传效果。在培养宣传使者时，以"代言团体"为目标，弱化个人的作用，以避免个人问题对城市形象推广的效果产生负面影响。可塑造一定品牌故事，提升城市形象。品牌故事来源可对当地文化资源进行挖掘，故事不限于与当地有关的历史、革命、人文传说、名人风采、神话传说等。

第六节　壮大文化旅游产业融合发展新业态、新模式

一、以规划为引领，壮大文旅和大健康等产业融合发展新业态、新模式

壮大文化旅游产业和大健康等产业融合发展新业态、新模式，实现全景化、系统化和融合化，要求我们必须跳出小旅游，来谋划大旅游、大融合。我们将把整个文化旅游产业和大健康等产业的融合发展作为最大旅游载体来开发，作为一个旅游整体产品来打造，真正推动旅游空间从以景区为中心向以旅游目的地为核心转变，重点把握好三个方向。

（一）注重全景式规划

文化旅游产业与大健康等产业融合发展，既要整体优化环境、优美景观，又要将有吸引力的资源、产业、元素转化为旅游新产品和新的吸引物。其中的重中之重就是推进"多规合一"，在编制城市规划、城建规划、交通规划、农业产业规划、水利规划等各类规划时，融入文化旅游与大健康元素，为文化旅游产业与大健康等产业的融合发展预留空间。如城镇建设要注重文化特色、健康养老特色和对外来游客的服务；水利建设要为游客提供审美游憩价值和休闲度假功能；交通建设和管理要充分考虑道路沿线风景的打造，不断完善自驾车旅游服务体系；农业生产应满足采摘、休闲等需求；美丽乡村建设不仅要建成农民的幸福家园，还应建成休闲度假甚至健康养老的乐园。

（二）注重点线面推进

文化旅游产业与大健康等产业的融合发展不限一地一隅，不只一景一区，需要点线面结合推进。"点"就是抓好景区景点、小镇、村庄、街道打造；"线"就是注重旅游道路建设，在打造点与点连接的同时，规划建设一批旅游风景路和乡村旅游示范带；"面"就是在点线结合的基础上，把辖域内的风景名胜区、森林、农场及村镇、市区等进行统筹规划，将其作为一个"大旅游"来打造，为人们提供更加良好的健康旅游体验。坚持点线面结合，总的来说就是既要做精景区，让旅游景区"靓"起来；又要串珠成链，让旅游环线"动"起来；还要连线成面，让旅游"活"起来。广西有百余家 A 级收费景区面向全国游客推出五折门票优惠，各地同步开展丰富多彩的主题节庆和文化旅游活动，以及推出各具特色的促销优惠措

施，形成串联重要交通节点、重要景区景点、重大旅游项目的旅游业与大健康等产业融合发展的新业态、新模式。

（三）注重特色化发展

文化旅游产业与大健康等产业融合发展的新业态、新模式不能一哄而上、全面开花，而要各有侧重、有所区别，才能使文化旅游产业与大健康等产业的融合更为科学，旅游空间布局更为合理。因此，广西要深度研究挖掘资源特色，从文化旅游产业与大健康等产业融合发展的新业态、新模式视角重新整合要素，科学规划，积极创造广西的唯一性，体现差异性，形成当地文化旅游资源的特殊优势。近年来，广西依托历史、文化和生态优势，着力构建旅游大格局，各级各部门勠力同心、紧密联动，巩固拓展脱贫攻坚成果，全面推进乡村振兴，积极与广东省从共建"粤桂画廊"到政策互惠、客源互送等文旅协作深度对接，两广文化旅游合作在粤港澳大湾区、珠江—西江经济带的建设中协同共进，"两广一家亲"的感情已转化为"两广共发展"的美好现实。此外，广西还要积极规划打造旅游风情小镇，形成特色互补、功能完备的文化旅游产业与大健康等产业融合发展的新格局。

二、以创新为依托，培育"文旅+"产业融合新业态、新模式

文化旅游产业作为拉动经济和社会协同发展的一种全新发展模式，其基本内涵是"文旅+"，这也启示广西可以将之作为重要突破口，以带动其他产业特别是大健康等产业的发展，努力达到"一业兴、百业旺"的目的。要积极发挥"文旅+"功能，使文化旅游产业与特色产业全面融合、互动并进，形成新的生产力和竞争力。广西要重点在九个方面实现"文旅+"。

（一）培育文旅+健康新业态

打造国家级健康旅游示范品牌，推进健康旅游示范基地和中医药健康旅游示范区（基地、项目）建设；培育温泉康养景区、康养旅游度假酒店、职工疗休养基地等康养旅游度假新业态；培育旅居养老、医美旅游、医疗康复、中医药康养等医疗旅游新业态；扩大健康旅游购物消费。

（二）培育文旅+农业新业态

提升乡村旅游发展品质，培育艺术田园、共享农庄、度假营地、研学营地等新业态，创建全国乡村旅游重点村（镇）、高等级旅游民宿、现代农业核心示范区等品牌。推动文化产业赋能乡村振兴，加强乡村文化遗产保护传承，推动乡村文艺、传统工艺、文化遗产、民族节庆等创新开发利用。

（三）培育文旅+工业新业态

加快发展文旅装备制造业，引导文旅装备产业集群发展；打造工业旅游精品，开发工业文化体验、工业文化创意、工业研学旅游等新业态产品；加强工业遗产保护和创新利用，建设一批工业遗产旅游精品项目；推动工艺美术产业发展壮大，培育一批具有较高知名度的工艺美术品牌、特色工艺美术产业基地。

（四）培育文旅+科技新业态

增强文化和旅游场景体验，建设沉浸式文化体验精品项目，推出特色旅游演艺和精品艺术剧目；发展数字文旅融合新业态，打造智慧旅游景区、智慧酒店、机器人餐厅、智慧文博场馆等智慧旅游体验场景；培育"文旅+科技"融合示范品牌，创建文化和科技融合示范基地和旅游科技示范园区，开发虚拟探索体验、高新科技科普研学等新业态。

（五）培育文旅+教育新业态

打造各类研学旅游基地，开展爱国主义教育、红色教育培训、文化遗产研习、文化艺术创作、农耕文化体验、自然生态科普、地质探秘、环境保护教育等多种主题研学旅游，培育一批经典研学旅游线路。

（六）培育文旅+商业新业态

培育商文旅融合集聚区，推动城市商圈与文化旅游产业联动发展，打造地标商圈、商文旅综合体、城市"微旅游"目的地等都市休闲旅游新场景；发展夜间文旅消费经济，开发以科技为支撑的沉浸式夜游、夜市、夜食、夜展、夜秀、夜节等夜间文旅新业态；推动会展旅游扩面提质，探索培育会展旅游产业园，加强"云展览"和"云旅游"数字体验开发。

（七）培育文旅+交通新业态

推动环广西国家旅游风景道建设，加快完善配套公共服务设施，构建"广西汽车露营圈"，推进广西高速公路服务区景区化发展，建设全国高速公路旅游主题服务区。加快发展内河游船、游轮旅游，培育水路联动精品旅游线路，鼓励有条件的设区市开发城市水上旅游产品，支持有条件的景区、城镇开发水上公交、水上巴士等特色水上交通服务产品。

（八）培育文旅+林业新业态

发展生态型科普研学、自然教育项目，建设一批高品质森林康养基地、森林观光体验基地、自然教育基地和森林研学旅游目的地,培育发展森林文化节、森林阅读、森林摄影、森林游戏、森林骑行、森林宿营等新兴业态。

(九)培育文旅+体育新业态

加快推进国家体育旅游示范区建设,大力发展山地户外旅游、海洋运动旅游等体育旅游新产品、新业态,争创一批体育旅游示范品牌及项目,做强国际赛事品牌和特色体育活动品牌,加快发展体育旅游消费市场。

三、以品牌为核心,壮大文旅产业融合发展新业态、新模式

推动文化旅游产业融合发展,壮大新业态、新模式,实现从"卖山水"到"卖文化"的转变,从门票经济向产业经济跨越,必须考虑游客的口味和需求。要强化旅游产业供给侧结构性改革,对传统特色产品进行再包装、深挖掘,对新兴产品重研发、强开拓,满足多层次、多元化的旅游消费需求,让游客各取所需、各得其所。因此,广西要重点打造好三个品牌。

(一)利用生态品牌做大市场蛋糕

广西生态环境优良,习近平总书记曾对其作出"广西生态优势金不换"的定位。广西的森林覆盖率达 62.55%,居全国第三位;人工林面积、植被生态质量、植被生态提高程度均居全国第一;城市空气质量优良天数比例、地表水质的优良率在全国名列前茅。广西应顺应当前旅游业正由观光旅游走向度假旅游的趋势,立足山水美食、温泉康养、生态田园等优势,打造山水观光、滨海度假、长寿养生、边关探秘、乡村休闲、中越跨国等生态旅游产品,增加旅游产品的"绿色颜值",着力提升景区景点的知名度和美誉度。

(二)巧用创意品牌挖掘市场潜力

当前,创意经济无处不在,文化旅游产业的发展也不例外。广西应坚持"创新导向",在文化旅游产品和项目的策划、规划、开发、建设、运营、管理的全过程中融入创新、创意元素,以特色化提升文化旅游产品的吸引力。顺应游客由单纯的视觉感观向身心体验转变的特点,在增强旅游项目的体验效果上下功夫,加快发展高速沿线自驾游、跨国瀑布旅游、乐业天坑探险旅游等自驾自助游产品,让游客真实地触摸到广西独特的旅游跳动脉搏。尤其要加快打造"桂林山水"品牌、"浪漫北部湾"品牌、

"壮美边关"品牌、"长寿广西"品牌、"壮族三月三"品牌、"刘三姐文化"品牌，尽快生产出夺人眼球、令人惊叹的新奇创意旅游产品。

（三）善用文化品牌站稳市场交椅

最为诗意的灵魂体验叫文化之旅。在推动文化旅游产业与大健康等产业融合发展，壮大新业态、新模式的过程中，应以文化书写发展篇章，才能使其在市场上立于不败之地。广西拥有丰富独特的文化资源，蕴含着巨大的旅游发展空间。因此，广西要精心打造好每一个文化景点和文化建筑，真正让广西文化魅力成为旅游优势。例如，深入挖掘"刘三姐文化"的时代精神和现实意义，推出系列文学艺术、歌舞戏剧、影视动漫、数字文化、文化创意等具有国际影响力的文化艺术精品，打造全国民族文化传承创新高地和世界知名的文化品牌，尽早使广西焕发出历史文化与现代文明交相辉映的迷人魅力。

四、以服务为保障，推动文旅工作力量全面聚合

文化与旅游产业的融合发展，不要求处处都是旅游景点，但要求处处都是旅游环境、人人都是旅游形象，这对广西文化旅游产业的管理和服务也提出了转型升级的要求。广西应坚持以人为本，切实做到服务设施现代化、服务手段信息化、服务内容人性化，在完善服务功能、提高服务水平的基础上，争创服务新优势。

（一）发挥党政主导作用，推开文化旅游企业的"门"

要想推进文化与旅游产业融合发展，壮大新业态、新模式，光靠旅游部门不行，光靠几个旅游景点也不行，需要上升到政府主导的全局战略高度。广西要更加注重有效整合区域资源，进一步完善工作机制，强化督查考核，推动各级党政主要负责同志把文化旅游产业融合发展，壮大新业态、新模式统筹发展作为"一把手"工程，构建部门联动发展机制，努力改变旅游企业单打独斗的状态，形成群策群力加快发展文化旅游产业的浓厚氛围。

（二）强化市场综合管理，推倒景点景区的"墙"

要使文化与旅游产业融合发展，壮大新业态、新模式，既需要更新观念，又需要进行体制创新和管理创新。广西要推动旅游行业"民团式"管理向文化旅游产业综合治理转变，改革创新旅游综合执法机制，加大旅游市场环境治理，建立健全"政府统一领导、部门依法监管、企业主体负责"的旅游安全责任体系；积极推进组建实体化旅游委员会、组建旅游产业联盟、设立旅游发展基金、成立景区运营管理公司等工作，进一步理顺旅游工作的体制机制。

（三）激发市场主体活力，催生文化旅游从业的"人"

文化与旅游产业的融合发展既需要政府主导，更需要充满活力的市场主体。广西要充分发挥全社会的积极性、主动性，运用好政策、资金、人才、技术等手段，在更大的空间里引导、吸引和支持各类社会资本、产业主体参与旅游产业的发展和旅游目的地的建设；要不断完善行业协会运作机制，不断健全开放发展机制，不断完善投融资机制，着力培育充满活力的现代旅游市场主体；要更加注重让当地居民和游客共建共享，让当地居民积极参与，使他们既成为旅游发展的受益者、旅游生活的享受者，又成为旅游产业的创业者、旅游生活的服务者。

第七节　加强广西文化旅游产业的区域合作

一、强化区域合作观念，发展跨区域的文化旅游经济

广西应统筹发展全局，实现区域内产业发展、政策导向、贸易交往、监管问责等多部门沟通合作，正确引导资源流向，促成多方达成利益共识。第一，主动打通区域经济整合渠道。加强协调发展的思想理念，推进区域经济区与功能区的规划与建设，打通区域间经济交流渠道，包括部门协调提高办事效率、完善交通设施、开创便民的区域旅游"一卡通"等。制定和完善能够加强区域合作交流的政策与措施，扩大政策鼓励范围，通过项目贴息、补贴、资助、奖励等方式，加大当地政府招商引资力度，吸引企业入驻，建立区域文化旅游联席会议制度，考虑多方需求，跨区域讨论和制定相关决策。主动引导投资助推跨区域旅游开发项目，开展跨区域投资活动，与企业共同开发项目，为个体开办旅游惠民卡，并引导金融业提升旅游消费的信用额度、降低利率，促进经济发展。通过协调各个管理部门的职能或增添新部门，建立并完善长期有效的合作机制，以促进区域文化旅游产业的发展。

第二，进一步强化区域合作意识，拓宽相关旅游经济通道。广西应进一步加大宣传力度，引导干部把区域思想植入工作中，落实到促进文化旅

游产业的合作发展中，营造众人参与、支持的良好区域合作氛围。加快畅通运输和信息通道，加快完善各区域间的交通基础措施以及配套服务，紧跟时代发展趋势，在高速公路停车场增设电动车充电桩等，提高服务质量。进一步加强跨区域的重大项目建设，提高区域经济合作动力，调整公共交通供给结构，借助互联网、通信技术搭建跨区域交通信息共享平台和物流网络系统。

第三，引导企业跨区域共同开发文化旅游产品，避免同质化与资源浪费。广西可通过下达指令文件、网上颁布政策等引导方式，加大宣传力度，引导不同区域内的企业主体展开交流合作，共同建设区域重大文化旅游项目、文化旅游路线、区域旅游集散中心、旅游咨询服务机构和重要交通枢纽，完善产业链，通过生产联动提供优质的区域性旅游产品。尽量避免开发区域性同质化的文化旅游产品，例如南宁扬美古镇、百色田阳古镇，因此需要各地通过联合营销，增强区域文化旅游的互动性和联动性。

二、制定区域合作制度，保证市场发展秩序

第一，首先要建立协作开发机制，对区域文化旅游生产组织模式进行全面改革，将跨区域文化旅游合作纳入区域发展规划的范畴。为引导区域间的文化与旅游融合发展，广西应采取政策开放的手段，建立合作开发制度。通过成立专门的管理机构，由各地区旅游管理部门共同参与，以协商的方式制定跨区域文化旅游合作机制。同时，借助专业规划机构的支持，制定区域文化旅游相关规划和配套方案，以确保合作发展有序进行。其次，要设立跨区域文化旅游协作机构，由各地区代表组成，负责讨论有关跨区域文化旅游协作的议题。通过这个机构实施文化旅游合作发展的决策，以确保协作计划的顺利执行。通过建立合作开发制度和跨区域文化旅游协作机构，可以促进区域文化旅游的整合与合作发展。这些措施将有助于加强区域合作，推动文化旅游产业的融合发展，从而实现广西文化旅游产业的可持续发展。此外，还应创新投融资模式，鼓励民间资本参与重大项目建设，以推动文化旅游产业的发展。

第二，建立文化旅游统一市场。降低地区性门槛准入标准，制定统一的区域市场规则，促使资源有效配置。制定相关规则，保证区域文化旅游市场主体公平参与竞争与协作。基于各地区的独特优势，建立合理的分工机制，构筑一个跨区域合作的框架，包括产品制造、服务协同以及项目开

发等。建立区域互动机制，提高各地输送客源的能力。

第三，培育区域旅游经济主体。加强对各地区的文化旅游企业进行改革，取消垄断性团体，进一步充分发挥市场机制作用。积极增强区域文化旅游连锁企业的品牌效应，为它们的发展提供有力支持。引导中小型企业加强区域文化旅游供应链上的协作，鼓励企业共同成长。建立文化旅游资源数据库，整合并促进文化旅游资源的开发。同时，设立文化旅游综合区，创造区域内文化旅游环线的协同效应。

三、加强建设系统反馈体系，优化区域合作机制

第一，注重维护区域间的合作共赢。广西应建立健全的市场监管体系，切实强化对那些破坏市场竞争的企业及其行为进行严厉打击。推进项目落地，带动战略合作，以促进区域市场往深层次合作方向前进。

第二，完善过程反馈机制，灵活调整政策措施。建立区域文化旅游开发合作统筹部门，以严格监督区域间企业的合作运行过程，并定期布置调研、部署等工作事项，动态调整发展策略。要及时掌握对口地区的合作交流信息与实际情况，建立一个区域性的大数据协调中心，旨在促进各地文化旅游部门、企业和相关经济体之间的信息共享和协作。这个中心将成为一个及时获取各方合作需求和政策信息的平台，从而使各地采取适合本地区发展的合作措施。加强宣传引导，营造良好的舆论氛围，促进区域合作的健康、有序发展。

第三，完善区域差异与协调补偿机制。建立地区帮扶机制，发挥核心地区对目的地的带动作用，利用政策、项目引导人才和资本向开发落后地区流动，通过产业转移或集聚推进基础设施援建等补偿性措施的落实，加强劳务合作和产业支援，减少区域发展差异，全面推进区域内文化旅游产业协同发展。各地区应加强对区域合作的交流与引导，加快转变区域协调工作机构的职能，逐步完善队伍建设，确保协作机构人才、经费的落实，同时提高宏观研究能力、办事服务能力。

第八节 加强文化旅游产业人才队伍建设

一、进一步加强广西文化旅游的智库建设

广西为充分利用文化旅游高端人才资源，在 2020 年已经成立了首家"产—官—学"相结合的文化旅游专业智库——广西文化旅游智库研究会。该研究会通过遴选文化旅游部门官员、高校和研究机构文旅研究专家、文化旅游行业代表性企业家等专业人才，共同对广西文化旅游资源进行调查研究、对文化旅游规划进行论证、对文化旅游发展进行建言献策等，以推动文化旅游产业的快速发展。因此，广西应在该智库的基础上，进一步推动文化旅游智库（以下简称"文旅智库"）的建设进程和完善智库的智力支持功能。

第一，加大聘请国内外文化旅游知名专家的力度。广西文化旅游主管部门应充分利用文旅智库现有知名专家的社会网络资源，进一步吸引文化旅游研究领域著名专家学者，特别是要遴选和吸纳海外或境外知名专家。文旅智库可通过定期召开研讨会、智库论坛，联合调研组等方式，充分利用海内外的智力资源为广西文化旅游产业的可持续发展提供新的思路和途径。

第二，提升文旅智库青年后备人才的遴选和培养质量。文旅智库应加大对文化旅游企业青年领军人才、旅游行业青年优秀人才、高校和研究机构优秀青年研究人才的遴选力度，以促进广西文化旅游智力支持的多元化发展和文旅智库后备人才建设。同时，智库应通过搭建互动平台，定期邀请智库知名专家和文旅行业领军人才以讲座、研究课题组等方式，进一步加大对智库青年人才的培养力度。

第三，培养文化旅游行业人才，提升相关人员工作质量。文旅智库可通过定期组织广西重点扶持文旅企业的负责人到区外知名文旅企业进行参观交流，并开设广西文旅企业负责人培训班，邀请知名专家学者开展讲座，以增加广西文旅行业人才的专业知识储备和完善其知识结构，为提升文旅行业的整体工作质量创造必要条件。

二、整合旅游教育资源，培养文化旅游人才

广西文化旅游管理部门应整合现有教育资源，建立文化旅游人才培训体系。第一，整合多层次教育机构资源，重点建设旅游人才培训基地。为进一步调动广西各类教育机构和院校对专业旅游人才培养的积极性，加大对广西多层次教育机构和平台相关旅游专业教育的投入，有关部门应主动引导、鼓励多元主体积极开展社会化、市场化培训，尝试与粤港澳地区、东盟国家等进行合作交流，借助其领域内培训技术，整合多方人才培训供给资源，营造人才培养大环境。此外，广西可以优势院校为依托，重点建设适应广西文化旅游产业发展的培训基地，培养符合广西文化旅游产业特点的专业化人才，并设立相应技术职业认证资格，提高文化旅游人才认证的含金量。

第二，政府助力推动校企合力办学。政府应主动引导，以院校和企业为主体，搭建院校与旅游企业的信息交流和联合培训平台，组织院校到各企业进行深入的技术交流培训等活动，并配合企业与院校开展产学研合作。企业职员也可参与联合院校培训下的继续教育，进一步提升个人技能水平。此外，政府应带头从各方面给予校企支持和保证，为个人培训和就业营造良好氛围，以及提供后续保障。

第三，建立旅游人才信息共享分析机制。首先，加快人才资源共享系统建设，完善广西旅游人才信息中心，掌握文化旅游行业从业人员的基本情况，及时了解和监控人才的供需信息。其次，建立文化旅游企业人才共享机制，对分布在不同单位的人才进行协调、组织及调整，从而形成跨部门合力。最后，定期对文化旅游从业人员进行调查，及时掌握其反馈的信息，并结合广西文化旅游产业的实际发展情况，科学制定人才队伍规划。

三、积极引进高层次文化旅游人才

广西应编制文化旅游人才发展规划，实施"人才强旅"战略，将文化旅游人才资源作为核心旅游资源进行挖掘。要想科学编制文化旅游人才发展规划，需要根据广西当前的文化旅游产业发展特点，针对性提出对高层次文化旅游人才的引进、培养、激励、保障等目标和任务，使引进的人才结构与文化旅游产业发展相协调，从政策、机制、投入等方面为建立一支高质量的广西文化旅游人才队伍提供保障。

第一，制定高层次文化旅游人才促进政策。在广西文旅智库建设的配合下，有关部门应设立文化旅游发展专项基金，对口引进高层次文化旅游人才，引导和鼓励当地旅游企业加大对高层次人才的重视，创建有利于文化旅游人才成长与发展的良好环境。第二，建立高层次文化旅游人才激励和保障机制。要想激励人才，需要为人才的成长提供保障，为其制定适当的物质激励政策；要为人才的生活和工作提供一系列便利，进一步落实人才后续生活保障措施，如住房、子女上学、医疗等，解决其后顾之忧。第三，推行高层次文化旅游人才数据库建设。用好人才存量，优化人才增量。广西应实施旅游英才计划，建设领军、骨干和急需紧缺三类文化旅游人才队伍；搭建人才交流平台，积极培育文化旅游人才市场，引导行业人才按照市场规律自由流动，各司其职，实现与文化旅游产业的共同良性发展。

第七章 广西红色旅游产业发展研究

第一节 广西红色旅游产业发展基本情况

一、发展概况

广西积极贯彻落实文化和旅游部《2016—2020 年全国红色旅游发展规划纲要》（以下简称《规划纲要》）总体要求，从组织领导、资金保障、政策支持等多方面推动红色旅游工作，广西红色旅游实现稳步发展，红色旅游景区提质升级，革命历史文化资源得到有效保护和合理开发，景区年接待人数持续增长，红色旅游取得了明显的社会效益和经济效益。

1. 红色旅游接待人数持续增长

2016 年以来，广西依托丰富的红色文化资源，大力发展红色旅游，开发多元化红色旅游产品，推动博物馆、纪念馆等设施免费对外开放，促进红色旅游共建共享，红色旅游接待人数和综合收入持续增长。红色旅游接待人数从 2016 年的 3 497. 21 万人增长到 2019 年的 7 050. 87 万人，年均增速为 26.3%；红色旅游总消费从 2016 年的 206. 78 亿元增长到 2019 年的 496. 51 亿元，年均增速为 33.87%。2016—2019 年广西红色旅游数据如表 7-1 所示。

2016—2017 年，广西积极开展"重走长征路"系列主题活动，并扩大与江西、贵州等省份的红色旅游合作，同时开通中越红色旅游合作自驾游线路，吸引了较多游客参与自驾活动。因此，2017 年广西红色旅游接待人数和综合收入均呈现快速增长的趋势。2018 年，广西推动桂北五县成立桂北红色旅游联合体，实行联合营销，客源互送，开拓旅游市场。桂北的红色旅游接待人数快速增长，成为广西红色旅游的重要增长极。2019 年，广西大力开展红色旅游景区品质化提升工作，红军长征湘江战役纪念园等纪念设施建成开放，景区的服务水平和展陈水平显著提升。以百色起义90周年纪念大会举办为契机，广西积极开展红色旅游营销活动，扩大了红色旅游的影响力，接待人数和旅游总消费也实现快速增长。2019年红色旅游总人数、总消费等指标均已超过广西红色旅游"十三五"规划设定的2020年目标。2020年疫情发生以来，广西文化旅游系统扎实做好疫情防控工作，并出台了系列措施振兴文化旅游消费，稳步推进文旅企业复工复产，文化旅游市场有序复苏。随着疫情防控进入常态化，餐饮、住宿等业态陆续开业运营，更多潜在需求得到释放，广西红色旅游业进入平稳增长阶段。

表 7-1　2016—2019 年广西红色旅游数据

年份	红色旅游接待游客总量/万人	红色旅游总消费/亿元
2016	3 497.21	206.78
2017	4 673.38	362.64
2018	5 694.28	347.92
2019	7 050.87	496.51
总计	20 915.74	1 413.85

2. 红色旅游景区投资力度不断加大

2016—2019 年，广西共完成红色旅游重点项目投资额达 171.636 亿元，重点支持长征国家文化公园（广西段）、凭祥友谊关景区等的建设。积极推动景区创建国家 A 级旅游景区，"十三五"以来，新增 AAAA 级以上红色旅游景区达 13 个，其中百色起义纪念园景区已成功创建国家 AAAAA 级旅游景区，南宁昆仑关旅游风景区、凭祥大连城景区等 12 个红色旅游景区成功创建国家 AAAA 级旅游景区。截至 2023 年年底，广西共有 AAAA 级（含）以上红色旅游景区 25 个（见专栏 7-1）。

专栏 7-1　广西红色旅游景区统计

2015 年以前已评定的国家 AAAA 级红色旅游景区
国家 AAAA 级红色旅游景区（7个）：柳州市工业博物馆景区、柳州柳城县知青城景区、蒙山县永安王城景区、钦州刘冯故居景区、凭祥友谊关景区、龙州县龙州起义纪念园景区、河池市东兰红色旅游区。

2016—2023 年新增的 AAAA 级（含）以上红色旅游景区
国家 AAAAA 级红色旅游景区（1 个）：百色起义纪念园。
国家 AAAA 级红色旅游景区（17 个）：南宁昆仑关旅游风景区、柳州市螺蛳粉产业园、柳州市柳工机械股份有限公司旅游景区、上汽通用五菱宝骏基地、红军长征突破湘江烈士纪念碑园景区、湘江战役新圩阻击战酒海井红军纪念园、红军长征湘江战役纪念馆、梧州市军事体育文化园景区、梧州李济深故里文化旅游区、太平天国金田起义旧址景区、龙州县小连城景区、凭祥大连城景区、东兰壮乡将军纪念园、中共广西省工委纪念园景区、武宣县东乡红色旅游区、龙州红军古道景区、玉林市兴业县桂东南抗日武装起义景区。

二、发展成效

1. 红色旅游精品景区建设成效显著

（1）红色旅游经典景区量质齐升

2016 年以来，广西整合红色资源，精品化建设红色旅游景区。2016 年 12 月，国家发展改革委印发了《全国红色旅游经典景区名录》，广西共有 5 处 16 个红色旅游景区（点）列入全国红色旅游经典景区名录（见表 7-2）。广西以 AAAA 级旅游景区建设为标准，积极推进全国红色旅游经典景区的游客中心、停车场、旅游厕所、旅游标识、参观游览通道等基础设施的建设，并大力提升景区的展陈水平，对红军长征突破湘江烈士纪念碑园、湘江战役新圩阻击战酒海井红军纪念园、南宁昆仑关旅游风景区等景区的展陈水平进行提升，运用影视、自动播放、智能讲解等现代科技手段，增强革命文物陈列展览的互动性和体验性。"十三五"期间，红军长征突破湘江烈士纪念碑园景区、太平天国金田起义旧址景区等六处景区已成功创建国家 AAAA 级旅游景区，景区品质得到提升。当前，这些红色旅游景区（点）均免费对游客开放，是中小学生、党员干部及群众开展爱国主义教育、廉政教育的主要阵地。

表 7-2　全国红色旅游经典景区名录

序号	创建单位	位置	时间
全国红色旅游国际合作创建区（1 处）			
1	全国红色旅游国际合作创建区	崇左市	2015 年

表 7-2（续）

序号	创建单位		位置	时间
全国红色旅游经典景区（17 处）				
1	左右江红色旅游系列景区	百色市红七军军部旧址	百色市	2016 年
2		乐业县红七军和红八军会师地旧址	乐业县	2016 年
3		崇左市龙州县红八军军部旧址	龙州县	2016 年
5		河池市东兰县韦拔群故居及纪念馆	东兰县	2016 年
6		东兰烈士陵园	东兰县	2016 年
7		广西农民运动讲习所旧址	东兰县	2016 年
8		红七军前敌委员会旧址	东兰县	2016 年
9	桂林市红色旅游系列景区	八路军驻桂林办事处旧址	桂林市	2016 年
10		兴安县界首镇红军长征突破湘江烈士纪念碑园	兴安县	2016 年
11		湘江战役灌阳新圩阻击战旧址	灌阳县	2016 年
12		湘江战役全州脚山铺阻击旧址	全州县	2016 年
13		贵港市桂平市太平天国金田起义旧址	桂平市	2016 年
14		崇左市凭祥市镇南关大捷遗址	凭祥市	2016 年
15		龙州小连城要塞遗址	龙州县	2016 年
16		凭祥市大连城要塞遗址	凭祥市	2016 年
17		南宁市昆仑关战役旧址景区	南宁市	2016 年

（2）红色旅游产品体系不断丰富

广西以红色旅游品牌化建设为引领，着力打造红色旅游精品景区（点）和精品线路，红色旅游产品和业态不断丰富。一是红色旅游产品体系趋于完善。依托左右江革命根据地、红军长征过广西和桂林抗战文化等红色旅游资源，广西重点开发了优秀革命传统教育、爱国主义精神、改革创新的时代精神、中越革命友谊四大红色旅游产品体系，打造了百色起义纪念园景区、红军长征湘江战役"一园两馆"等红色旅游精品景区（点），形成了"伟人足迹游线""长征之旅游线"和"抗战文化游线"等红色旅游主题线路。二是红色旅游融合发展进程加快。广西开发了一批"红色旅游+民俗""红色旅游+休闲""红色旅游+研学""红色旅游+文创"等新业态新模式，红色旅游的内容和形式不断拓展，产业链不断延伸。

（3）红色旅游线路逐渐成熟

广西将全国红色经典景区纳入旅游线路，引导相关设区市联合开发"邓小平足迹之旅"红色游线、"重走红军长征路"红色游线、"中越边关红色之旅"红色游线等红色旅游线路，并逐步拓展红色旅游与山水旅游、文化旅游等相互融合的旅游线路，红色游线逐渐成熟。崇左市组织"广西人游广西暨崇左市重走红军路"活动，推出不同主题的红色旅游线路，同时还与崇左的山水休闲游、民俗体验游等结合起来，将友谊关、龙州起义纪念馆等红色旅游景区与德天跨国瀑布、左江花山岩画等景区串联起来，设计"红色旅游+"精品线路。防城港市为加强与越南的旅游合作，推进中越边境旅游发展，开通了中国桂林—中国防城港（东兴）—越南芒街—越南下龙的跨境自驾游线路，加快了中越跨境红色旅游、边境山水旅游的开发。百色市为庆祝新中国成立 70 周年，纪念百色起义 90 周年，开发了"邓小平足迹之旅"研学活动，相关单位责任人参加了此次活动，探讨交流了邓小平纪念地协作发展的经验做法，以共同推动省际合作。桂林市积极举办"重走长征路"主题活动，线路串联灌阳、全州、兴安等地，通过讲解长征故事、缅怀革命先烈、重走红军长征路（桂北段）等形式开展爱国主义教育，传承红色基因。2016 年 12 月，国家发布了"重走长征路"国家红色旅游精品线路，其中"灌阳—全州—兴安—资源—龙胜"段已列入"重走长征路"国家红色旅游精品线路。经过不断宣传和努力打造，广西红色旅游精品线路在区内外的知名度和影响力不断提升，接待游客数量日益增加，带动了沿线经济效益和社会效益的发展。

广西的红色旅游经典景区得到充实完善、归并整合，景区的基础设施和服务水平日益完善，红色旅游产品体系不断丰富，"邓小平足迹之旅""重走长征路""中越边关红色之旅"等红色旅游线路逐渐成熟。

（4）百色起义纪念园成功创建国家 AAAAA 级旅游景区

广西积极推动百色起义纪念园景区的提质升级，坚持高起点规划、高标准建设、高质量推进纪念园创建国家 AAAAA 级旅游景区工作。引导景区完成了红七军军部旧址场景复原和整体维修、清风楼维修、右江民族博物馆陈列改造、廉政教育基地展陈提升改造等项目。引进智慧管理系统，实现景区管理与服务的程序化、规范化、科学化。景区将低碳环保与红色旅游开发相结合，成为全国首个红色旅游景区型低碳旅游示范基地。景区为游客提供非物质文化遗产民俗展演、水果餐、长桌宴、低碳环保科普等特色服务，景区的硬件设施和服务水平也得到了极大的提升。2019年12月，纪念百色起义90周年活动在百色起义纪念园举行，来自中央、自治区、相关省份和部队的代表，红七军、红八军亲属代表和左右江老区干部群众代表共600多人参加了活动，重温革命历史，传承红色精神。百色起义纪念园已于2020年1月被评为国家AAAAA级旅游景区。

（5）长征国家文化公园（广西段）建设进展顺利

2019年12月，中共中央办公厅、国务院办公厅印发了《长城、大运河、长征国家文化公园建设方案》。该方案旨在全面规划和有效布局长城、大运河、长征国家文化公园的建设。在此背景下，广西政府高度重视这一建设方案，特别强调了对长征国家文化公园（广西段）的建设落实，并进一步策划和制定了《长征国家文化公园（广西段）建设保护规划》。广西以规划为引领，充分利用桂北五县（含灵川）的红色旅游资源，推进以"一园两馆"项目为重点的68项红军长征湘江战役烈士纪念设施建设修缮项目，实施保护传承工程、研究挖掘工程、环境配套工程、文旅融合工程和数字再现工程，构建"一路、三园、多点"的发展格局。长征国家文化公园（广西段）建设进展顺利，形成了与长征沿线其他省份不同的特色化、差异化的红军长征文化保护、利用、传承路径，为全国推进长征国家文化公园建设提供了"广西经验"。

2. 红色旅游教育功能不断提升

（1）爱国主义教育示范基地建设加快

"十四五"以来，广西重点引导红军长征湘江战役纪念园、红军长征突破湘江烈士纪念碑园、湘江战役新圩阻击战酒海井红军纪念园等景区创建爱国主义教育示范基地。截至2022年年底，广西已打造15处全国爱国主义教育示范基地（见专栏7-2）。以全国爱国主义教育示范基地为载体，广西开展了形式多样的纪念活动，接待游客数量不断增加。其中，红军长征湘江战役纪念园、红军长征突破湘江烈士纪念碑园、湘江战役新圩阻击战酒海井红军纪念园在2021年9月至12月期间，共接待游客8 254批次，约134.57万人，大力弘扬了红军长征精神，传承了红色文化。

广西拥有全国爱国主义教育示范基地（15 处）：中国工农红军第七军军部旧址、百色起义纪念馆、八路军桂林办事处旧址、中国工农红军第八军军部旧址、右江工农民主政府旧址、广西农民运动讲习所旧址、广西民族博物馆、合浦县博物馆、冯子材旧居、广西烈士陵园、红军长征湘江战役纪念园、红军长征突破湘江烈士纪念碑园、湘江战役新圩阻击战酒海井红军纪念园、韦拔群纪念馆、昆仑关抗日战役纪念地。

（2）红色旅游主题教育活动持续推进

广西建成并启用百色干部学院，统筹全区党政教育资源，突出特色课程建设、优化现场教学点布局，百色干部学院已成为促进全区干部政治素质和专业能力提升的红色文化教育平台。广西充分利用建党、建国、建军和百色起义纪念日等重要节假日、重大纪念日，与"不忘初心、牢记使命""两学一做""三会一课"等党性教育、学习教育相结合，不断创新形式和载体，开展内容丰富的红色旅游主题活动。近年来，广西策划和举办了百色起义暨龙州起义 90 周年活动、红色旅游进校园活动、红色故事演讲比赛、"十佳红色故事讲解员大赛"等，邀请党史专家开展"广西红军将士与长征胜利"和"湘江战役的历史启示"专题讲座；同时组织开展群众性文化文艺活动，组织"我和我的祖国——广西公共图书馆系列主题活动"等群众性文化活动，通过活动丰富人民群众的精神文化生活，使人们接受红色革命洗礼，增强开拓前进的勇气和力量。

（3）红色文化进校园工作丰富多彩

广西民族大学、南宁师范大学等多所高校组织开展"三个一"红色文化主题系列教育活动，包括一次红色文化旅游主题巡展、一批红色文化书籍进校园、一场红色故事演讲比赛，将历史文化、红色文化、革命精神及社会主义核心价值观等融入活动全过程。活动为广西 10 余所高校赠送红色文化书籍近 2 000 册，参与红色故事演讲比赛的选手 20 名、观赛学生 300 多人，红色文化旅游主题巡展观展学生超 10 万人次。"三个一"红色文化主题系列教育活动的开展，进一步扩大了红色文化旅游在高校的影响力，深化了青少年的爱国主义教育。

广西积极打造爱国主义教育示范基地、全国中小学研学实践教育基地等载体，组织红色主题教育、红色研学教育等活动，促进爱国主义教育深入群众、深入校园，红色文化内涵得到充分挖掘，红色旅游的教育功能得到发挥。

（4）红色旅游+研学实践不断提升

广西将中小学生社会实践活动与红色文化传承相结合，将红色研学旅游纳入小学、初中、高中的教学计划，建立红色旅游实践课程体系；充分利用革命老区、人民英雄纪念碑、纪念馆、博物馆等相关的红色教育资源，建设了凭祥友谊关景区、广西民族博物馆等16处全国中小学研学实践教育基地（见专栏7-3）。依据小学、初中、高中不同学段的研学旅游目标，针对性地开发了"学习传统文化，体验红色革命""铭记历史，共享和平发展时代"等研学课程，打造"南宁青秀山风景区—广西民族博物馆—崇左白头叶猴国家级自然保护区—凭祥友谊关景区等"红色研学线路，形成了特色鲜明、内涵丰富、形式多样的校外实践活动新局面。

专栏7-3　广西拥有全国中小学研学实践教育基地名录

广西拥有全国中小学研学实践教育基地（16处）：百色起义纪念公园、广西民族博物馆、凭祥友谊关景区、宁明花山岩画、南宁青秀山风景区、广西崇左白头叶猴国家级自然保护区、红军长征突破湘江烈士纪念碑园、广西合浦儒艮国家级自然保护区、广西弄岗国家级自然保护区、广西桂林花坪国家级自然保护区、坭兴陶文化创意产业园、广西壮族自治区中国科学院桂林植物园、桂林理工大学地质博物馆、广西壮族自治区药用植物园、南宁市三峰能源有限公司、南宁昆仑关战役遗址

3. 红色旅游助力居民收入增加

近年来，广西在红色旅游领域取得了显著进展，积极推动示范项目的兴建，包括红色旅游文化街、红色文化创意园、红军古村寨等。这些措施旨在促进红色旅游与传统观光、生态、民族、民俗、乡村、休闲度假以及都市旅游等多元项目的有机融合，使红色旅游与相关产业相互交融，以满足多样化的市场需求。广西充分认识到红色旅游产业在农村的延伸意义，将红色旅游景区与乡村振兴、新型城镇化建设、旅游精准扶贫相融合，着重发展乡村休闲旅游，从而提升了红色旅游景区的吸引力，同时也促进了当地居民收入水平提高。

4. 革命文物保护工作持续推进

2016年以来，广西持续加大对革命文物的资金支持力度，加强革命文物和文献资料的发掘、征集、整理、研究和利用工作，通过文献档案展现历史事实，扎实推进文物保护项目建设，革命文物保护水平、展陈水平得到进一步提升。

（1）多项举措加强革命文物保护

一是出台相关政策文件和革命文物保护法规。为贯彻落实中共中央办公厅、国务院办公厅印发的《关于实施革命文物保护利用工程（2018—2022年）的意见》精神，广西党委办公厅、自治区人民政府办公厅于2019年4月印发了《关于实施广西革命文物保护利用工程（2019—2022年）的意见》，为有序开展革命文物集中连片保护利用工作指明了方向、划定了任务、提供了保障。二是推进文物保护"四有"工作。2017—2019年，广西人民政府公布了包括昆仑关战役旧址、柳州旧机场及城防工事群旧址等一批抗战文物遗址在内的国家级、自治区级文物保护单位的保护范围。2019年，广西文化和旅游厅、住房和城乡建设厅公布了一批包括抗战文物遗址在内的自治区级以上文物保护单位建设控制地带，指导各级文博单位对市县级以上的文物保护单位树立保护标志说明牌。三是提升文物保护单位等级。2019年，国务院公布了第八批全国重点文物保护单位，其中，梧州市中共广西早期革命活动旧址、中共广西省第一次代表大会旧址、湘江战役旧址增补点等文物点被列入其中。桂林抗战名人故居等一批革命文物核定公布为第七批自治区文物保护单位。此外，中国工农红军第七军军部旧址、右江工农民主政府旧址等10个单位被评选为第一批自治区级党性教育现场教学点。截至2020年4月，广西共有县级以上烈士纪念设施179处，其中，国家级纪念设施10处，自治区级纪念设施19处，市县级烈士纪念设施147处，零散烈士纪念设施11 047处。

（2）资金投入力度不断加大

据统计，"十四五"以来，广西共争取中央财政资金1亿多元，用于革命文物的保护修缮、保护规划编制、安全防范设施建设、博物馆和纪念馆展陈水平提升、免费开放等项目。其中，广西财政安排5 000多万元用于左右江片区革命文物的保护修缮、博物馆建设、免费开放、研究宣传等。

（3）文物保护重点项目扎实推进

首先，持续推进长征纪念设施建设和长征文物保护工作。一是推进顶层设计，建立经费保障机制。习近平总书记对湘江战役的高度评价始终伴随着对在该战役中英勇牺牲的革命先烈的深切关怀。他明确要求充分做好烈士遗骸的收殓保护工作，并规划建设适度的纪念设施。为了贯彻习近平总书记的重要讲话精神，广西制定了关于湘江战役红军遗骸收殓保护工作的"1+10"总体规划和一系列工作方案，包括一个总体规划，即《湘江战役红军烈士纪念设施建设总体规划》，同时还包括《桂北长征文化资源保护与开发利用工作方案》等，以及十个工作组的详细方案和进度安排表。此外，联席会议由自治区党委宣传部领导，建立了经费保障机制，设立了广西桂北文化资源保护与开发利用经费。该经费使用计划为期5年，每年拨款3 200万元，全面协调推进遗骸收殓、项目建设、纪念馆陈列、遗址遗迹保护、经费支持等关键领域的重要环节，强力推动长征遗址遗迹的保护与建设，以及长征精神的广泛宣传教育工作。这一系列举措旨在实现习近平总书记提出的关于湘江战役红军遗骸的承诺，并将其历史价值传承下去。二是推进红军长征纪念设施建设。积极推进以"一园两馆"项目为重点的68项红军长征湘江战役烈士纪念设施修缮项目。"一园两馆"项目建设和提升包括新建红军长征湘江战役纪念园（含红军长征湘江战役烈士纪念林、红军长征湘江战役纪念馆），改造提升红军长征突破湘江烈士纪念碑园内的红军长征突破湘江纪念馆，迁建新圩阻击战史实陈列馆；推进26个红军墓修缮保护项目，对红军烈士遗骸进行收殓安放，修建烈士墓及散葬点等；开展14个遗址遗迹修缮保护项目，对湘江战役渡江旧址以及主要战斗旧址等遗址遗迹进行修缮保护，并配套建设23个基础设施项目，完善标识牌、厕所、步道等设施。2019年9月，湘江战役文物遗址保护及纪念设施建设工程已经完成了68项任务，全面保护和修复了湘江战役的历史遗迹。在这一过程中，展陈水平显著提升，纪念设施建设取得了巨大成就。与此同时，周边环境也得到了显著改善。值得关注的是，2019年9月13日，在广西桂林市的全州县，举行了红军长征湘江战役烈士纪念设施的竣工典礼，以及湘江战役红军遗骸的安葬仪式。中共中央政治局委员、时任中宣部部长黄坤明出席了这一盛大活动。在典礼中，黄坤明强调了习近平总书记的重要指示，呼吁深刻领会并践行这一指示，永远铭记革命历史，传承革命精神。他指出伟大的长征精神应当激励全党和全国人民，在新时代中保持高昂的斗志，继续走好前进的长征之路。这一精神代表着坚定信仰和英雄烈士鲜血凝结的伟大成果，应该成为我们前行的力量源泉。三是推进长征文物保护工作。推动桂北五县（含灵川）的长征文物保护工作，截至2019年12月，列入全国重点文物保护单位1处23个点，自治区文物保护单位32处，市县级文物保护单位41处。除不可移动文物之外，红军长征过广西的文物还包括书籍、兵器、生活器具等600余件可移动文物，以及珍贵的长征历史文献、档案等。四是促进展陈水平提升。广西全面完成红军长征过桂北文物遗址遗迹普查工作，共收集到展陈史料文物 1 143 件。截至 2019 年 12 月，桂北五县（含灵川）的长征历史文化展示场馆及纪念设施共有 13 处。其中，纪念园（馆）4 处，展示陈列场馆 2 处，博物馆 4 处，烈士陵园（碑园）3 处。红军长征湘江战役纪念馆、新圩阻击战史实陈列馆、红军长征突破湘江战役纪念馆 3 个纪念馆共展陈图片 755 张、文物 474 件、实景展示 21 项、主题雕塑 40 组、美术作品 46 幅。五是推进纪念设施创建示范基地。2019 年 12 月，红军长征湘江战役纪念园、红军长征突破湘江烈士纪念碑园和湘江战役新圩阻击战酒海井红军纪念园成功创建全国爱国主义教育示范基地。

其次，推进文物保护项目建设。广西重点实施了柳州旧机场及城防工事群旧址、胡志明旧居、广西省立艺术馆旧址等革命文物修缮保护工程，百色起义纪念公园和百色起义纪念馆改造提升工程，以及南宁昆仑关战役旧址博物馆配套基础设施、美国"飞虎队"桂林遗址公园提升、八路军桂林办事处纪念馆改扩建、《救亡日报》社旧址修缮及陈列布展等提升工程。龙州县博物馆、德保县博物馆、田东县博物馆、田阳区博物馆、凭祥市友谊关陈列馆（镇南关大捷陈列馆）和法式楼布展等建设完成并对外开放。各级财政资金的投入有效地保护了抗战文物遗址，消除了文物安全隐患，极大地改善了文物周边历史环境风貌，文物保护和展陈水平得到进一步提升。涉及红色旅游的全国重点文物保护单位及国家重点烈士纪念建筑物保护单位名录见专栏 7-4。

专栏 7-4 涉及红色旅游的全国重点文物保护单位及国家重点烈士纪念建筑物保护单位名录

> 全国重点文物保护单位（20 处）：金田起义地址，中国工农红军第七军、第八军军部旧址，靖江王府及王陵，李宗仁故居及官邸，李济深故居，右江工农民主政府旧址，八路军桂林办事处旧址（含莫路村转运站），刘永福、冯子材旧居建筑群，连城要塞遗址和友谊关，太平天国永安活动旧址，梧州中山纪念堂，广西农民运动讲习所旧址，红军标语楼，湘江战役旧址，昆仑关战役旧址，柳州旧机场及城防工事群旧址，西林教案发生地，梧州市中共广西早期革命活动旧址，中共广西省第一次代表大会旧址，广西省立艺术馆旧址。
>
> 国家重点烈士纪念建筑物保护单位（10 处）：广西壮族自治区烈士陵园（南宁市）、东兰烈士陵园、百色起义烈士碑园、突破湘江烈士纪念碑园、柳州烈士陵园、昆仑关战役旧址、八路军桂林办事处旧址、防城港城北烈士陵园、凭祥市南山烈士陵园、凭祥市匠止烈士陵园。

（4）革命文物的数字化建设水平不断提升

2016年，广西人民政府出台了《广西壮族自治区人民政府关于进一步加强文物工作的实施意见》（桂政发〔2016〕68号），明确提出"建立全区文物资源数据库和不可移动文物电子地图"的要求，各地市积极开展革命文物的数字化建设工作。贵港市文化广电体育和旅游局开展了文物保护单位的电子地图的绘制工作，完成了贵港市不可移动文物电子地图的测绘工作。桂林博物馆展出了欧阳予倩夫妇在桂林用的印章、缴获的日本刺刀、秦霖"还我河山"铜墨盒、司马文森在桂林用的铜墨盒等众多抗日战争文物，桂林市投入441万元推进桂林博物馆馆藏文物数字化建设，促进文物的保护和利用。

"十四五"期间，广西扎实推进文物保护，革命文物保护水平、展陈水平得到进一步提升。

5. 红色旅游规范化水平显著提升

（1）红色旅游服务标准化水平不断提升

为提升广西红色旅游服务水平，广西积极指导各地建立红色旅游景区服务标准，先后出台了《兴安县红色旅游景区服务规范》《田东乡村红色旅游景区（点）服务规范》等红色旅游服务地方标准，推动各地红色旅游服务实现标准化、规范化和品牌化，提高了广西红色旅游服务的管理能力和综合监管水平。自治区党委宣传部按程序对湘江战役红军遗骸收殓保护工作和68个湘江战役纪念设施保护项目建设进行审查报批，全面落实红军长征湘江战役纪念园、红军长征突破湘江烈士纪念碑园、湘江战役新圩阻击战酒海井红军纪念园等项目建设。在确保客观真实的基础上，中央宣传部、自治区党委宣传部、桂林市人民政府等各级部门对湘江战役"一园两馆"的展陈、讲解内容进行审读、排查，不断丰富展陈形式和讲解内容，以增强景区的知识性、吸引力和感染力，红色旅游服务的标准化、规范化水平得到提升。

（2）革命文史资料的征集整理及研究利用进一步加强

广西高度重视红色文化资源的保护开发和利用工作，组织编制了《广西红色旅游资源普查报告》，深入发掘、梳理和研究广西红色文化资源，为展现广西红色历史事实，讲好革命故事奠定了坚实的基础。广西还出台了《红军长征遗址（文化）保护条例》等政策文件，以保护红色文化遗址遗迹。有关部门积极做好红色文物史料征集工作，把征集文物史料作为一项常态化工作任务来抓，制定革命文物保护预案，应对突发状况，建立制度保障；组织湘江战役相关文物资料及史实等的搜集、整理、组织、挖掘工作，整理出版了《红军过全州》《血肉长城》《红军足迹——红军长征过桂北》等书籍，创作了《红色征程》《突破湘江》《血色湘江》《湘江1934》等一批具有较高艺术水准，真实反映当年红军长征期间艰苦卓绝的音乐剧、戏剧、小品、歌舞等；开展"追忆先辈风范 传承红色基因"专题采访工作，全面系统地对百色起义文物遗址遗迹进行调研，征集、整理、研究红色革命文物，不断拓展和充实红色旅游文化内涵。

广西红色旅游规范化水平不断提升，革命文物保护利用工作成效显著，较"十三五"期间红色旅游发展的规范化水平有显著提升。

6. 红色旅游宣传活动不断加强

广西加大红色旅游宣传力度，多方配合，统筹运作，利用传统媒体、互联网、节庆活动等促销手段，多渠道、多层次、多形式宣传推广西红色旅游产品，积极塑造"红色壮乡·开放广西"的主题形象。

（1）结合重大纪念活动和节假日组织系列宣传推广活动

广西利用建党、建军、国庆节、清明节等重要纪念日和节假日，开展了形式多样、内容丰富的红色旅游宣传活动。例如，2016年开展了"弘扬长征精神·传承红色记忆"纪念红军长征胜利80周年红色旅游系列活动；2018年开展了"不忘初心、牢记使命""缅怀革命先烈 传承红色基因 迎接十九大"等系列红色教育活动，进一步提高了广西红色旅游的知名度和影响力。2019年，广西组织开展了百色起义90周年系列纪念活动，打响了"两江红旗 百色风雷"和"邓小平足迹之旅"两个红色旅游品牌，"红城百色"声名远播，在我国红色旅游目的地中具有极高的影响力。此外，广西还举办了昆仑关大捷周年纪念暨抗战胜利周年纪念活动，以纪念大会、座谈会、书画展、电影展等活动方式，吸引大批抗战老兵、抗战将士后代、历史爱好者、军事爱好者等到昆仑关战役旧址参观，扩大了红色旅游的宣传范围；打造了《血色湘江》等红色文化主题演艺节目，创作了《红色故乡·广西篇》《铁血湘江》等影视作品，以群众性艺术文化活动宣传广西红色文化内涵；组织排演了壮剧《百色起义》、电影《血战湘江》、实景演出《突破湘江》等优秀影视剧目，讲活了广西红色故事，彰显了广西红色魅力，有效地传播了广西红色文化精神内涵，进一步推进了广西红色文化资源的挖掘利用。

（2）依托中国孟麻—越南北坡红色旅游区等跨国合作平台，积极开展跨境红色旅游合作

广西加速推进与越南高平、谅山、广宁等地的跨国红色旅游合作，以"中越革命友谊"为主题，先后举办中越红色旅游论坛、中越青年大联欢、龙州红途中越跨国山地越野赛、峒浔国际户外探险系列赛等活动，促进了双方的交流，进一步加强了我国与越南的合作，全面打响了中越跨国红色旅游品牌。

（3）组建红色旅游联合体等组织，开展联合营销

2018 年 9 月，兴安、全州、灌阳、资源、龙胜桂北五县联合组建桂北红色旅游联合体，开展联合营销。联合体先后跟 30 个景区、酒店、餐饮及旅行社达成合作，推出以"游动湘江，弘扬伟大长征精神"和"翻越老山界，走好长征路"为主题的系列活动，打造"重走长征路"等多条红色旅游精品线路。截至 2018 年 10 月，联合体共接待红色旅游主题线路游客 18万人次，其中，兴安县接待游客 8.1 万人次，极大地推动了桂北五县红色旅游的全面发展。

（4）开展系列红色旅游主题宣传推介活动

2019 年，广西组织红色文化旅游代表团赴江西瑞金参加红色旅游产业博览会暨全国红色旅游联盟推广年会，并将广西红色文化旅游产品、文创产品带到红色旅游产业博览会上进行展示宣传。广西还组织百色、桂林、河池、崇左市等红色旅游重点城市的有关人员，每年到西安、重庆、广州、上海等地组织举办红色旅游主题宣传推介活动，大力推介广西红色旅游产品及线路，引起了国内同行的高度关注。通过持续不断的宣传推广，广西逐步树立了红色旅游主题形象和文化品牌，增强了广西红色旅游在全国的市场影响力和品牌凝聚力，邓小平足迹之旅、重走红军长征路、中越边关红色之旅等红色旅游精品线路和品牌的知名度不断扩大。

当前，广西红色旅游宣传推广活动日渐丰富，宣传推广方式趋于多元化，红色旅游品牌知名度不断提升，国际交流合作进展顺利，较"十三五"期间进步明显。

（5）利用微信、微博等新媒体，拓展红色旅游营销新渠道

广西充分利用传统媒体、新媒体、户外广告等传媒渠道，加大对红色旅游景区的宣传推广，主动到深圳、珠海、云贵渝、湛江、茂名、北海等地开展红色旅游宣传招商推介活动，并积极邀请各旅行社和媒体到广西各

红色旅游经典景区参观，在微信、微博等新媒体上大力宣传报道，推动区内外旅行社带团到广西旅游。同时，广西积极向境外游客推介广西红色旅游，加大红色旅游在境外的宣传力度，利用其他城市来桂开展旅游交流的契机，广泛进行红色旅游的信息交流，推介广西红色旅游线路产品。

7. 红色旅游人才队伍建设加快

（1）推动校企合作，打造红色旅游人才培训基地

"十四五"以来，广西积极推动红色旅游经典景区与高校的合作，加大对红色文化的研究教育，先后与广西民族大学、广西大学等高校结对共建，成为在校学生开展人生观、世界观、价值观教育的第二课堂。依托百色起义纪念园、红军长征湘江战役纪念园等红色经典景区的现有资源，广西面向政府部门、企事业单位、景区从业人员等开展各类红色培训。据统计，2021年，广西针对红色旅游景区行政管理人员开展培训74次，培训914人次，针对导游、讲解员开展培训78次，培训783人次。2019年，广西红色文化旅游研究和传播基地在桂林旅游学院挂牌成立，进一步助推广西在红色文化旅游理论创新、红色文化旅游创意产品研发、红色故事讲解员培训、红色文化教育培训、红色文化旅游人才聚拢等方面全面发力，推动了红色文化旅游创新发展。

（2）扎实推进广西红色旅游五好讲解员建设行动

广西扎实推进红色旅游人才队伍建设，结合红色旅游五好讲解员建设行动方案，实施"以赛促训"，进一步加大红色旅游人才培养力度，相继举办了全国红色故事讲解员大赛、广西十佳红色故事讲解员大赛，开办了全区红色故事讲解员技能培训班、湘江战役红色文化旅游讲解员培训班等。通过这些培训、比赛活动，进一步提升了基层红色旅游接待服务水平，提升了红色文化旅游景区、纪念馆讲解员的能力素质，推进了广西红色文化旅游高质量发展，更好地满足新时代广大人民群众对红色文化旅游、红色主题教育的需求。

（3）组织开展红色旅游志愿服务

广西积极发挥老干部、老模范、老教师、老战士、老专家"五老"作用，邀请他们参加各项主题活动，诉说自己的红色故事，以提升红色旅游对旅游者特别是中青年旅游者的感染力和号召力；广泛发动企事业单位、大专院校党员、共青团员组建青年志愿者服务队，开展分散游客、发放宣传资料、提供游客引导、唱红歌等志愿服务工作，积极推动广西红色旅游

发展；开展义务讲解员和小小志愿者暨"红领巾"讲解员培训活动，吸引广大中小学生参与到红色旅游建设中来，为红色旅游事业培育新生力量。

红色旅游讲解员的服务水平和能力得到提升，红色文化旅游研究不断深入，红色文化人才培训效果明显，红色旅游志愿服务队伍不断扩大，较"十三五"时期的红色旅游人才队伍建设工作取得明显成效。

第二节　广西推动红色旅游工作的主要做法

一、强化组织领导

广西各级党委和政府高度重视红色旅游发展工作，一是强化红色旅游发展协调小组办公室职能建设，提升办公室的协调能力，协调解决红色旅游发展的重大事项，做好红色旅游的资金利用及项目建设等统计工作，提升工作效能。二是建立桂北红军长征红色文化资源保护与开发利用联席会议制度。该制度的主导单位是自治区党委宣传部，联合自治区党委党史研究室、自治区民政厅、财政厅、人力资源社会保障厅、文化和旅游厅以及桂林市政府等相关单位的领导。此举旨在充分挖掘桂北长征红色文化资源的内在价值，促进红色文化产业与旅游业的有机结合，特别着重在建设桂北红色旅游基地方面努力，将充分发挥红色文化在教育领域的重要作用；同时推动红色文化的传承与发展，为地区的经济与文化繁荣作出积极贡献。湘江战役革命遗存遗址和长征文化资源保护利用工作得到快速推进，各种纪念设施、展陈内容、文物史料征集等工作得到有效推动。

广西通过强化红色旅游发展协调小组办公室职能建设，以及建立桂北红军长征红色文化资源保护与开发利用联席会议制度，推动了《规划纲要》的落实。

二、加大资金投入力度

1. 重点支持红色旅游项目和基础设施建设

积极争取国家文物保护专项资金。近年来，自治区文化和旅游厅积极争取国家文物保护专项资金 1 亿多元，组织开展八路军桂林办事处灵川县路莫村军需物资转运站纪念馆、昆仑关战役旧址、桂南会战检讨会旧址、柳州旧机场及城防工事群旧址等多处全国重点文物保护单位的维修工作。

此外，自治区财政安排了 400 多万元资金，对灵山县泗峡坳战场遗址、兴业县震声楼等一批抗战文物进行修缮和环境整治。

加大对桂北长征文化资源保护与开发利用的资金支持力度。为落实《推进桂北长征文化资源保护与开发利用工作方案》方案，2017 年，自治区本级财政新增 2 000 万元用于桂北长征文化资源的保护和开发利用（不占相关部门预算）；自治区原旅游发展委员会安排旅游发展专项资金 300 万元，用于红军长征红色旅游基础设施建设；自治区原文化厅安排 350 多万元对全州县湘江战役旧址、脚山铺阻击战旧址等文物点开展保护展示及环境整治工程。

2017 年，自治区本级财政安排资金 3 200 万元，重点支持桂北地区红军长征沿线的全州、灌阳、兴安、资源、龙胜五县的桂北长征文化资源保护与开发利用工作，支持国防教育基地建设，不断完善全民国防教育新阵地、新平台。2018 年 自治区财政厅继续筹措 3 500 万支持桂北长征文化资源保护与开发利用项目。截至 2020 年 3 月，红军长征湘江战役烈士遗骸收殓保护工作共获得上级资金支持 48 241.371 万元，其中桂北文化资源保护利用专项经费（每年计划 3 200 万）已获 12 375 万元，革命老区转移支付 9 761 万（其中通过退役军人事务部共获 8 000 万），红色旅游发展专项经费共获 750 万元，国家文物保护专项资金和统筹利用结余资金共获 10 309.5 万元，其他渠道资金共获 10 454.121 万元。

红色旅游景区的资金支持力度进一步加大。每年自治区财政厅统筹中央和自治区本级财政资金 3 123.5 万元，支持包括百色起义纪念馆在内的烈士陵园、革命战争遗址、纪念馆等爱国主义教育基地免费开放。有关部门还安排 830 万元财政资金用于推进百色起义纪念园创建国家 AAAAA 级旅游景区，并全力推进百色市红色旅游景区基础设施建设，加快百色红色旅游基地、左右江红色旅游区建设步伐，促进百色旅游提质升级。

2. 拓宽红色旅游融资渠道

广西通过整合革命老区转移支付、红色旅游发展专项经费、国家文物保护专项资金和统筹利用结余资金等资金渠道，拓展旅游融资平台建设，拓宽融资渠道，加大对红色旅游的投入力度。

三、健全管理机制

广西积极进行改革与创新，创新管理机制，以推动红色旅游的健康与持续发展。在此过程中，突出表现有五点。

第一，自治区成立了长征国家文化公园（广西段）领导小组，这一实际行动积极推动了桂北红色文化的研究、资源开发以及项目规划与建设。该领导小组为长征国家文化公园（广西段）的建设提供了坚实的支持。

第二，桂林红军长征湘江战役文化保护传承中心的设立，实现了对湘江战役等红军长征文化资源的收集、发掘、整理、研究以及保护与利用等多项工作的整体协调与指导。这一举措有助于更好地保护与传承红色文化遗产。这些改革和创新举措旨在推动广西红色旅游的持续健康发展，充分发挥红色文化的潜力，为地区的经济与文化繁荣提供有力支持。传承和弘扬红军长征精神，助推桂北五县高质量发展。

第三，创新设立百色起义纪念园管理委员会、南宁昆仑关战役遗址保护管理委员会等机构，对百色起义纪念园、昆仑关战役遗址等的开发和保护工作实施统一领导、统一规划、统一管理，以推动红色旅游资源的整合开发。

第四，探索全新的"红色旅游+"模式。在这个领域，百色起义纪念园发挥了领导作用，以"红色旅游+"为核心，特别注重培育了低碳旅游、红色培训、虚拟现实（VR）体验以及旅游扶贫四个全新产品，是全国首个红色旅游景区型低碳旅游示范基地。

第五，"党建+旅游"红色驿站成为广西旅游新亮点。广西各地统筹旅游资源，实施"党建+旅游"发展策略，建设旅游红色驿站，以党建为引领，强化旅游业服务水平和质量的提升，进一步增强旅游业软实力。在这方面，桂林市充分发挥各级党组织的作用，有计划地打造了一系列独具特色的旅游红色服务站，已经完成首批60个红色服务站的建设并投入运营。这些服务站汇聚了党员志愿者服务团队，设立了旅游咨询中心，引入了互动上墙制度，同时推出了游客"微心愿"服务，共同构建了一个展示桂林党建文化、传统文化以及旅游形象的窗口。这一创新举措已经成为桂林市基层党建工作的杰出成就和显著亮点。类似地，梧州市蒙山县在各个景区内设立了10个红色服务站，设有党员志愿服务站和便民服务站，为游客提供茶水等便捷服务，并积极开展旅游维权工作，推动整个旅游行业服务质量的提升。这些举措旨在通过党建引领，为旅游业提供更高水平的服务，从而增强其软实力。

四、出台系列扶持政策

1. 相继出台系列政策措施

广西先后印发了《广西壮族自治区人民政府办公厅关于规范旅游景区投资开发的意见》（桂政办发〔2016〕48号）、《广西壮族自治区人民政府办公厅关于印发进一步促进全区旅游投资和消费实施方案的通知》（桂政办发〔2017〕7号）、《关于印发广西壮族自治区旅游发展专项资金管理办法的通知》（桂旅办〔2017〕523号）、《〈关于实施广西革命文物保护利用工程（2019—2022年）的意见〉的通知》（桂办发〔2019〕14号）等，各类政策措施涉及财税、土地、金融等方面，较好地解决了各级各类项目落地建设问题，为红色文化资源的利用提供了政策保障，促进了全区的红色旅游投资和消费。

2. 建成自治区文化旅游重点项目库

将百色"古城恢复、红城提升"项目、百色起义纪念园创建AAAAA旅游景区项目、凭祥友谊关创建国家AAAAA级旅游景区项目、全州县湘江战役红色旅游遗址群项目、灌阳县长征国家文化公园等红色旅游项目纳入自治区统筹推进重大项目，编制出台了《广西推进红色旅游健康发展重点项目》（桂红旅办〔2017〕7号），优先安排落实土地、资金等指标。

广西相继出台系列政策措施，将重大红色旅游项目列入自治区文化旅游重点项目库，保障了红色旅游项目建设的顺利推进，促进了广西红色旅游的发展。

五、强化部分协调合作

为全面贯彻落实《规划纲要》精神，广西相继出台《广西红色旅游发展"十三五"规划》《广西推进红色旅游健康发展的实施方案》等具体实施方案，并完成了《广西红色旅游发展"十四五"规划》《桂黔滇左右江片区红色旅游发展规划》的编制工作，加强红色旅游的顶层设计。各部门落实责任，凝聚合力，共同推进广西红色旅游健康发展，为提升广西红色旅游发展质量和效益奠定了坚实的基础。

自治区文化和旅游厅与自治区发展改革委、财政、交通、民政、住建等各部门通力合作，开展红军文物征集、整理、研究工作，加强红色文化的保护利用。广西积极推进以百色起义纪念馆、"一园两馆"项目为重点的 68 项红军长征湘江战役烈士纪念设施的建设修缮，改造提升革命纪念设施展陈水平，维修和保护革命纪念文物、遗址遗迹，并配套建设相关基础设施项目，完善标识牌、厕所、步道等设施，有效地保护和修缮了革命遗址遗迹，纪念设施的展陈水平得到显著提升，沿线的综合环境也得到进一步改善。

文旅部门联合宣传部门与各地、各有关部门密切协作，结合建党、建军等重大纪念活动以及重要节假日，精心策划、组织开展了系列相关纪念活动，扎实推进广西红色文化旅游宣传工作。如 2019 年，自治区党委统一部署，自治区文化和旅游厅组织开展了百色起义 90 周年系列纪念活动，开展广西革命文物巡展活动。同时，会同教育部门加强合作，强化红色旅游教育培训和技能培训，扎实推进广西红色讲解员、红色导游员队伍建设，先后举办了全区红色故事讲解员技能培训班、湘江战役红色旅游讲解员培训班，进一步加大红色旅游人才培养力度，提升了广西红色旅游景区讲解员的能力素质和基层红色旅游接待服务水平。广西开展了红色旅游进高校活动，进一步提升了红色旅游在高校的影响力，突出红色旅游教育功能，吸引了大学生群体的广泛关注。此外，广西政府联合铁路、民航部门推出赴左右江革命老区（南宁、龙州）的"红色专列"、南宁—全州红色旅游专列，提升了红色旅游区域的外部交通通达性。

各部门紧密合作，凝聚合力高位推进广西红色旅游快速发展，成效较好。

六、优化红色旅游布局

2016 年以来，广西依托优势红色旅游资源，通过安排专项资金，引导各地多渠道筹集资金，扎实推进红色旅游项目、红色旅游基础设施建设，推动红色旅游景区景点创建国家 A 级景区、乡村旅游区等文旅品牌，打造红色旅游线路，推动区域合作再提升，初步建设形成了各具特色的七大红色旅游资源聚集区，包括以百色市右江区为中心的右江流域红色旅游资源聚集区，以兴安县、全州县为代表的桂北红色旅游资源聚集区，以东兰县为中心的红水河流域红色旅游资源聚集区，以龙州县为中心的左江流域红色旅游资源聚集区，以南宁市为中心的北部湾红色旅游资源聚集区，以梧州市为中心的西江流域红色旅游资源聚集区，以及以柳州市为中心的桂中红色旅游资源聚集区。

右江流域红色旅游资源聚集区。广西在该聚集区内推进了百色中国工农红军第七军军部旧址、政治部旧址（清风楼）的保护和环境整治，法国驻龙州领事馆旧址的维修，以及龙州起义纪念馆展陈改造提升工作；指导已经安排项目资金的龙州县博物馆、德保县博物馆、田东县博物馆、田阳区博物馆、凭祥市友谊关陈列馆（镇南关大捷陈列馆）和法式楼布展等加快建设和对外开放；指导已落实经费的百色起义纪念馆加快展陈改造提升，调整扩大田东县右江工农民主政府纪念馆的展览面积和陈列方式，加强革命文物的陈列展示。

桂北红色旅游资源聚集区。一是 2019 年 4 月，自治区党委办公厅、自治区政府办公厅印发《关于实施广西革命文物保护利用工程（2019—2022年）的意见》，其中包括红军长征文化资源的保护利用工作。二是通过文物普查和革命文物专题调查，基本摸清了现存革命文物的情况。三是加大文物保护与利用力度。积极推进全州县和兴安县湘江战役旧址、龙胜各族自治县审敌堂等的维修，桂林市自治区级以上文物保护单位的"四有"工作，全州县、兴安县、灌阳县革命文物的征集、展陈提升，灌阳县湘江战役旧址、兴安县红军街一期的保护修缮工程等项目。

北部湾红色旅游资源聚集区。积极推进昆仑关军事历史文化旅游产业示范区建设、凭祥友谊关 AAAAA 级景区提升改造、地下长城军事遗址景区开发建设、龙州起义纪念园景区提升改造、北海涠洲岛红色旅游景区等红色旅游项目建设。红色研学、红色教育等红色旅游产品体系进一步完善，红色旅游业态进一步丰富。

西江流域红色旅游资源聚集区。积极推进蒙山太平天国永安古城旅游综合体项目建设，李济深故居景区升级扩建，以及梧州军事主题乐园、革命老区英家红色旅游开发区、太平天国金田起义遗址红色旅游经典景区项目等一批红色旅游项目建设。

桂中红色旅游资源聚集区。充分利用柳州工业遗迹和革命遗迹，发展红色旅游。"十三五"期间，广西进一步建设完善了柳州军事博物园、柳州工业博物馆、桂南会战检讨会旧址、石尚 1966、东方梦工场——柳空文化艺术创业园、螺蛳粉文化产业园、中共桂中第一支部旧址、桐岭镇烈士塔、东乡革命烈士塔等红色旅游景区景点。积极推进红色旅游基础设施及公共服务设施建设，红色旅游景区景点的基础设施及公共服务水平进一步提升。

广西七大红色旅游集聚区的基础设施不断完善，红色旅游线路不断完备，红色旅游产品不断丰富，游客接待量呈现增加趋势。

七、双创双促助力红色旅游发展

当前，广西共有 98 个县（市、区）被列入革命老区范围，列入革命老区的县（市、区）充分挖掘红色旅游资源，以广西特色旅游名县和全域旅游示范区"双创双促"工作为重要抓手，推动红色文化、山水资源、民族文化等资源的融合开发，实现全域联动发展。凭祥市、龙州县、宜州区等 29 个革命老区县（市、区）成功创建为广西特色旅游名县（市、区），阳朔县、金秀瑶族自治县 5 个革命老区县（市、区）成功创建为国家全域旅游示范区，兴宁区、平南县等 29 个革命老区县（市、区）成功创建为广西全域旅游示范区（见专栏 7-5）。龙州县以创建广西特色旅游名县为抓手，全力打造跨国红色、世遗左江、生态弄岗三大国际旅游品牌，将红色旅游开发与世界文化遗产、绿色生态结合起来，形成红古绿相融合的特色旅游发展路径。凭祥市发挥边关优势，着力打造军事探秘游、红木文化游、东盟跨境游、边关风情游"四张名片"；将千年雄关友谊关、大连城、金鸡山、地下长城等红色资源与边关自驾游相结合，大力推动中越边关风情旅游带建设，开发独具特色的红色边关之旅线路。巴马县、蒙山县等革命老区县（市、区）将"双创双促"作为县域的重点工作，大力推进红色旅游、生态旅游、历史文化等联动开发，红色文化得到深入挖掘，红色旅游实现快速发展。

专栏 7-5　获得广西特色旅游名县、国家全域旅游示范区、
广西全域旅游示范区称号的革命老区县（市、区）

广西特色旅游名县（市、区）（29 个）：邕宁区、上林县、马山县、鹿寨县、融水苗族自治县、阳朔县、灵川县、安兴县、龙胜各族自治县、资源县、荔浦县、恭城瑶族自治县、蒙山县、钦南区、东兴市、桂平市、北流市、容县、靖西市、凌云县、乐业县、昭平县、巴马县、宜州区、金秀瑶族自治县、大新县、龙州县、凭祥市、合浦县。

国家区域示范区（5 个）：阳朔县、金秀瑶族自治县、兴安县、融水苗族自治县、东兴市。

广西全域旅游示范区（29 个）：兴宁区、江南区、西乡塘区、良庆区、武鸣区、柳江区、临桂区、全州县、灌阳县、万秀区、钦北区、浦北县、港北区、覃塘区、平南县、右江区、八步区、钟山县、富川瑶族自治县、南丹县、大化瑶族自治县、江州区、宁明县、宾阳县、都安瑶族自治县、东兰县、大化瑶族自治县、武宣县、岑溪市。

广西以"双创双促"为重要抓手，助推革命老区县（市、区）的红色旅游基础设施和公共服务设施水平提升，红色旅游向高质量发展。

八、推动红色文化与其他产业深度融合

广西积极指导推动全区红色旅游与教育培训、乡村休闲、工业文化等旅游资源的融合发展，大力推动红色旅游与其他产业融合发展。

1. 推动红色文化和教育融合创新

"十四五"以来，广西深入挖掘红色文化内涵，以红色文化为基础，以弘扬革命传统、传承红色基因为基底，深入推进红色文化与教育培训融合发展，建设了全国爱国主义教育示范基地 10 处，自治区爱国主义教育基地 145 处，中共党史教育基地 46 处及一批市县级中共党史教育基地、革命传统教育基地、爱国主义教育基地、廉政教育基地等，成为企事业单位党政机关干部、大中小学生等群体接受爱国主义教育，学习党的历史，弘扬革命精神，传承红色基因的重要载体。

2. 积极打造红色乡村休闲旅游

将红色旅游资源与乡村资源整合开发，指导红色旅游资源丰富的山区与少数民族聚居地所在村屯大力发展乡村旅游，深入挖掘当地红色革命文化元素，开办具有浓郁红色气息的农家乐，开展特色种植，让游客能亲身制作当地特色美食，感受特色民俗风情，聆听经典红色故事。在广西，红色旅游产业链正在向农村拓展。桂林兴安县，百色靖西市、乐业县，河池东兰县、凤山县，梧州苍梧区，贺州昭平县以及崇左凭祥市等地已经成功将红色旅游与农村发展有机融合。通过将景区建设与社会主义新农村、新型城镇化建设等有机结合，这些地区在农业休闲旅游领域取得了显著进展；同时，通过改善农村环境，打造了一系列环境整洁、景观生态、村风文明的红色旅游文化村、生态村和民俗村等，从而增强了红色旅游景区的吸引力。

举例来说，桂林龙胜各族自治县将光明岩和红军亭作为核心景点，这两个景点都镌刻着红军标语，开启了白面瑶寨的全新红色旅游发展格局。当地通过特色保护与改造，对古民居进行了整修，同时建立了红瑶博物馆、旅游步行道、停车场，还建设了污水处理设施和村寨亮化等设施，打造了独特的红色旅游环境。崇左市龙州县则充分利用丽江河岸美景，将边关风情、生态休闲和红色文化相融合，构建了丽江文化休闲旅游景观带，

并打造了跨国红色旅游目的地品牌，实现了红色旅游的多元化发展。这些举措有力推动了广西农村红色旅游的繁荣发展。

3. 红色文化与工业旅游融合实现新发展

在"十四五"时期，广西积极将红色文化与工业旅游有机结合，以实现资源的整合和协同发展；充分利用丰富多样的工业旅游资源，落实工业遗产文化旅游项目，加快推进广西工业文化与红色文化实现融合新发展；新增柳州市柳工机械股份有限公司旅游景区、上汽通用五菱宝骏基地、螺蛳粉产业园、螺蛳粉小镇等多家 AAAA 级工业旅游景区，这些景区充分展现了广西人民艰苦创业、敢为人先、自强不息、实业兴区的顽强精神。

广西不断推出相关产业融合发展措施，积极推进红色旅游与其他产业融合发展，"十四五"期间取得的融合成果较多，红色旅游与教育培训、乡村旅游、工业旅游等其他产业融合效果凸显。

九、强化监督管理

为进一步加强广西红色旅游市场的综合治理，加大对红色旅游市场违法违规行为的打击力度，切实解决红色旅游市场存在的突出问题和深层次问题，着力优化旅游市场秩序，促进广西红色旅游持续健康发展，"十四五"期间，广西积极出台了《关于加强旅游市场综合监管的工作方案》等加强旅游市场综合监管的系列政策措施，并依据《关于建立旅游投诉统一受理机制和开展旅游市场联合执法的实施办法》，主动作为、多措并举，组织专项行动，开展全区红色旅游市场综合监管工作；联合公安、工商、交通、物价等有关部门针对百色起义纪念园、红军长征湘江战役纪念馆等红色旅游景区、旅行社、红色演艺等单位开展旅游市场联合执法、明察暗访和专项整治行动，以提高广西红色旅游投诉举报、事中事后监管、市场常态监管、信息互联互通效率。广西作为全国旅游监管服务平台试点地区，其充分利用平台的功能，实现了所有行政审批事项都在全国旅游监管服务平台上办理，并接入"广西一体化网上政务服务平台"，引导全区红色旅游企业接入平台，全面提高了行政审批效率。"互联网+旅游政务"的理念不断推动广西红色旅游市场监管向信息化、智能化转变，建立了"百色起义纪念园"公众号、"兴安红军长征突破湘江纪念馆"公众号，实时发布景区流量和出行提示，为游客办理网上预约购票。通过景区信息监控平台，相关部门可实时查看景区的游客动态，并及时发布预警信息。

2016—2017 年，广西红色旅游发展协调小组办公室及时准确地将广西红色旅游工作协调情况、《规划纲要》落实情况、数据统计情况等相关工作情况报送给全国红色旅游工作协调小组及办公室，信息报送及时、统计分析准确。

广西强化了红色旅游景区的监督管理，对红色旅游经典景区开展联合检查，实时监测红色旅游景区发展动态，监管工作成效显著。

第三节　广西红色旅游投资效益评价

"十四五"期间，广西通过加大资金投入、强化目标责任、加强规划引领，红色旅游景区建设总体顺利，取得了较好的经济、社会和环境效益。其中，《规划纲要》与《全国红色旅游经典景区三期总体建设方案》中确定的十大红色旅游经典景区项目全面完成建设，《广西"十四五"文化和旅游发展规划》中确定的红色旅游重点项目也取得突破性进展，长征国家文化公园（广西段）、百色起义纪念园成功创建国家 AAAAA 级旅游景区，成为广西红色旅游项目建设的典型示范。

一、红色旅游项目建设的总体情况

1. 以目标责任制推进项目建设

为确保完成自治区统筹推进重大红色旅游项目、市级重点红色旅游项目建设，在广西红色旅游发展协调小组办公室的协调和指导下，各设区市分别建立了由市级主要领导负总责、旅游主管部门领导具体负责、对应业务股室具体承担、其他相关股室配合的领导联系重大项目责任制度。同时，每个项目落实一个联络员，具体负责与各市进行沟通联系，跟踪了解对应项目的推进情况。为确保实现年度推进工作目标，广西壮族自治区文化和旅游厅联合广西壮族自治区发展和改革委员会提出《自治区领导联系推进重大项目（事项）责任制工作方案》，对红色旅游重大项目（事项）逐项按月制定前期工作和工程形象进度目标，加强量化管理。

2. 红色旅游领域投资力度不断加大

广西以实施重大项目为抓手，不断加大投入，集中力量推动红色旅游项目建设，带动红色旅游高质量发展。2016—2019 年，广西红色旅游重点项目投资额达 171.64 亿元。红军长征湘江战役纪念园等一批红色旅游项目被列入自治区层面统筹推进重大项目，长征国家文化公园（广西段）、友谊关创建国家 AAAAA 级旅游景区提升工程等一批重大项目建设加快推进。同时，红色旅游项目投资向遗址保护修缮、纪念场馆建设、边关红色文化景区和基础设施建设等多领域转移，促进了红色旅游产品的多元化供给，以助推红色旅游的高质量发展。

3. 强化红色旅游资源规划设计

坚持规划先行，突出做好顶层设计。广西积极引导各红色旅游重点项目做好规划设计，编制景区总体规划、提升规划、工作方案等，细化分解重点项目建设时序和建设任务，确保项目建设有序推进；指导《百色起义纪念园创 AAAAA 级旅游景区提升规划》《红军长征湘江战役烈士纪念设施建设保护总体规划》《长征国家文化公园（广西段）保护建设规划》《凭祥友谊关景区总体规划暨创建国家 AAAAA 级旅游景区提升方案》等重点规划的编制，高标准严要求推进规划实施；以项目规划为引领，红色旅游重点项目建设进展顺利。百色起义纪念园已成功创建国家 AAAAA 级旅游景区，红军长征湘江战役纪念园等一批自治区层面统筹推进的红色旅游重大项目竣工，红军长征突破湘江烈士纪念碑园、湘江战役新圩阻击战酒海井红军纪念园等项目完成提升建设，凭祥友谊关景区创建国家 AAAAA 级旅游景区、昆仑关军事历史文化旅游产业示范区、长征国家文化公园（广西段）等项目正在积极推进中。

4. 以重点项目建设带动经济社会全方位发展

广西以红色旅游重点项目建设为抓手，带动基础设施的完善和生态环境的保护开发工作，红色旅游重点项目建设发挥了良好的经济效益、社会效益和环境效益。红色旅游重点项目的建设，带动了周边的交通、水电等基础设施的完善，并促进了通景公路沿线风貌的改造提升，不断改善旅游环境。长征国家文化公园（广西段）、百色起义纪念园、蒙山太平天国永安古城旅游综合体项目等的开发，促进了周边村屯的旅游发展，通过吸纳就业、资产入股、开展旅游接待等方式带动了当地居民增收，红色旅游项目的经济效益得到较好发挥。红军长征湘江战役纪念园、凭祥友谊关景区等红色旅游项目在建设过程中，有效地整合了周边的山地、森林等生态资源，在保护自然环境的基础上进行项目建设，实现了生态保护与旅游开发的协调发展。

二、重点项目实施情况

1. 长征国家文化公园（广西段）

长征国家文化公园（广西段）的建设范围为包括灌阳、全州、兴安、资源、龙胜在内的桂北五县（含灵川）区域，以红军长征在广西的途经地为主，包括红七军和红六军团经过的区域，整合了《全国红色旅游经典景区三期总体建设方案》中的湘江战役灌阳新圩阻击战旧址、湘江战役全州觉山铺阻击战旧址、红军长征突破湘江烈士纪念碑园三个项目。广西全面完成红军长征过桂北文物遗址遗迹普查工作，共收集到展陈史料文物 1 143 件；完成了以"一园两馆"项目为重点的 68 项红军长征湘江战役烈士纪念设施建设修缮项目。"一园两馆"项目的建设和提升包括新建红军长征湘江战役纪念园（含红军长征湘江战役烈士纪念林、红军长征湘江战役纪念馆），改造提升红军长征突破湘江烈士纪念碑园内的红军长征突破湘江纪念馆，迁建新圩阻击战史实陈列馆；推进了 26 个红军墓维修保护项目建设，对红军烈士遗骸进行收殓安放，修建烈士墓及散葬点等；开展了 14 个遗址遗存维修保护项目工作，对湘江战役渡江旧址以及主要战斗旧址等遗址遗存进行维修保护，并配套建设 23 个基础设施项目，完善了标识牌、厕所、步道等设施。2019 年 9 月，完成 68 项湘江战役文物遗址保护及纪念设施建设项目，有效保护和修缮了湘江战役遗址遗迹，纪念设施的展陈水平得到显著提升，周边的综合环境得到进一步改善。2019 年 9 月至 2020 年 1 月开馆期间，红军长征湘江战役纪念园、红军长征突破湘江烈士纪念碑园和红军长征湘江战役新圩阻击战酒海井红军纪念园共接待参观学习人员 9 842 批次、152 万人次，成为弘扬和传承长征精神的重要载体。2019 年 11 月，红军长征突破湘江烈士纪念碑园、红军长征湘江战役新圩阻击战酒海井红军纪念园、红军长征湘江战役纪念园成功创建为国家 AAAA 级景区。2019 年 12 月，红军长征湘江战役纪念园、红军长征突破湘江烈士纪念碑园和红军长征湘江战役新圩阻击战酒海井红军纪念园成功创建为全国爱国主义教育示范基地。

2. 昆仑关军事历史文化旅游产业示范区

昆仑关军事历史文化旅游产业示范区位于南宁市兴宁区昆仑镇与宾阳县思陇镇交汇处，总占地面积为 15.9 平方千米，累计获得投资 1 亿元。"十四五"期间，南宁昆仑关旅游风景区管理委员会持续推进昆仑关军事历史文化旅游产业示范区建设，对昆仑关战役旧址加强保护，并大力实施景区提升工程，对博物馆进行展陈水平提升，先后建成文物保护中心、停车场、游客休息长廊、旅游厕所、安防监控系统、物联网森林消防监控系统等配套设施和基础设施，开展游客服务中心兼博物馆附属馆、东区游览通道及消防通道、西区游览通道及消防通道等项目的前期工作，昆仑关战役旧址得到有效的保护与开发，纪念设施的展陈水平得到显著提升，景区的旅游接待能力进一步提高。2016—2019 年，该景区共接待国内游客 90.13 万人次，旅游总消费达 654.82 万元。其中，2019 年接待国内游客 28.97 万人次，旅游总消费为 212.67 万元，昆仑关军事历史文化旅游产业示范区获评为 AAAA 级旅游景区、全国红色旅游经典景区、全国中小学生研学实践教育基地、全国民族团结进步教育基地，示范区已成为爱国主义教育、研学教育的重要载体，实现了社会效益和经济效益的统一。

3. 八路军桂林办事处旧址

位于桂林市中山北路 14 号（原桂北路 138 号）的八路军桂林办事处旧址，是一栋占地面积超过 800 平方米的传统中式两层木楼房建筑。这座建筑具有极其重要的历史意义，被列为全国重点文物保护单位。同时，它还是全国爱国主义教育示范基地、国家级抗战遗址遗迹，以及全国百个经典红色旅游景区之一。

八路军桂林办事处纪念馆内的《永远的丰碑》展览分为八个章节，通过丰富的文物及其图片和资料，生动地再现了在抗日战争的艰苦岁月中，八路军桂林办事处的英勇事迹。展览全面呈现了八路军桂林办事处在抗日战争中的卓越表现，包括积极传播中国共产党的抗日主张，动员各阶层人民团结抗日；在南方各省及南洋地区联系和领导中共地下党组织；为党中央和抗日前线搜集、传递情报；代表党中央和中共南方局领导桂林的抗日文化救亡运动等重要历史事件。展览以生动的方式展示了这段光辉历史。

4. 龙州小连城景区旅游开发建设项目

龙州小连城景区位于崇左市龙州县，占地规模为 1.5 平方千米，该景区旅游开发建设项目累计获得投资 2 460 万元，资金来源为中央预算内资金补助。该项目主要完成了景区内环线步行道、露天停车场、供排水线路、旅游厕所、垃圾污水收集设施等基础设施的建设和改造，并对后山环境进行了整治。龙州小连城景区积极与龙州起义纪念园景区、红八军军部旧址等景区联合开展"重走长征路"主题教育活动，开发红色文化教育、户外徒步等旅游产品，吸引众多游客参与，"重走长征路"已成为自治区红色旅游的精品线路。龙州小连城景区已获评为国家 AAAA 级旅游景区、全国红色旅游经典景区。

5. 凭祥大连城景区开发建设项目

凭祥大连城景区位于崇左凭祥市，占地面积约 0.9 平方千米，该景区开发建设项目累计获得投资 4 亿元，以政府投资为主。大连城景区持续推进考古挖掘工作，已完成大连城兵营遗址考古勘探及发掘工作，下一步将开展遗址的修缮与展示工作；已完成大连城游客中心、生态停车场、旅游厕所、购物商店、景区道路硬化、白玉洞景点大门、上山安全护栏、洞内灯光改造等旅游基础配套设施的建设，景区于 2018 年获评为 AAAA 级旅游景区。大连城景区已开发了军事遗址观光、红色文化体验、洞穴游览等旅游产品，并结合国庆、八一等节庆组织爱国主义教育活动，吸引了较多游客，2019 年大连城景区接待游客 29.18 万人次，景区已获评为全国红色旅游经典景区、国家 AAAA 级旅游景区，经济效益和社会效益明显。

6. 龙州起义纪念园景区提升项目

龙州起义纪念园位于崇左市龙州县，占地面积约 1.5 平方千米，该景区提升项目累计获得投资 500 万元，资金主要来源于中央预算内资金补助。中国红军第八军军部旧址、法国驻龙州领事馆旧址、龙州铁桥阻击战遗址已完成修缮；龙州起义纪念馆内的展陈设施已进行了改造，展陈水平得到提升；景区内的步行道、旅游标识系统、生态停车场、消防设施、安防设施、周边环境等基础设施均已完善。龙州起义纪念园景区积极开展"重走长征路"活动，并与左江花山岩画、龙州发现·弄岗景区联合开发红绿相结合的旅游线路，开发了复合型旅游产品，红色旅游线路的吸引力进一步提升。龙州起义纪念园景区已获评为国家 AAAA 级旅游景区，也是广西中共党史教育基地。

7. 太平天国金田起义旧址红色旅游经典景区建设项目

太平天国金田起义旧址红色旅游经典景区位于广西贵港市桂平市金田镇金田村，该景区建设项目累计获得投资 1 300 万元。"十四五"规划实施以来，该景区基本完成金田起义博物馆、陈列馆等主体建筑建设，文物展陈设施建设，古营盘整治工程等遗址遗迹文物保护修缮工程，完成游客中心、游览步道、旅游厕所标识系统、生态停车场、管理用房、给排水管网等旅游基础配套设施建设，景区小南门已修建完成。2017 年成功创建为国家 AAAA 级旅游景区,是全国红色旅游经典景区,成为贵港市中小学生、企事业单位、党政机关干部开展爱国主义教育、研学教育、红色教育活动的重要载体。

8. 东兰县红色旅游经典景区基础设施建设项目

东兰县红色旅游经典景区位于广西河池市东兰县,包括东兰县烈士陵园、韦拔群故居及纪念馆、广西农民运动讲习所旧址等,该景区基础设施建设项目所获资金以政府投资为主,其中中央预算内资金占80%,地方配套资金占20%。广西已完成东兰县烈士陵园内纪念广场、景区道路及围墙的建设,完成韦拔群纪念馆消防安装工程,完成韦拔群故居旅游厕所建设和周边绿化美化工程,修缮了广西农民运动讲习所旧址,并完成供排水管网建设,东兰县红色旅游经典景区的基础设施配套已较为完善。该景区为免费对外开放,是全国青少年爱国主义教育基地、广西爱国主义教育基地、广西党员干部教育基地和广西廉政教育基地,也是国家 AAAA 级旅游景区。

三、其他红色旅游项目实施情况

1. 百色起义纪念园创建国家 AAAAA 级旅游景区提升项目

百色起义纪念园位于百色市右江区,百色起义纪念园创建国家 AAAAA 级旅游景区项目累计获得投资5亿元。百色起义纪念园以创建国家 AAAAA 级旅游景区为目标,深挖红色底蕴,完成了红七军军部旧址场景复原和整体维修、清风楼维修、右江民族博物馆陈列改造、廉政教育基地陈展提升改造、百色起义纪念馆改陈布展等项目;建成综合服务区,开通了"美丽右江"游船项目;增设了电子触摸屏、标识标牌等设施设备,完成了智慧旅游、低碳旅游项目建设;设置了声光电、立体电影等先进展陈方式;改造了景区周边购物、餐饮、娱乐休闲点;完成了景观提升、环境卫生提升等工程;完成了观光车道、滨水栈道、游步道、大码头浮桥、游客码头等的建设;完善提升了无障碍设施、二级旅游服务中心、旅游咨询点、旅游厕所、停车场等旅游服务设施。景区文化内涵及游客文化体验进一步提升,纪念园各项服务功能全面提升,全力打造红色旅游新高地。纪念园创新"红色旅游+"模式,重点培育了低碳旅游、红色培训、VR 体验、旅游扶贫四大新产品,是全国首个红色旅游景区型低碳旅游示范基地,2020 年百色起义纪念园景区被评为国家 AAAAA 级旅游景区。百色起义纪念馆附近的平圩民族村、濑浩新村的农民在政府的引导下，通过开办农家乐，出售土特产品和民族工艺品、民族服饰、竹木雕刻等，经济收入明显增加。红色旅游业的持续发展，带动了当地人民致富增收。

2. 凭祥友谊关创国家 AAAAA 级旅游景区提升项目

凭祥友谊关景区位于崇左凭祥市，项目占地面积约 0.46 平方千米，累计获得投资 24 亿元，以政府投资为主。凭祥友谊关依据国家 AAAAA 级旅游景区建设标准进行景区提升改造，已基本完成游客中心内部改造、友谊关历史陈列馆主体建设、胜利广场主体建设和中国边贸第一街建设等工程，提升了友谊关关楼布展水平，并对文物进行了保护维修；对旅游厕所、旅游标识、停车场等基础设施进行了全面改造，凭祥友谊关景区的基础设施和公共服务水平进一步提升，综合承载力进一步增强。同时，广西各级政府不断探索通关便利化措施，优化友谊关口岸通关环境，成功开通中国南宁—中国崇左—越南的跨国自驾游线路，进一步带动了中越文化旅游交流和口岸经济发展。2019 年凭祥友谊关景区接待游客 443.84 万人次，经友谊关口岸出入境总人数已超 220 万人，友谊关已成为中国与东盟文化旅游交流、经济贸易互通的重要口岸。友谊关的跨国自驾游是跨国文化旅游合作方式的创新探索，景区经过硬件设施建设和服务水平提升后发挥了重要的社会效益和经济效益。

3. 地下长城军事遗址景区开发建设项目

地下长城军事遗址景区位于崇左凭祥市，累计获得投资 5 000 万元，以政府投资为主。该景区开发建设项目整合了金鸡山、平岗岭地下长城等资源进行整体开发，已搬迁部队的营房，完成景区游客中心、旅游厕所、生态停车场、标识系统以及洞内灯光改造等项目建设；修缮了金鸡山古炮台，强化了景区的安全监控，景区的基础设施日益完善。景区大力发展边关军事探秘、红色文化体验、登山运动等旅游产品，将红色主题教育融入景区游览内容，凸显了红色旅游的教育功能。2019 年地下长城军事遗址景区游客接待量为 2.02 万人次，景区已获评为国家 AAA 级旅游景区。

4. 灵田桂北游击队纪念园建设项目

灵田桂北游击队纪念园位于桂林市灵川县灵田镇，建设规模达 2.6 万平方米，截至 2019 年年底，该景区建设项目累计获得投资 825 万元，已完成纪念广场、纪念亭、纪念馆、文化走廊、旅游厕所等硬件设施建设；纪念馆文物征集、整理工作初步完成，是灵川县首个乡镇纪念公园。2018 年灵田桂北游击队纪念园与桂林理工大学合作建立了桂北武装起义纪念地党校现场教学基地，现已成为广西企事业单位党政机关、大中小学院校开展红色教育活动的重要场所，每年都有众多大中小学生、党政机关干部前来吊唁、祭奠，开展红色教育活动，教育培训效益成效显著。

5. 梧州军事主题乐园建设项目

梧州军事主题乐园位于梧州市万秀区高旺路 3 号，建设规模为 80 余亩（1 亩≈666.7 平方米），截至 2019 年年底，该景区建设项目累计获得投资40 万元，设置有海陆空三军装备展览及体验区、阅兵广场、户外拓展培训区、真人 CS 野战区、国防教育展厅等场所；开设有真人 CS 镭战、学生冬夏令营、青少年素质养成训练、员工培训等活动，配备有 63A 水陆两栖坦克、导弹、火炮、鱼雷、高射炮、飞机等中国海陆空三军大型现代军事退役装备；是梧州首家集国防教育、军备展览、军事体验、拓展训练、休闲旅游为一体的综合性军事主题乐园，是军事风格鲜明、体验项目丰富、配套设施完善的大型户外拓展训练基地。2017 年成功创建为国家 AAAA 级旅游景区以来，梧州军事主题乐园按照国家 AAAA 级景区及全域旅游标准，对景区进行提升改造，建设完成游客中心及广西旅游服务咨询中心、爱国主义教育长廊及配套相应设施，是梧州市国防爱国主义教育基地、梧州国家体育训练基地、中国足球协会训练基地，已成为梧州市开展爱国主义教育、研学教育、企业拓展训练、学生夏令营的重要载体，实现了社会效益和经济效益的统一。

6. 巴马西山红色旅游景区建设项目

巴马西山红色旅游景区位于巴马县西山乡，该景区建设项目包含对红七军二十一师师部遗址、香刷洞、中国工农红军独立第三师、中共右江特委、右江革命委员会、巴马革命烈士陵园遗址等革命历史遗址的建设，累计获得投资 2 000 万元。"十四五"期间，巴马县政府持续推进景区提质升级建设，完成了红色旅游广场、革命传统教育基地（香刷洞）建设，修缮保护了革命历史遗址，完善了红色基础设施建设。西山红色旅游景区已成为巴马县及西山乡各机关干部、中小学生接受爱国主义和廉政教育的主要阵地，每年尤其是国庆小长假、五一小长假期间，区内外众多社会团体和组织不断前来缅怀先烈，接受爱国主义教育和廉政教育，年接待游客 10 万人次以上，经济效益和社会效益不断显现。

7. 蒙山太平天国永安古城旅游综合体建设项目

蒙山太平天国永安古城旅游综合体位于梧州市蒙山县民主路 32 号，建设规模达 30 000 平方米，累计获得投资 3.5 亿元。"十四五"以来，梧州市文化广电体育和旅游局持续推进蒙山太平天国永安古城旅游综合体项目建设，开展国家永安王城 AAAA 级景区提质升级工作，一河两岸的环境整治成效显著，完成了两岸的建筑风貌改造，长寿阁、州署衙门等的消防工程维修工作基本完成，历史文化园、古城商住综合体建设逐步推进，服务中心、标识系统等配套设施不断完善，"永安古城"旅游综合体已初具雏形，古城旅游商业步行街业态逐渐丰富，经济效益显著。

8. 李济深故居景区升级扩建项目

李济深故居景区位于梧州市龙圩区大坡镇料神村，建设规模达 61.37 亩，截至 2019 年年底，累计获得投资 1 650 万元。梧州市文化广电体育和旅游局持续推进景区的升级扩建，完成了停车场改造、戏台前广场铺装、园路铺装、亿深长廊装饰装修、忆深长廊主体建设等工程。开展景区绿化提升工程，种植乔木、灌木，铺设草皮；排水系统、灯具安装已完成建设；推进故居保养维护与展示工程建设，完成一层、二层门窗打磨，以及安装檀木椽子；完成中座保护棚搭建及瓦片清理，门窗加工、木制品刷漆保养修缮等施工；完成灯光布展、投影安装等。2017 年，李济深故居景区成功创建为国家 AAAA 级旅游景区，同时也是首批全国重点文物保护单位、自治区级爱国主义教育基地，是梧州市青少年缅怀革命先烈，进行爱国主义教育、革命传统教育的重要场所。

9. 革命老区英家红色旅游开发区建设项目

英家红色旅游开发区位于贺州市钟山县燕塘镇，包括中共广西省工委历史博物馆（自治区爱国主义教育基地）、英家粤东会馆（第五批自治区文物保护单位）、中共广西省工委英家旧址、中共广西省工委招待所旧址、英家老街、"平安夜校"旧址、英家革命历史陈列馆等红色旅游资源地。中共广西省工委历史博物馆于 2016 年 7 月 1 日竣工开放，该博物馆占地 10 亩，博物馆可供参观的展区有两层，拥有主体建筑 3 700 多平方米。其中，展厅面积达 2 500 多平方米，收集了 800 多张图片、20 多万字的历史资料、100 多件文物，该博物馆运用传统和新媒体等多种方式，将广西省工委转移到钟山英家后的艰苦斗争史还原展现在大众面前，以弘扬红色文化。博物馆陈列内容分为四个部分：第一部分——革命历程，第二部分——组织建设和武装斗争，第三部分——历史丰碑，第四部分——历史回顾。博物馆一楼的展品以图片和雕塑为主，主要是展示 1942 年 7 月桂林发生的"七·九"事件，即中共广西省工委遭到破坏。为了保存革命力量，广西省工委机关转移到英家，并在英家度过了艰苦卓绝的五年。二楼是主题展示区，由序厅、峥嵘岁月、先锋力量、高举旗帜、继往开来、红色印象、红色影院、初心讲堂 8 个板块组成。2017 年，中共广西省工委历史博物馆被评为国家 AAA 级旅游景区。2019 年，通过国家 AAA 级景区的复核。

10. 中国孟麻—越南北坡红色旅游区建设项目

广西充分整合红色旅游资源，以越南领导人胡志明在靖西市开展革命活动的足迹为主线，建设中国孟麻—越南北坡红色旅游合作区，以弘扬中越友谊和国际精神。中国孟麻—越南北坡包含孟麻炮台、念光屯、秀松洞等纪念地，以边境风情、胡志明足迹为特色，建设了中越友谊广场、胡志明革命足迹陈列馆、中越友谊纪念林、中越边境自驾游服务设施等，打造了邓小平、胡志明足迹之旅的红色旅游精品线路，跨国旅游线路进一步完善。

第四节　广西红色旅游发展存在的问题及原因分析

一、红色旅游保护与开发资金投入不足

广西红色旅游保护与开发的投资渠道较单一，以政府投资为主，社会资本参与度较低。广西较多红色旅游资源虽已被列入文物保护单位，但其保护修缮面临一定资金缺口，部分红色旅游资源未得到及时的保护修缮。在广西红色旅游资源的开发过程中，因旅游项目多为公益性场馆或设施，难以吸引社会资本进入，而在政府投资有限的情况下，红色旅游开发、相关基础设施建设等方面的资金投入不足，项目建设的进程相对缓慢。

二、红色旅游配套基础设施不够完善

一是通达红色旅游景区的道路交通基础设施不够完善。部分红色旅游景区位于偏远的革命老区，地方财力较为薄弱，建设资金筹措难度较大，同时受生态红线、基本农田等的限制，土地指标有限，交通等基础设施的建设较为滞后，通往红色旅游景区的"最后一公里"不畅通，通景公路狭窄，影响游客进入。二是公共服务设施配套不够完善，部分通往景区沿线

的旅游厕所、驿站、停车场等配套设施依旧不足，景区内的游客中心、标识系统等配套设施的更新较慢，部分设施较为陈旧。

三、红色旅游品牌影响力有待提升

"十四五"以来，广西通过开展联合营销、微信微博新媒体营销，以及举办各类红色旅游宣传推广活动，取得了一定的成效，但各类旅游宣传推广活动、节庆活动仍存在吸引力不强、影响力有限等问题，微博、微信等新媒体营销的精准度、互动性还较差，广西红色旅游景区的知名度仍有待加强，红色旅游品牌的宣传力度仍有欠缺。

四、红色旅游与其他产业融合发展深度不够

当前，广西红色旅游与教育、乡村、工业等方面进行了融合，丰富了旅游业态，但与科技、大健康、水利、林业等其他产业的融合深度不足。一是科技创新力度不足，部分红色旅游场馆、纪念设施等展陈方式较为传统和单一，图片、文物的静态展示缺乏吸引力，未能融合 VR、AR 等高科技手段，以增强红色旅游的体验性，同时红色文化创意商品、创意演出等新业态较为缺乏。二是与水利资源的融合开发力度不足，天峨龙滩水电站、天生桥水库等优质水利资源未能与红色旅游融合开发。三是与大健康、林业等其他产业的融合广度和深度不足，没有在区内外形成具有品牌影响力的红绿融合旅游线路。

五、发展红色旅游的相关人才较为缺乏

广西红色旅游专业人才队伍建设与红色旅游发展需求不相匹配，红色讲解员和导游人才流失率较高，同时，红色旅游规划、红色旅游营销、红色旅游管理、红色旅游信息化等复合型人才以及高端管理人才较为缺乏。

第五节　进一步促进广西红色旅游发展的对策建议

一、争取国家政策支持广西打造全国红色旅游重要目的地

广西可以 16 个全国红色旅游经典景区为核心，串联周边的精品景区景点、旅游度假区、生态旅游示范区，建成一批红色旅游核心展示园；促进

红色研学、红色文化创意、军旅体验等系列旅游产品的开发，继续培育重走长征路、邓小平足迹之旅、中越边关红色之旅、太平天国运动之旅四大红色旅游精品线路，丰富旅游业态，完善基础设施和配套服务设施；做大做强红色教育培训，建设拔群干部学院、湘江战役干部学院，并依托昆仑关军事历史文化旅游产业示范区、东兰红色旅游区等建设一批红色旅游研学基地，形成在全国具有影响力的红色旅游培训基地，从而打造研学旅游、红色文化体验、红色旅游培训有机结合的全国红色旅游重要目的地。

二、加强广西革命老区基础设施建设

大力发展红色旅游是促进革命老区旅游资源开发、弘扬和传承爱国主义精神的重要途径，但因革命老区交通通达性较差、服务设施建设较为滞后、基础设施建设资金投入不足等，限制了广西红色旅游资源的开发。因此，国家有关部门应大力扶持广西革命老区的基础设施和公共服务设施建设，在旅游基础设施和公共服务设施建设的资金和用地方面给予更多的支持。

三、继续打造广西红色旅游品牌

广西应充分整合红色旅游资源，巩固提升百色起义和湘江战役两大红色旅游品牌，并积极通过合作营销、主题营销、节庆营销等方式对红色旅游品牌进行营销宣传。同时，国家有关部门应为广西打造两大红色旅游品牌提供支持，通过报刊、网站等营销平台，进一步打响百色起义和湘江战役品牌，以扩大广西红色旅游的影响力。

四、支持长征国家文化公园（广西段）建设

长征国家文化公园（广西段）的建设，是新时代广西人民的重大政治工程、重大文化工程和重大民生工程，对传承和弘扬长征精神以及"建设壮美广西，共圆复兴梦想"具有重大意义。长征国家文化公园（广西段）项目建设涉及广西桂北五县（含灵川），以红军长征广西段沿线一系列主题鲜明、内涵清晰、影响突出的长征文物和文化资源为主干，串联长征沿线重要遗址遗迹、民族文化、自然生态等资源，构建"一路三园多点"的发展格局；同时，建设管控保护、主题展示、文旅融合、传统利用等主题功能区，实施一批保护传承、研究发掘、文旅融合、环境配套、数字再

现、人才提升等工程，以期将长征国家文化公园（广西段）建设成为全国爱国主义教育基地群、全国红色旅游重要目的地、全国文化旅游融合创新示范地。因此，国家有关部门应大力支持长征国家文化公园（广西段）的建设，对长征文化资源的保护与开发、跨省长征线路的联合打造、基础设施的完善等给予指导和支持。

五、打造桂黔滇左右江红色旅游圈

桂黔滇左右江红色旅游圈建设是广西贯彻国家《关于实施革命文物保护利用工程的意见》，以及落实广西、贵州、云南推进左右江革命老区振兴规划实施联席会议精神的重要举措，有利于整合广西、贵州、云南三地的红色文化资源，推进红色旅游产品和线路的联动开发，促进旅游富民惠民，进而助推左右江革命老区的振兴。广西、贵州、云南三地将建立桂黔滇左右江红色旅游联合体，共同推动旅游区的建设，国家有关部门应在桂黔滇左右江红色旅游圈的项目建设、线路打造、跨省合作等方面给予更多指导和支持。

六、加大中越跨国红色旅游开发力度

广西边境旅游发展已经具备较好的基础，开展红色旅游合作交流活动是开拓国际市场、促进中越双方互信互利的重要手段。崇左市已被列入全国红色旅游国际合作创建区，将整合我国广西崇左市和越南高平市的红色旅游资源，突出红色文化、边关特色和地域文化特色，完善凭祥友谊关、龙州胡志明展馆、龙州起义纪念馆等的基础设施，建设免税购物店、中越国际文化交流中心等项目，完善硕龙口岸、浦寨口岸、友谊关口岸、爱店口岸等的旅游服务配套设施，开发中国崇左—越南高平红色旅游自驾游路线。百色将加快推进中国孟麻—越南北坡跨国红色旅游合作区项目建设，以胡志明在靖西开展革命活动的足迹为主线，推进跨境红色旅游产品和旅游线路的深度开发。因此，国家有关部门应大力支持全国红色旅游国际合作区、中国孟麻—越南北坡跨国红色旅游合作区的建设，支持广西利用边境红色旅游资源，打造中越边境红色旅游带，并在通关便利化、落地免签、过境免签、免税店设置等政策方面给予更多支持。

第八章　环江县文化旅游产业发展研究

第一节　环江县文化旅游产业发展现状

一、环江县总体概况

（一）环江县区位概况

广西西北部矗立着环江县，其坐落在桂西北云贵高原东南麓，东与融水县和罗城县为邻，南界河池市宜州区，西侧与南丹县相望，北临贵州的荔波县和从江县，地理位置介于东经 107°51′ ~ 108°43′ 与北纬 24°44′ ~ 25°33′ 之间。环江县辖区包括 6 个镇（思恩镇、水源镇、洛阳镇、川山镇、明伦镇、东兴镇）、5 个乡（大才乡、下南乡、大安乡、长美乡、龙岩乡），以及 1 个民族乡（驯乐苗族乡），县政府设于思恩镇。环江县东西最宽处相隔 89 千米，南北纵深最大为 90 千米，总面积为 4 572 平方千米，占广西全区总面积的 1.93%，在广西的县级行政单位中排名第三。环江县距离河池市金城江区约 18 千米，距离宜州区约 67 千米，距离南宁市约 281 千米，而距离桂林市则约 311 千米。

2023 年，环江县公路通车里程为 1 639.91 千米，同时，途经环江县的贵阳至南宁的高速铁路于 2023 年 9 月通车运营，途径环江县的贵州荔波至河池德胜的高速公路建设工程也有序推进，"双高"建成后将从根本上改变环江县在广西发展大局中的空间方位，助推环江县更好地融入南宁、贵阳"1 小时"经济圈，融入巴马长寿养生国际旅游经济圈，融入桂黔世界遗产大旅游经济圈，融入粤港澳大湾区、北部湾经济区，为环江县文化旅游发展提供有力支撑。环江县作为 2022 年开通的贵南高铁途经的一个站点，逐渐融入河池、南宁、贵州"1小时"经济生活圈。这些都将为环江县的文化旅游发展提供有力支撑。

（二）环江县自然概况

1. 地貌

环江县位于黔中高原南部边缘的倾斜地带，属于高丘石山地区。地形总体呈现出北部较高、南部较低的特征，四周被连绵的山脉环绕；中部略微向南倾斜，呈现出丘陵地貌，部分地区形成了一些盆地；西部和西北部多为石山；而东北部和北部属于经过侵蚀的中低山地貌，是苗岭山脉九万大山的一部分，山峦巍峨，沟壑纵横，这一地区是环江县森林资源的主要分布区；中北部地势相对平缓，形成了低山峰群地貌；而中南部地区则呈现出中高丘侵蚀地貌的特色；西南部则具有喀斯特地貌的典型特征。

2. 水文气候

环江县地处南亚热带向中亚热带过渡的季风气候带。具体而言，南部边缘地区属于南亚热带季风气候，而中部、南部以及大、小环江河谷地带则位于中亚热带谷地气候区。这里的气候宜人，雨水充沛，日照充足，冬季温暖，夏季凉爽，雨季与热季相互交错，无霜期相对较长。当地一月的平均气温约为10.1℃，而七月的平均气温达到28℃。历史最低气温曾降至−5.2℃，无霜期可长达290天。年均降雨量高达1750毫米，平均相对湿度为79%。

环江县拥有丰富的水资源，包括大环江、小环江等，这些河流皆源自贵州省，由北向南贯穿整个县境，最终汇入龙江。其中，大环江全长164.8千米，在县域内的长度为147.2千米，流域面积达到8850平方千米，年均流量为62.4立方米/秒。小环江全长136.5千米，县域内长度为94.1千米，流域面积为2338平方千米，年均流量为39.3立方米/秒。加上各支流，整个县域内的河流总长度达到631.3千米。总体而言，环江县水资源丰富，地表水约为33.363亿立方米，地下水约为2.603亿立方米，总水资源量达到35.966亿立方米。

（三）环江县经济概况

环江县域内居住着壮、毛南、汉、苗、瑶、仫佬、水、侗等民族人口，构成了丰富的杂居文化。毛南族作为主要的民族群体，人口约6万人，占全县总人口的16.45%。他们主要居住在下南、川山、洛阳、水源、思恩等乡镇，这里的民族融合特色鲜明。环江县还被誉为世界自然遗产地，在第38届世界遗产大会上，环江喀斯特荣登世界自然遗产名录，与桂林阳朔一同成为广西地区的首个世界级自然遗产地。

2023年，环江县的人口总数为37.73万。在同一年，该县的经济表现也呈现出积极的态势，全县实现了91.44亿元的地区生产总值，同比增长了7%。环江县的经济总量从2020年全市的第9位，跃升到全市第4位，仅次于金城江、宜州和南丹。财政收入达7.88亿元，同比增长8.6%。规模以上工业增加值达17.24亿元，同比增长12.7%；固定资产投资达63.32亿元，同比增长22.5%；社会消费品零售总额达13.58亿元，同比增长1.9%；全体居民人均可支配收入达21 685元，同比增长5.5%，其中，城镇居民人均可支配收入达35 256元，同比增长3.4%；农村居民人均可支配收入达15 308元，同比增长7.4%。

二、环江县文化旅游资源现状

（一）文化旅游资源类型丰富

环江县拥有丰富多样的文化旅游资源。在文化旅游资源的分类中，包括8大主要类别、31个亚类和155个基本类型。环江县的文化旅游资源充分涵盖了这8大主要类别，其中，在31个亚类中，环江县涵盖了18个，占比为58.1%。同时，在155个基本类型中，环江县涵盖了50个，占比为32.3%，具体如表8-1和表8-2所示。

表8-1　环江县文化旅游资源分类统计

分类	标准数目/个	环江县	
		数目/个	占全国比例/%
主类	8	8	100
亚类	31	18	58.1
基本类型	155	50	32.3

表 8-2 环江县文化旅游资源分类

主类	亚类	基本类型	主要文化旅游资源单体
A 地文 景观	AA 综合自然 旅游地	AAA 山丘型旅游地（3）	九万山、爱山森林公园、华山生态园
		AAB 谷地型旅游地（1）	九峰谷
		AAG 垂直自然地带（1）	杨梅坳
	AB 沉积与构造	ABB 褶曲景观（1）	文雅天坑群
	AC 地质地貌 过程形迹	ACC 峰丛（1）	木论喀斯特
		ACE 奇特与象形山石（4）	八戒山、飞来石、将军山、圣母山
		ACG 峡谷段落（2）	牛角寨峡谷、江色峡谷
		ACL 岩石洞与岩穴（4）	神秘洞、无底洞、大才神龙宫、瑞良溶洞
B 水域 风光	BA 河段	BAA 观光游憩河段（3）	谷宾河、大环江、小环江
	BC 瀑布	BCA 悬瀑（4）	世遗瀑布、牛角寨瀑布群、龙潭瀑布、猴子洞瀑布
	BD 泉	BDA 冷泉（1）	爱山山泉
C 生物 景观	CA 树木	CAA 林地（4）	经济果大林、九万山中亚热带常绿阔叶林、针叶林、竹林
		CAB 丛树（1）	短叶罗汉松林
		CAC 独树（3）	百年古榕、鸳鸯树、古枫树
	CB 草原与 草地	CBA 草地（2）	森林草坪、广南水峒草场
D 天象 与气候	DB 天气与 气候现象	DBA 云雾多发区（1）	九峰谷
		DBB 避暑气候地（1）	杨梅坳
E 遗址 遗迹	EB 社会经济 文化活动 遗址遗迹	EBB 军事遗址与古战场（2）	洞平关、洞途关
		EBC 废弃寺庙（4）	沙洞通名寺、那尧神农三界庙、坡庙神龙庙、龙角寺
		EBD 废弃生产地（1）	红山架洞矿遗址
		EBE 交通遗迹（1）	川山社村黔桂古道

表8-2(续)

主类	亚类	基本类型	主要文化旅游资源单体
F 建筑设施	FA 综合人文旅游地	FAB 康体游乐休闲度假地（4）	大才琼园、冰绿岛、清潭、新坡果场
		FAC 宗教与祭祀活动场所（1）	方家祠堂
		FAE 文化活动场所（1）	毛南族博物馆
	FC 景观建筑与附属型建筑	FCB 塔形建筑物（1）	社村宝塔
		FCE 长城段落（1）	望楼古道城墙遗址
		FCF 城（堡）（1）	羊角山营房遗址
		FCG 摩崖字画（5）	"山高水长"石刻、拉顶崖刻、黔桂交界崖刻、巴马山攀崖石刻、"汉马伏波寓此"崖刻
		FCH 碑碣（林）（10）	北宋牌坊、谭家世谱碑、永言思孝碑、思恩县界正碑、《思恩中州记》碑、奉天诰命碑、平地指路碑
		FCK 建筑小品（2）	大麻凉亭、望峰烈士亭
	FD 居住地与社区	FDA 传统与乡土建筑（2）	毛南民居、驯乐苗寨
		FDC 特色社区（2）	毛南族、苗族移民新村
	FE 归葬地	FEA 陵区陵园（1）	望峰山烈士陵园
		FEB 墓（群）（4）	凤腾山毛南族古墓群、欧崇高夫妻合葬硬山墓、妈鸟古墓、覃振忠烈士墓
	FF 交通建筑	FFA 桥（5）	环江古石桥、板社三拱桥、百合拱桥、都川狮子桥、下丰坡楼拱桥
	FG 水工建筑	FGA 水库观光游憩区段（1）	大才下庙水库
		FGB 水井（1）	上白丹古井
		FGD 堤坝段落（1）	北造怀初堤坝
		FGE 灌区（1）	驯乐长北梯田

表8-2(续)

主类	亚类	基本类型	主要文化旅游资源单体
G 旅游商品	GA 地方旅游商品	GAA 菜品饮食（6）	"香猪、香牛、香鸭、香梗、香菌"等五香美食、打边炉（毛南饮食习俗）
		GAB 农林畜产品与制品（4）	蜂蜜、竹笋、蕨菜、康宁窑酒
		GAD 中草药材及制品（1）	瑶族黄缸药浴
		GAE 传统手工产品与工艺品（2）	花竹帽、木面具
H 人文活动	HC 民间习俗	HCA 地方风俗与民间礼仪（3）	毛南族风俗、瑶族风俗、苗族风俗
		HCB 民间节庆（6）	毛南分龙节、毛南放鸟飞节、端午找药节、南瓜节、苗族芦笙节、瑶族盘王节
		HCC 民间演艺（3）	毛南歌、毛南肥套、芦笙舞
		HCD 民间健身活动与赛事（6）	同填、同背、同拼、同顶、石担和石锁
		HCG 饮食习俗（2）	毛南饭、毛南酸
		HCH 特色服饰（2）	毛南服饰、苗族服饰
	HD 现代节庆	HDB 文化节（2）	毛南族分龙节、五香美食节

（二）文化旅游资源呈"五多"特征

1. 环江世遗，魅力独具

2014 年，环江喀斯特成功被列入世界自然遗产名录，与桂林阳朔地区合并成为广西的首个世界自然遗产地。环江喀斯特中的木论村拥有一片蔚为壮观的原始森林，被誉为"喀斯特"原始森林。1998 年 8 月，国务院正式批准将这片森林划定为国家级喀斯特原始森林保护区。坐落于中亚热带石灰岩地区的这一保护区，拥有独特而珍贵的常绿落叶阔叶混交林生态系统。在全球喀斯特地貌区域中，这个保护区拥有着最广阔的连片面积、最完整的自然保护状况，以及最原生态的自然景观，因此被誉为典型、独一无二的喀斯特自然奇观。

2. 神秘毛南，特色人文

毛南族是中国的山地民族之一。毛南族人自称"阿难"，意指"此地之人",这一自称明示着他们作为本土居民的身份。在长期的生产和生活实践中,毛南族居民逐渐形成了独特的风俗习惯,同时也孕育了丰富多彩的文化艺术,包括丰富多彩的季节性节日、庄严的民族仪式、欢快的游艺活动以及绚丽多彩的民族艺术等。毛南族典型的民俗风情如表8-3所示。

表8-3 毛南族典型的民俗风情

民俗风情		简介
民间艺术	傩面、傩舞	在毛南族文化中,傩面、傩舞是非常具有代表性的文化。傩面共有36神72相,分善神、文神、凶神三类;傩舞又称"肥套",是毛南族还原仪式等活动的总称,以歌、舞、乐、戏等艺术形式承载着毛南族人民祈求民族生生不息,冀望来年风调雨顺、五谷丰登的美好愿望。它既是毛南族发展的历史见证,又是毛南传统文化的瑰宝。该民俗经国务院批准已被列入第一批国家级非物质文化遗产名录
	花竹帽	毛南人编织的竹器,工艺精湛,经久耐用。最著名的是用当地产的金竹和墨竹编制的花竹帽,俗称"毛南帽",又称"顶盖花",意思是"帽子下面的花"。帽子精致美观且实用,是毛南族独特的手工艺品
	石雕	下南乡的古墓群就是毛南石雕的典型代表,是毛南族祖先的"陵园",有大小古墓700多座,毛南族的始祖谭三孝就葬在这里。古墓群就像一座楼阁更迭的古城,是毛南山乡的艺术宝库之一。作为毛南族发展的历史见证,由国务院公布核定为第七批全国重点文物保护单位,自治区级文物保护单位
岁时节庆	分龙节	分龙节是毛南族最隆重的民俗传统节日,一般在每年6月份左右举行,节日活动一般进行三到七天,主要包括纳牛、祭三界公、分龙布雨、万人傩面狂欢、龙舟比赛、美食书法摄影比赛等。毛南族的分龙节已被评为"中国最具特色的民族节庆"
	放鸟飞	在毛南族众多的节俗中,正月十五"放鸟飞"最具特色和奇趣
民族礼仪	保平安的出生礼	妇女怀孕期间会进行"祭解",为让孕妇能够安全度过孕期,胎儿顺利出生后会有"三旦会""卖猫月""肥固儿"等习俗
	为长者祝福的寿礼	"扶马"(俗称"添粮补寿")为让体弱多病的六旬以上老人早日恢复健康并延年长寿
民间游艺		毛南族人民在农闲与节庆之间会依天时地利举行一些体育项目,主要体育项目有同填(两人对抗)、同顶、打陀螺、打棉球、地牯牛、抛沙袋、走三棋等。其中,"同填""同顶"还曾参加过广西壮族自治区和全国少数民族传统体育运动会并获奖

表8-3(续)

民俗风情	简介
民族服饰	男女都喜欢穿着蓝色和青色的大襟和对襟衫,忌穿白色衣服(丧事时才穿)。男装称为五扣衣,意即五颗扣的衣服,盛装时缠约八尺黑头巾和黑腰带;女装镶有三道黑色花边的左开襟衣裤,佩带银饰,穿绣鞋,姑娘们系围腰

3. 生态优美,物种丰富

环江县已经被评定为国家级生态示范区和全国绿化典范县,其领域包括久仁和木论喀斯特两个国家级自然保护区、广西第二大的文雅天坑群,以及"国家 AAAA 级旅游景区"和"广西生态旅游示范区"牛角寨瀑布景区。此外,环江县的风景名胜还有气势磅礴的龙潭瀑布、环境优美的杨梅坳避暑旅游风景区、山明水秀的长美中洲河风光、历史悠久的凤腾山古墓群等。

4. 养生休闲,美食之乡

依托当地的生态优势,环江县重点构建:①以生态健康养生为主题,集居住、养生、康体、休闲、度假、观景、科考等功能于一体的木论喀斯特生态旅游景区。②以瑶山瑶水瑶民瑶居相互辉映,集休闲度假、文化体验、保健养生、科普教育等功能于一体的精品化、高端康体养生的九万山旅游区。③以古城河道建设、毛南民俗文化村、毛南民俗文化体验、风情小镇、森林氧吧、水上乐园为一体的环江毛南古城旅游休闲养生度假区,不断提升景区景点优美的生态环境形象。

5. 产业共融,旅游业态多元

依托当地的文化旅游优势,环江县重点构建:①文化产业与旅游产业融合发展,以丰富全域旅游新内涵,同时大力培育和发展文化产业,积极引导和促进当地民族风俗体育、民族工艺品加工企业和艺术团等文化经营实体的发展。②现代农业大发展推动乡村振兴和全域旅游,以牲畜水产、桑蚕、蔗糖、水果等为主的现代特色农业规模化发展,以夯实"农业+旅游"基础。③积极发展"体育+旅游",把毛南族的传统体育运动项目当作旅游开发的一部分加以展示和推广。④快速发展森林产业,以夯实全域旅游资源基础,积极发挥森林多样性和独特的地形地貌优势,开发森林生态旅游,使森林旅游成为全县旅游的重要组成部分。

三、环江县文化旅游市场现状

环江县以喀斯特世界遗产地为品牌引领，以毛南族人文风情旅游为核心，以休闲农业为特色，因此，可围绕中国南方喀斯特、民俗文化、科普探险三大主题开展文化旅游产业，积极开发生态度假、自驾游、休闲农业等旅游市场。

1. 文化旅游市场快速发展

2014年，环江县成功获得"环江县喀斯特世界自然遗产地"的荣誉称号，同时还荣获了"中国最美文化生态旅游名县"的荣誉称号。2017年，环江县文雅天坑群入选了《全国优选旅游项目名录》。同时，环江县持续加强旅游基础设施建设，旅游接待能力和服务水平也得到显著提升，游客接待量及总消费呈快速增长趋势。2018年和2019年，环江县的游客接待量分别同比增长36.7%和37.6%，旅游总消费分别同比增长16.29%和23.83%。2020—2022年，因受疫情影响，游客接待量和旅游收入增长缓慢。2023年环江县的游客接待量达到391.28万人次，旅游收入为41.09亿元，分别是2019年的1.87倍和1.72倍，旅游人数和旅游收入实现爆发式增长（见图8-1）。随着创建广西全域旅游示范区进程加快，环江县文化旅游产业必将实现跨越式发展。

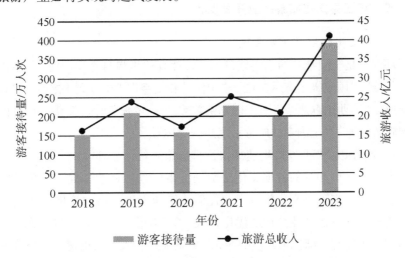

图 8-1　2018—2023 年环江县文化旅游经济指标变动趋势

2. "周末游""周边城市出游"双周市场明显

环江县客源市场包括区内市场和区外市场，区内市场以近程市场为主，且多以周末一日游、自驾游为主。区外游客以贵州为主，此外河池市实施了针对广东的旅游营销策略，广东市场得到扩展，而其他省份的客源市场则占比较小。

3. 旅游目的以山水观光、民俗体验为主

环江县具有奇特秀美的自然风景、绚丽神秘的民族风情、回味无穷的美食"五香"。根据携程旅行网对环江县景点的游客量进行的统计，牛角寨瀑布景区、木论喀斯特生态旅游景区、古宾河峡谷、毛南族博物馆为游客量排名前4位的景点。

4. 人均消费不高，以吃住行基本旅游消费为主

截至2023年年底，环江县的人均旅游消费为1 050.14元，略低于2023年河池市（1 052.85元）和广西（1 084.94元）的人均旅游消费水平。人均旅游消费中，交通、住宿、餐饮所占的比例最大，而能够带来更高效益的游、娱、购等要素和新业态方面的开发力度不够。因此，环江县可大力开发休闲度假、文化体验等方面的产品，深度挖掘购物和娱乐消费市场。

四、环江县文化旅游产业开发现状

（一）文化旅游产业发展现状

环江县是全国唯一的毛南族自治县，拥有"世界自然遗产地""全国绿化模范县""国家级生态示范区""中国兰花之乡""中国菜牛之乡""香猪原产地""广西山歌之乡""广西书法之乡"等多张名片，荣获"首批国民休闲旅游胜地""全国森林旅游示范县"等称号。

1. 文化旅游产业发展增速加快，打造旅游特色品牌

近年来，环江县的各项文化旅游经济指标呈现持续、健康、平稳增长的良好态势，实现了文化旅游产业优质、快速发展，有力地推动了服务业规模的扩大和三次产业结构的优化升级。2023年，环江县的文化旅游总收入为41.09亿元，同比增长95.95%，文化旅游收入增长迅速，文化旅游产业已成为环江县经济的重要支柱产业。如图8-2所示，在河池市市辖的2区9县中，环江县的旅游总消费和游客接待量排名在中等位置，如要加大追赶排在前面的巴马县和宜州区，还需紧紧依托当地的毛南民俗、世界级

喀斯特生态、飘香美食三大品牌，打造特色旅游，以提升县域旅游的核心竞争力。

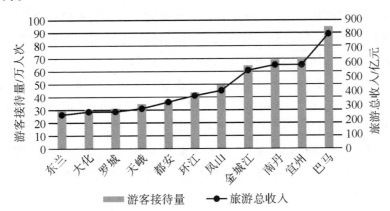

图 8-2　2023 年河池市市辖的 9 县 2 区的文化旅游经济指标变动趋势
［数据来源：河池市各县（市、区）政府工作报告，下同］

2. 文化旅游项目建设加快，产业要素逐步完善

环江县的文化旅游开发起步较晚，直到 2014 年环江县成功申报世界自然遗产地之后，文化旅游产业才算真正发展起来。此前，环江县一直面临基础设施落后、旅游接待能力弱等现实窘境。近年来，环江县在优化文化旅游产业要素方面取得了一定的成绩，如完善牛角寨瀑布群景区、木论喀斯特生态旅游景区、文雅天坑群景区等景区的旅游设施，推进景区提档升级，包括完善景区的交通系统、旅游住宿、卫生系统、解说系统、游客服务中心、智慧旅游建设工程等配套设施。2019 年，环江县木论喀斯特生态旅游景区直升机观光项目启动，将填补环江县高端旅游项目的空白，大幅提升木论喀斯特生态旅游景区在全区乃至全国旅游市场的知名度。截至 2023 年年底，环江县已有 3 家国家 AAAA 级旅游景区，2 家国家 AAA 级旅游景区，3 家广西五星级乡村旅游区，2 家广西四星级乡村旅游区，1 个广西五星级农家乐，1 个广西森林体验基地，3 个广西星级森林人家，下南乡南昌屯被评为中国少数民族特色村寨和广西传统村落，全县有 2 家四星级旅游酒店、2 家三星级旅游酒店。

3. 多举措强推旅游景区，旅游知名度迅速提升

环江县积极创新营销模式，"线上+线下"联动营销和销售旅游产品。环江县塑造了"探秘世遗地、寻奇毛南族"的特色文化旅游主题形象，凸

显了具有本地特色的旅游景区、特色节庆物品、特色旅游商品。围绕旅游形象,环江县通过加强户外广告宣传、制作宣传手册等传统方式来巩固本地客源,并以"世界遗产,大美环江"为主题,在区内重要高速公路沿线设置旅游宣传广告牌;先后与央视二套《消费主张》栏目、央视四套《远方的家》栏目、国家旅游卫视等国家主流媒体合作,拍摄了环江县旅游专题片。此外,为加强区外营销,环江县积极在深圳、广州等地召开大型旅游推介会。环江县以节聚人气,节事营销亮点纷呈;以"世界自然遗产文化旅游节""毛南族分龙节""驯乐苗族乡庆"彰显民族文化特色旅游;以"瑞良龙仙岩草坪音乐节""陈双苗寨篝火晚会""青梅节""桃花节"丰富乡村旅游活动;以"环江五香美食文化节""红心香柚节"提高美食文化知名度。

4. 重点项目建设稳步推进,实施"产业+旅游"模式

环江县按照国家 AAAAA 级旅游景区建设标准,积极引导牛角寨瀑布群景区、木论喀斯特生态旅游景区、文雅天坑群景区等完善旅游设施及配套旅游项目,引导陈双毛苗瑶新村和琼园山庄创建五星级乡村旅游区项目、毛南古镇 PPP 项目等重大项目持续推进,以及完成毛南族发祥地旅游区总体规划和江色峡谷旅游区总体规划编制。同时,环江县初步形成以木论喀斯特生态旅游景区、牛角寨瀑布群景区、文雅天坑群景区、杨梅坳生态景区为主体的观光型旅游产品,以毛南族文化保护村、下南、长美、驯乐苗族乡等村落为主体的生态民俗文化旅游产品;将农业与旅游业相融合,积极推进田园综合体、现代农业庄园、休闲农业与乡村旅游示范点、星级乡村旅游区和农家乐、乡村创客基地等乡村旅游项目建设,促进农特产品向乡村旅游商品转化。此外,环江县通过举办"壮族三月三"、分龙节等主题节庆活动,大力宣传毛南族傩文化、花竹帽编制技艺,扩大了环江县旅游商品的知名度;景区还设有划龙舟、登山、户外徒步、自行车、漂流等时尚休闲运动项目。

五、环江县文化旅游产业发展已取得的成效

1. 打造文化旅游空间新格局

环江县形成了"一心一带、一环七区"的全域旅游空间新格局,对重点景区已基本完成提档升级;"一心"是指恩镇旅游接待服务中心,"一带"是指大环江滨水旅游带,"一环"是指环江旅游观光环,"七区"是

指木论喀斯特生态旅游景区、文雅天坑群景区、长美亲水游乐区、下南乡村旅游区、九万山森林养生区、驯乐苗寨民族体验区、牛角寨瀑布群景区这七个主要景区。

2. 旅游交通形成新格局

环江县构建了"对外通畅、对内成网"的交通新格局，时速 350 千米的贵南高铁的开通，并在环江县设置站点，结束了环江县没有高速铁路的历史。当前，荔波经环江县至德胜的高速公路项目建设正稳步推进，预计 2024 年年底建成通车，"两横三纵"的快速公路网建设也有序推进，路网连接各乡镇及主要景区，形成了便捷的对外通道。

3. 产业发展显著提速

环江县大力发展香猪、菜牛、核桃、特色水果等八大特色产业，借助文化旅游产业的发展成功打造了"五香"（香猪、香鸭、香牛、香粳、香菇）特色美食品牌，并通过成功举办三届环江红心香柚节，使得红心香柚成为环江县新的特色名片。

4. 城乡面貌焕然一新

根据"一桥一路连成线，三横六纵形成网"的目标，环江县积极改造旧城区、拓展新城区，城市综合体、花竹帽广场等项目建成，县城建筑完成外立面改造，改变了环江县的形象，提升了环江县城的功能和品位，让各方来客最直观地感受到了环江县的大发展、大变化、大跨越。

第二节　环江县文化旅游产业发展存在的问题

一、文化旅游产业发展方面

1. 总体经济水平偏低，文化旅游产业基础较弱

环江县的经济基础薄弱，总体经济水平偏低，且增长速度不稳定（详见图 8-3）。2023 年全县实现 GDP 达 91.44 亿元，占河池市 GDP（1163.43 亿元）的 7.86%。其中，第一产业增加值为 31.05 亿元，比上年增长 5.7%；第二产业增加值为 24.16 亿元，比上年增长 12.6%；第三产业增加值为 36.23 亿元，比上年增长 5.2%。第一、第二、第三产业占地区生产总值的比重分别为 34.0%、26.4% 和 39.6%，对经济增长的贡献率分别为 28.5%、38.9% 和 32.6%。环江县的经济结构模式以农业种植业为主，

第二产业和第三产业发展较为缓慢，从事农业的人口占全县人口的比例高达90%。因受生态保护的长期约束，当地工业发展缓慢，规模企业较少。

经济基础薄弱导致环江县对旅游基础设施、文化遗产资源保护、旅游服务升级等的投入不足，这在很大程度上制约了环江县文化旅游产业的发展，文化旅游经济效益较低，文化旅游产业基础比较薄弱。

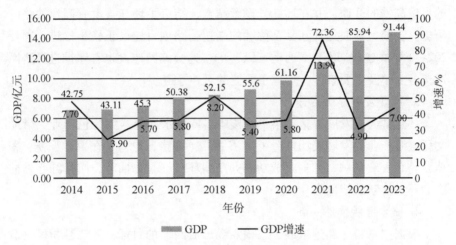

图8-3　2014—2023年环江县的GDP及其增速变化趋势

2. 文化旅游营销创新性不强，旅游知名度不高

环江县有着得天独厚的旅游资源，独一无二的人文资源，在地域文化的熏陶下，当地形成了丰富的民间文化。环江县"世遗"申请成功后，通过传统方式、央视主流媒体以及举行区外旅游推介会等方式，逐渐加大了旅游营销力度，旅游总收入和游客接待量与同期相比增幅较大。但从总体来看，环江县的宣传力度有限，旅游知名度不高，尤其是在自媒体、新媒体等方面的营销相对较少。在特色资源挖掘不够、资金投入不足的背景下，文化旅游产品的包装、宣传等市场运营方面也受到较大影响。另外，环江县聚居地较为偏远、信息落后，缺乏多角度营销手段，社会对环江县及其民族文化的关注度不够，其知名度不及同属河池市的巴马县和宜州区。

3. 专业人才缺乏，文化旅游需求未能有效实现

文化旅游产业发展不尽如人意，很大程度上源于人才的缺乏，尤其是兼具文化、旅游专业知识的复合型人才。据调查，环江县缺少文化旅游专业人才，尤其缺乏对文化旅游产品进行发掘、包装、宣传、营销等的中高

级文化旅游开发人员。

环江县的文化旅游经营者大多缺乏系统的专业知识培训，一直以传统理念和方式发展文化旅游产业，因此无法满足游客的个性化需求。随着文化旅游市场的日益成熟，游客们的需求正呈现出多样化和个性化的趋势，传统的观光旅游产品已经不足以满足现代游客的期望，游客们更倾向于寻求文化内涵丰富、参与度高的多功能文化旅游新产品。然而，要实现这种多元化需求，需要在各个层面汇聚文化旅游专业人才的智慧和创新力，不断探索并打造具有环江县文化特色和吸引力的文化旅游产品。这将有助于提升环江县在文化旅游市场上的知名度，赋予其在竞争中的优势地位。

4. 文化特色挖掘不够，文化旅游产品发展单一

文化旅游产品是评估文化旅游产业综合竞争力的重要衡量标准之一。为实现文化旅游产业高质量发展，首要任务在于解决当前广泛存在的文化旅游产品同质化、品牌定位模糊和服务设施不足等问题。在推进文化旅游产品开发方面，必须基于实际情况，针对不同游客群体的偏好变化，充分发挥环江县独特的民族文化和旅游资源优势，塑造具备地方特色的文化旅游品牌，以满足不同游客群体的需求和心理期待。

现阶段，环江县的文化旅游产品仍以自然景观为主，而人文景观则缺乏深入的市场调研和资源挖掘。文化旅游产品在开发与经营的过程中出现了开发的断层性、体系的破碎性、更新的滞后性等问题。尤其是环江县的文化旅游资源，其产品开发缺乏深度和广度，仍处于低水平的价格竞争局面，存在重形式、轻内涵的现象，导致相关产品级别、层次、品位不高，违背了市场经济中资源有效配置的属性，未能取得良好的经济效益和社会效益。

二、文化旅游市场监管方面

1. 监管手段滞后，效率有待提高

当前，环江县的旅游市场监管主要采用传统方法，包括准入标准控制、实地调查，以及依赖线索举报来发现和处理违法违规经营行为。通过人工检查、手工记录和人工反馈等手段进行的市场监管，由于监管人力资源有限，监管效率较低。此外，过于依赖单一的监管方式，限制了监管范围的扩大和威慑力的增强，也难以在多个监管领域建立持久的监管机制。

随着新型文化旅游业态的迅速崛起，文化旅游经营者的数量急剧增加，

在这种情况下，传统的监管方法已经不足以满足当前的监管需求。仍然使用传统的"人盯人"的监管方式，会导致监管难度增大，造成更为严重的"选择性执法困境"。为了降低监管资源有限和信息不对称带来的负面影响，政府应采取更具针对性的监管方式，以提高监管的有效性。

2. 相关法规不健全，秩序有待提升

尽管我国已陆续颁布了一系列涉及文化旅游市场的相关法律法规，然而近年来，文化旅游产业迅猛发展，不断涌现新的经营模式。特别是农家乐、民宿、在线旅行社（OTA）等新兴业态蓬勃发展，文化旅游市场逐渐壮大，现有的旅游监管法规内容未能完全适应迅猛的市场需求。同样，环江县的文化旅游市场监管法律体系也存在调整需求，尤其是在线下监管方面，存在定位不清、手段不足、法律依据不充分等问题，导致许多新问题难以迅速解决或缺乏实际操作手段，使得监管上存在一些盲区。

3. 文化旅游市场不规范，管理方式有待完善

环江县的文化旅游发展仍处于起步阶段，文化旅游市场存在多头管理现象，缺少统一协调的市场管理政策，监管方式与行业发展的匹配度有待提高。文化旅游产业作为一种新兴产业，其发展涉及众多部门。因此，在对文化旅游产业进行监管的过程中，会与林业、水利、环境保护、文化、交通等多部门产生诸多职能上的重叠和交叉。这些部门若分工不明确，则容易造成管理混乱，导致由文化和旅游部门牵头的联合执法容易出现交叉地带责任不清、相互推诿等现象，对文化旅游产业的长远发展十分不利。

相对而言，文化和旅游部门作为监管部门的后来者，其处于相对弱势的地位。举例来说，旅行社、星级饭店、旅游 A 级景区等企业或机构主要受到市场监管、税务、消防、交通等部门的监管。然而，文化和旅游部门在其中通常没有行政许可审批的权限，也缺乏行政处罚的权力，这使得实现有效的监管成为一项挑战。此外，基于法律所赋予的行政执法权限，文化和旅游部门通常只能对某些旅游市场主体（如旅行社、导游等）进行监管。如今，随着互联网新兴业态的不断发展，文化和旅游部门越发缺乏监管力量，如对自由行、探险游、自驾游等新兴旅游形式尚未明确监管权限。

三、文化遗产保护方面

1. 资源保护方式落后，文化旅游发展存在风险

环江县世界自然遗产保护地的管理模式仍按传统机制运行，尚未形成较为完善的自然灾害预测系统和数字化管理系统，管理体制层次较多，缺乏统一的科学决策和归口管理机制。在文化旅游开发中，如何处理好旅游与古村落、民族文化的保护和发展问题，亦是环江县全域旅游发展面临的挑战。

另外，物质文化遗产的保护工作是一项复杂的、长期的工程，需要充足的人力和资金支持。然而，由于物质文化遗产在短期内所带来的经济产业价值有限，再加上专项保护资金相对不足，同时景区内也缺乏具备世界遗产知识结构的科学管理和经营人才，这直接影响了环江县物质文化遗产保护工作的持续推进。

2. 文化旅游开发缺乏整体性，生态环境存在威胁

环江县的生态环境具有较高的敏感性，过度的人为活动或开发可能对这一生态环境造成不可逆的影响。人为的旅游资源开发和利用将会改变部分区域的生态结构，生态环境不能及时地自我调整和自我恢复将会产生负面影响。

然而，环江县在文化旅游开发方面仍存在整体性不足的问题。遗产地内进行的开山修路、建筑施工、旅游设施建设等活动，导致景区逐渐破碎化，生态环境不同程度地受到破坏，这影响了野生动植物的生存环境，严重威胁着遗产地的真实性和完整性，同时影响了自然遗产景观及其生态环境的保护。与此同时，由于基础设施和旅游服务设施的不完善，旅游活动对当地环境的承载能力产生了冲击。在文化旅游开发中，如何正确处理旅游开发与保护两者之间的关系，使环江县的文化旅游发展既能保证文化旅游产业具有高产出的经济效益，又能对其所依赖的生态环境进行有效的保护，这是环江县文化旅游发展面临的又一大挑战。

四、文化旅游产业协同发展方面

1. 产业竞争激烈，未形成区域合作态势

随着文化旅游消费者的日益成熟，消费者不断对旅游景区的产品、品质和服务提出了更高的要求。在当前周边各地大力发展全域旅游、联合打

造旅游联盟、争夺市场份额的激烈竞争中，环江县的特色竞争优势有待发掘，品牌化项目不突出，区域旅游合作有待拓展，未能形成旅游发展的规模化效应。

2. 产业开发片面化，与社区文化联动不足

在遗产保护政策的制约下，环江县的居民在居住、就业和经济发展等方面的需求未能得到充分满足。环江县农业尚未充分发展，不同村组的经济增长存在不均衡现象。通过访谈和调查发现，尽管大部分当地居民希望通过发展文化旅游产业来解决就业和生计问题，但他们在当地文化旅游发展中的参与机会较为有限且层次较低，一些居民仍然被迫外出务工。这主要有两个原因：首先，当地居民的教育水平相对较低，缺乏相关专业知识，限制了他们的就业；其次，景区管理职位主要面向外地人，因此为本地居民提供的就业机会相对有限。

此外，当地社区文化保护面临挑战。乡村文化景观和传统民居建筑均未受到足够的重视。部分传统民居点仍存在功能欠缺、风貌不佳，有的房屋布局杂乱、舒适度低、缺乏设计等问题，丢失了传统风貌特色。

3. "旅游+"实践薄弱，产业融合深度仍待提高

基于全域旅游和"旅游+"产业实践发展的背景，文化旅游产业的发展需要在产业链的不同节点与其他产业紧密关联、相互依存、相互促进。举例来说，旅游业与第一产业的融合不仅可以使农产品更加安全优质，还能进一步发挥生态休闲和文化教育等多重功能。旅游业与第二产业的融合可以通过加工和包装，为游客提供具有区域特色的旅游商品，以满足不同游客群体的需要。尤其是特色民族手工业，它不仅有效传承了村落文化和民族文化，能够为游客提供独特的旅游商品，还有助于传承乡村文化。此外，旅游业还可与第三产业相互融合，一方面与信息互联网产业结合，为当地旅游提供展示和宣传的平台，扩大旅游业的可见性；另一方面也为游客提供了更丰富的信息和便捷的预订体验。旅游业与文化创意产业的融合，如打造教育基地、拓展训练基地、节庆活动平台、休闲健康场所等，可以满足人民日益增长的美好生活需要。然而，环江县旅游高质量发展的产业融合方式与机制仍有待挖掘和提升，旅游产业与三大产业的融合不足，"旅游+"实践较为薄弱。在环江县的旅游高质量发展中，如何从封闭的循环发展方式转变为开放融合的发展方式，是一个必须解决的重要问题。

第三节　环江县文化旅游产业发展模式

环江县文化旅游资源丰富，特别是世界自然遗产地、毛南族的发祥地和主要聚居地等独具特色的文化旅游资源，为环江县文化旅游产品的丰富性、高规格性打下了基础。环江县集中居住着全国 70% 的毛南族人口，是全国唯一的毛南族自治县，通过发展哪种文化旅游模式以助力当地实现乡村振兴是一个值得思考的问题。

环江县的文化旅游产业发展和环江全域旅游将围绕着以毛南族文化和世界自然遗产的特色资源驱动发展、发展文化旅游产业助力乡村振兴、"旅游+"产业深度融合发展三种模式展开。

一、以毛南族文化和世界自然遗产的特色资源驱动发展

1. 依托环江县世界自然遗产的生态资源进行产品开发

生态是环江县最大的优势，环江县是全国绿化模范县、中国兰花之乡、国家级生态示范区、国家重点生态功能区，全县森林覆盖率达74.48%。环江喀斯特于 2014 年被列入世界自然遗产名录，和桂林阳朔捆绑成为广西第一处世界自然遗产地。环江喀斯特中的木论村有一片莽莽苍苍、珍奇美丽的"喀斯特"原始森林，1998 年 8 月被国务院批准为国家级喀斯特原始森林保护区，属于中亚热带石灰岩区常绿落叶阔叶混交林生态系统，是世界上喀斯特地貌幸存连片面积最大、完整性最佳、原始性最强的喀斯特森林，属典型的喀斯特自然景观。

环江县可开发科普探险型旅游产品，依托木论喀斯特生态旅游景区、文雅天坑群景区等优美的自然景观，整合提升原有资源和项目，打造具有生态教育、科考修学、寻奇探险等功能的精品旅游产品，开发可以满足游客嗅觉、触觉、听觉等感官要素需求的科普探险型产品。

环江县可开发生态旅游度假产品，比如九万山自然度假集聚群、牛角寨休闲度假区、瑞良溶洞群等旅游度假区，依托其区域内丰富的旅游资源，立足于构筑国际一流山水人文休闲旅游胜地的总体定位，在保证当地生态完整性和资源可持续性的基础上，开展度假、游憩、运动、养生等旅游活动。

2. 将毛南族的特色人文打造为独具特色的旅游产品

毛南族是人口较少的中国山地民族之一。毛南族人以"阿难"自称，意为他们是这片土地上的原住民。经过长期的生产和生活实践，毛南族居民形成了独具特色的风俗习惯，同时也孕育了多姿多彩的文化艺术，包括丰富多彩的节令节日、庄严的民族仪式、欢乐的游戏传统，以及灿烂多彩的民族艺术等。

毛南族的民俗风情独具特色，也具有较强的旅游开发价值，可以为游客提供参与性强的体验式旅游产品。比如在毛南族的文化传承中，傩面和傩舞是极具代表性的文化元素。傩面具备 36 位神祇，72 种表情，分为善神、文神和凶神三个类别；傩舞，又被称为"肥套"，是指毛南族人民在还愿仪式等庆典活动中所呈现的综合表演，包括歌唱、舞蹈、乐器演奏和戏剧等多种艺术形式。这些艺术形式传达着毛南族人对于民族繁荣发展，期盼来年风调雨顺、五谷丰收的美好祈愿。傩面和傩舞不仅见证了毛南族的历史演变，也是其传统文化的珍贵遗产。这一民俗已经获得国务院批准，被列入第一批国家级非物质文化遗产名录。

在节庆活动方面，毛南族拥有备受瞩目的"分龙节"，这是其最为盛大的传统民俗庆典。该庆典通常于每年的六月左右举办，历时三至七天不等，活动涵盖了多个环节，包括纳牛仪式、祭三界公、分龙布雨、万人傩面狂欢、龙舟竞渡，以及美食、书法和摄影比赛等。毛南族因分龙节不仅被评为"中国品牌节庆示范基地"，该节日更被誉为"中国最具特色的民族节庆"。以节庆活动作为载体开展旅游营销是一种很好的宣传方式，可以增加游客对毛南族神秘文化的吸引力，游客有兴趣也可以报名参与进行体验。

二、发展文化旅游产业助力乡村振兴

环江县有 6.45 万毛南族人口，有 72 个毛南族聚居村。从 2016 年开始，环江县有 9 个贫困村全面启动了旅游扶贫开发建设，在 2019 年扶持了 2 个贫困村发展旅游业。2020 年 5 月，环江县退出贫困县序列，实现了整县脱贫摘帽和毛南族整族脱贫双重目标，得到习近平总书记的重要指示。2023 年，环江县 4 个村发展文化旅游产业，以助推乡村振兴。环江县发展文化旅游产业的模式主要有三种。

1. 开发乡村旅游区，带动周边乡村发展的模式

依托乡村文化资源及周边的自然资源，依据市场需求深度挖掘和开发乡村旅游产品，带动乡村旅游发展。比如以被评为中国少数民族特色村寨和广西传统村落的下南乡南昌屯村为核心，扩展到周边区域，打造毛南族发源地的少数民族特色乡村旅游区。同时，充分发挥下南"中国菜牛之乡"的品牌效应，以乡村区域的农业产业化和乡野风光为核心，重点针对休闲农业、自驾游、散客市场，以农业体验、悠闲的田园生活和淳朴的民风为亮点，打造农牧田园生活体验地。将农牧业作为规划背景，积极引导和调动农民积极性，加快农业和农村经济发展。

又如驯乐苗寨乡村旅游区，以驯乐乡为中心，依托现有驯乐苗寨，围绕苗族文化，完善旅游基础服务配套设施，主要演绎驯乐的自然山水、纯美的田园风光和浓郁的苗族风情，使之成为环江县的旅游重点目的地之一和环江县苗族文化展示的重要窗口。

再如陈双毛苗瑶新村旅游区，通过对其建筑、服饰、生活方式和文化活动进行保护，使毛南族宝贵的文化资源财富得以永久存续和传承不息。同时，通过毛南族文化再现的手法对毛南族的人文环境、有形遗产和无形遗产进行有效的整体保护；通过毛南族文化保护区的建设，促进下南乡的毛南族居民积极开展毛南族文化原产地保护和居民的自我保护，增强民族自豪感，强化毛南族文化的保护和发展。

2. 销售特色农产品，提高农户收益的模式

环江县应重点依托"环江五香"（香猪、香牛、香米、香鸭、香菇），着力实施香猪发展"615"工程，加大红心香柚、砂糖橘、沃柑、核桃等的种植力度；推动农副业与旅游业的融合创新发展，积极研发、生产以绿色农副土特产品、养生产品为特色的农业商品；通过创意化设计与精美化包装，向全国乃至国际推出"环江五香"等本土特色品牌。

在手工艺产品方面，毛南人的编织工艺精湛，经久耐用，最著名的是用当地产的金竹和墨竹编制的花竹帽，俗称"毛南帽"，又称"顶盖花"，意思是"帽子下面的花"。帽子精致美观且实用，是毛南族独特的手工艺品。环江县可以此发展旅游购物市场，向游客销售特色农特产品和具有毛南族文化特色的手工艺品，以增加农户的收益。

3. 发展特色农家乐等乡村休闲娱乐，带动周边农民发展新就业模式

农家乐作为较小的旅游资源单体，可以提炼出一定的乡土文化特色，

从而在全域范围内形成数量多、风格丰富和特色鲜明的乡村休闲娱乐体系。农家乐可以吸引周边的农村劳动力，带动就业，让更多村民不用进城务工也能有赚取工资的机会，更重要的是让更多的年轻人留在乡村，为乡村发展带来更大的动力。

三、"旅游+"产业深度融合发展

(一) 全域产业融合思路

1. 以景区为核心，全域统筹、重点突破，实现梯度性开发

文化旅游产业的发展不能脱离旅游景区这一核心构成要素，应站在全域层面通盘梳理环江县现有的旅游景区和潜在旅游资源，通过老景区的提升和新景区的开发，以景区引领环江县全域旅游发展，突出重点，实现旅游景区（资源）的梯度性开发。

2. 以文化为特色，旅游为本、文化润色，实现主题性开发

进一步释放非遗文化的综合价值，以非遗文化为特色和亮点，将环江县全域打造成为中国非遗旅游目的地，使之与周边旅游产品实现差异化发展。

3. 以乡村为突破，城乡结合、乡村振兴，实现针对性开发

从特色小镇、田园综合体、美丽乡村等层面入手，按照产业兴旺、生态宜居、乡风文明、治理有效、生活富裕的乡村振兴战略的总要求，强化环江县旅游业与城市、乡镇、农村发展的有机结合，让旅游业成为真正的富民工程、惠民工程和民生工程。

4. 以产业为重点，融合创新、转型升级，实现选择性开发

从区域产业链构建、产业集群培育、产业融合和产业孵化等角度，围绕青山绿水、非遗文化及现有产业等，实现旅游产业与相关产业的有效衔接，形成农业围绕旅游增价值，工业围绕旅游出产品，服务业围绕旅游成规模的泛旅游产业格局。

5. 以路网为纽带，串点成线、合力发展，实现合作性开发

实现全域旅游发展首先要解决的是县域交通路网问题，要重视和发挥交通路网的纽带作用，改善环江县区域发展失衡 、小交通费时的不足之处，从而串点成线、连线成片，构建起"快进慢游"的旅游业发展格局。

(二) 全产业融合升级

推进旅游产业融合发展是实现环江县旅游跨越式发展和旅游全域发展

的有效手段和必经途径。旅游产业融合为环江县旅游业的发展注入了生机和活力，使旅游产业发展空间不断扩大，从融合产业中获得了更多的发展资本，为旅游产业结构的升级换代创造了条件，促进了新兴业态、新型产业功能、新型企业组织结构和新型产业集群的显现与演进。同时，环江县以进一步强化国民经济战略性支柱产业发展为目标，以大产业、大旅游的发展观打破旅游业传统边界，深度拓展涉旅要素体系，延伸旅游产业链，拓宽旅游产业面，促进资源整合与产业融合，创新农旅融合、工旅融合、林旅融合、服务业与旅游业融合的产业融合模式，整体形成以旅游产业为核心，农业、工业、林业与服务业为支撑的延伸旅游产业链。此外，环江县通过创新农旅融合、工旅融合、林旅融合、文旅融合、体旅融合，促进旅游与研学教育、健康养生、边贸物流、商务会展的融合；通过产业融合发展实现百姓参与受益，实现环江县到旅游业的全域化发展。

1. 升级发展农业旅游

环江县农业发展空间面积为 59 189 平方千米，占环江县面积的 13%，包括川山、洛阳、水源、大安等乡镇中适宜现代农业开发的区域，主要承载可持续的农业发展功能，以提供特色优质农（林牧）产品为主。依据农业空间各单元的发展基础、传统、比较优势等，优质商品粮、优质桑蚕、有机水果、有机蔬菜、糖料蔗等基地重点在洛阳、思恩、水源、川山和大才等乡镇布局；特色养殖业、有机茶叶、中药材、核桃等重点在驯乐苗族乡、东兴、明伦、龙岩、长美、下南等乡镇布局。

环江县以种植业、畜牧业为抓手，大力发展观光农业、休闲农业、生态农业、高科技农业，开发观赏型、科普型、采摘型、娱乐型农业旅游项目，激活了乡村文化节庆活动，丰富了农家乐内涵，提升了农家乐的档次和水平。环江县依托优势农业的区域布局，推动休闲度假农业旅游项目建设，培育壮大了一批农业旅游龙头企业；推动农副业与旅游业的融合创新发展，积极研发、生产以绿色农副土特产品、养生产品为特色的农业商品；通过创意化设计与精美化包装，向全国乃至国际推出"环江五香"等本土特色品牌。

环江县打造了一批乡村旅游示范村、精品旅游村寨、星级农家乐、全国农业旅游示范点、国家农业科技园区、绿色果蔬基地等；通过农旅融合，按照"一村一景"的发展思路，培育壮大特色产业，形成农业旅游产业体系，实现了传统农业向休闲农业、传统农村向主题村镇、农民向旅游经营受益者的转型。预计到 2025 年，环江县将新建 35 个乡村旅游示范村、35 个精品旅游村寨、1 015 个星级农家乐项目；形成 23 个全国农业旅游示范点、2 个国家农业科技园区、若干个绿色果蔬基地等。

2. 转型发展工业旅游

环江县依托丰富的农林资源和优质蚕丝等优势，加强优质原料基地建设，构建农产品深加工产业链，做强做优以香猪、菜牛、甘蔗、茶油、核桃等原生态农产品深加工为主的绿色食品加工业，努力打造高效、清洁、低碳、循环且具有鲜明地域特色的系列生态产业。

环江县充分发挥农畜产品优质丰富、地域特色鲜明的优势，大力发展"环江香猪""环江菜牛"等地理标志产品，以及以香粳、香糯、香菇、木耳、毛南红酒、亮叶杨桐石崖茶、蚕蛹虫草等原生态农产品深加工为主的绿色食品加工业；将旅游与工业深度融合，打造一批富有环江地域特色和毛南族特质的旅游商品。

环江县以河池·环江工业园区为中心挖掘特色工业，整合园区内现代装备制造业基地、矿业开采基地、特色农产品生产加工基地等，大力促进工业与旅游产业融合转型发展；积极发展以农副产品加工、文创商品加工、矿区观光等为特色的工业旅游，实现单一的工业生产向多元的工业旅游发展的转型；对符合条件的生产基地、特色工业区进行改造，对规划新建的基地设计进行引导，增加旅游元素和服务配套功能，提供集工业生产参观、研学教育、产品制造体验、旅游购物等于一体的多样化旅游服务，推出一批工业旅游精品。

3. 深入发展林业旅游

环江县依托丰富的森林及动植物资源，积极推进林业与旅游产业融合发展；发挥森林多样性和独特的地形地貌的优势，积极开发森林生态旅游，重点开发九万山森林生态旅游、木论喀斯特原始森林生态旅游、文雅天坑群旅游、毛岭森林旅游、华山森林旅游、长美山高水长峡谷风光旅游等项目；大力发展观光林业、休闲林业、林业采摘，开发观赏型、科普型、娱乐型、探秘型林业旅游项目，提升林业旅游知名度；结合优势林业的区域布局，推动休闲度假林业旅游项目建设，开发森林观光、森林探险、森林避暑度假、森林户外运动、森林生态养生、森林休闲娱乐及"森林人家"体验等多种旅游产品。

4. 创新发展文化旅游

环江县深度挖掘自然遗产文化、毛南族民间民俗文化、歌舞、传说、武术、体育、文物等资源，开发文化演艺、文化创意、影视体验、民俗休闲等相关的文化旅游产业，培育若干条文化主题精品旅游线路；鼓励民俗技艺传承人在旅游景区、旅游展销会、节庆活动中展示具有壮乡特色的传统手工艺、民族乐器、节庆文化等；结合特色民俗节庆，大力宣传霜降节等非物质物化遗产，引导推进非物质文化遗产向参与文化旅游产业方向发展，在文化保护的基础上，强化世界遗产及当地重点文物保护单位的旅游功能；支持有条件的乡村创建中国乡村旅游创客示范基地。

环江县积极发展工艺品、演艺娱乐、特色节庆、"一地一品"等特色文化产业，充分保护和发展好"花竹帽""傩文化""毛南族分龙节"等非物质文化遗产，深度挖掘毛南族历史文化内涵，支持食品加工包装、旅游用品、工艺品等特色产业的文化创意和设计服务；着力推动文化产业的发展与繁荣，积极发展广播电视、新闻出版等文化产业，推动文化中心、演艺中心、会展中心建设，培育创意设计、数字媒体等新兴业态；集中打造一批具有毛南族文化特色的精品项目，培育一批龙头企业，搭建一批文化消费平台，促进传统优势产业向现代文化产业转型，全面提升了"文化环江"软实力。

5. 大力发展体育旅游

环江县依托良好的气候环境，开发了以亲近自然为主题的徒步、骑行、探险、科考等特色产品，促进体育与旅游产业的融合；将传统体育元素充分融入景区，加强体育娱乐、体育节庆等与旅游产业的融合发展，形成独具环江毛南族特色的全民体育旅游产业；支持和引导体育运动场所面向游客开展系列体育旅游服务；全力开发新型时尚的极限运动旅游和趣味运动旅游，形成具有广泛国际影响力的体育旅游品牌；全面完善全市体育旅游服务体系，努力建设成为国家体育旅游示范区，使体育旅游产业成为带动环江县旅游发展的重要组成部分。

6. 积极发展康体养生旅游

环江县积极整合山水、中医药、苗族医药、森林等旅游资源，结合康体、健身、保健、疗养等养生需求，推出苗族医药养生、中医药养生、温泉养生、冷泉养生、森林生态养生等养生方式，加大力度促进康体养生与旅游融合发展，加快康体养生旅游与观光、度假、研学等旅游产业的联动发展；优化医疗服务资源的区域配置，引导中心城区优质医疗服务资源向乡镇延伸，不断提高医院、社区卫生服务中心、乡镇卫生院等城乡医疗服务机构的医疗技术和公共卫生服务水平；加大村医培训力度，不断加强和完善保健医疗体系；着力培育和引进养老服务企业和机构，推进医疗与养老融合发展；依托医疗、文化、生态资源，因地制宜地发展绿色康体养生运动、特色养生保健、民族传统医疗保健等健康养老业态，规划建设 1~2 个健康养老服务主题示范园。

环江县积极推进环江苗族特色医药养生产业与旅游业融合发展，强化苗族特色医药养生产品创新，积极建设康体养生旅游，积极创建国家康养旅游示范基地，努力将康体养生旅游产业培育成为环江县旅游业的重要支撑。重点在九万山和木论喀斯特两个国家级自然保护区周边乡镇建设一批集养生保健、康复治疗、康体运动、学习娱乐、休闲养身、餐饮药膳等于一体的复合型健康服务功能区，打造健康养老服务品牌，促进健康养老产业加快发展。

7. 发展桂黔商贸旅游

环江县依托其地理优势，利用贵南高铁（贵阳至南宁）的建设，重点发展桂黔物流产业，大力促进两地贸易与旅游产业的融合，加强边贸旅游与文创、研学、观光等旅游产品的结合；以提升流通企业规模化、集约化水平为抓手，以县城商务区为龙头，以民族文化商业广场、购物中心、毛南民俗风情商业街为支撑，以农村商业网点建设为基础，逐步构建城镇一体、层次分明、商业网点布局合理、功能互补的商贸流通网络，逐渐形成大市场、大流通、大贸易的商贸发展格局；合理规划建设集购物、饮食、休闲、娱乐于一体的大型购物中心，加快以城区新区为重点的城市中心商贸区建设，改造古城步行特色街区，规划建设地方土特产品一条街、地方"五香"特色饮食一条街，拓展县城的商贸功能；大力实施"城乡市场工程"，在重点乡镇加快建设一批百货商场、农产品交易中心、农资交易市场，不断完善城乡商贸网络；大力推广连锁经营、物流配送等现代流通方式，积极推动传统商贸向现代商贸转型。

8. 借势发展商务会展旅游

环江县积极发挥世界遗产地的品牌效应，发挥商务会展功能，积极促进商贸会议、区域年会、文化技术研讨会、产品发布会、公司奖励游等与旅游业的融合发展。

9. 旅游新业态

环江县基于历史文化和自然生态条件，结合产业要素规划、产业融合发展规划，形成一批旅游新业态，共同成为环江县旅游产业发展的重要抓手；通过旅游新业态的打造，加快实现从单一文化观光向功能多元化、体验娱乐化的旅游新业态转型；通过动态创新旅游业态的内容与形式，构建核心竞争力；鼓励新业态全域布局发展，全面盘活旅游资源；重点聚焦健康医疗、低空飞行、自驾旅游、会议会展、文化创意、研学教育、户外运动、影视体验、探秘探奇等十大旅游新业态，全面推进环江县旅游动态发展。

第四节　加快环江县文化旅游产业发展的对策建议

在探讨完环江县文化旅游产业发展的现状与存在的问题的基础上，本书将从加大政策扶持力度、提升资金投入和保障力度、多举措加大人才培养、强化旅游安全保障等方面提出有针对性的对策建议。

一、加大政策扶持力度

1. 加大财政政策扶持力度

专门针对全域旅游发展制定各项优惠政策和奖励政策，例如资金支持政策、财税优惠政策、旅游基础设施投资优惠政策、旅游促销奖励政策等；专门针对旅游发展建立专项资金，加强当地旅游线路和产品的宣传与推广，加大旅游产业投资。鼓励社会各界为当地旅游业基础设施和配套设施的建设进行投资，并加强对当地从业人员的培训，从整体上提高旅游行业的综合素质，以便于推动旅游产业的良性循环发展。政府可以直接由财政出资建立旅游专项基金，专门用于开发重点旅游项目、完善当地的旅游基础设施、加强旅游培训、为旅游商品或旅游企业提供补贴或奖励、加速旅游的信息化建设；文化和旅游部门负责针对产业发展扶持基金的使用制定方案，县政府针对资金使用方案进行审批后方可由财政部拨付资金。

2. 制定土地优惠政策

对旅游建设用地进行统筹规划，为旅游产业发展合理分配土地，当重点旅游项目拥有良好的市场发展前景时，国家政府可以优先为其安排用地，以便于其加速建设特色民宿，以及自驾车、房车营地等。在确保不会对政府相关规划产生影响的情况下，鼓励农村集体或个人以租赁或者入股的方式，获得村镇集体土地的承包经营权，以开发旅游项目，例如农业观光园、山地休闲娱乐场所或者森林公园。同时，从当地的实际需求出发，做好旅游项目的用地报批工作，并制定土地优惠政策，以便于推动县域经济发展。

3. 加强贷款贴息补助

县财政应当以安排专项资金的方式解决重点旅游项目的资金短缺问题，可以鼓励商业银行为当地中小旅游企业开展重点旅游项目提供贷款支持，解决中小旅游企业在发展过程中的融资难问题，同时政府部门应当加强贷款贴息补助。当旅游企业具有良好的发展前景，其特色旅游项目具有明显优势时，政府可以为该旅游企业提供贴息或部分贴息的优惠。

二、加大资金投入和保障力度

1. 设立环江县全域旅游发展年度资金

县财政应将每年 0.3%～0.5% 的 GDP 投入旅游产业发展的各项事业中，主要包括引入旅游龙头企业、营销和宣传旅游市场、奖励旅游行业的企业及重点人才、升级购物旅游和重点景区、开发旅游线路和旅游商品、设计和制作旅游宣传材料、加强旅游培训、建设智慧旅游信息系统、建设旅游相关的社团组织、旅游规划编制等。

2. 推动金融机构与旅游企业对接与合作

环江县人民政府或旅游发展局可以根据当地旅游行业的实际发展情况，打造战略合作平台，以便于实现旅游企业和金融机构之间的有效对接，由金融机构负责为旅游企业提供融资服务，实现金融业和旅游业的融合发展。金融机构应当为旅游项目的新建、扩建和改建提供资金支持，优先为其提供贷款资金。政府部门还应当牵头对现有的股票资源进行合理整合，鼓励金融机构积极探索和发行旅游产业债券，为旅游企业获取资金提供新的平台和渠道。

3. 建立以专业投融资机构为基础构架的投融资平台

环江县旅游开发项目的规模在不断扩大，进入大循环和集约化发展阶段之后，就会进一步扩大旅游投资规模，仅凭单一的投资商并不具备充足的实力开发旅游项目，因此需要建立以专业投融资机构为基本架构的投融资平台，为大型旅游开发项目解决资金问题，扩大投资规模。

4. 运用多种投融资工具引导社会资本跟进

采取多元化的开发方式。当地客商应当采取多元化的方式参与开发旅游资源或转让景区的经营权，例如整体转让、限时限金额投资开发、部分转让等；还可以采取专项开发、合资合作开发、共同开发等不同的开发形式。开辟多元化的融资渠道。文化旅游企业应当采取多元化方式筹集旅游项目开发资金，例如资产重组、股票和债券发行、股权置换或项目融资等；政府应当鼓励国有商业银行或地方金融机构为当地文化旅游产业的发展提供优先的信贷支持。构建多元化的资金筹措机制。除可以寻求金融机构的贷款以外，企业还可以通过集资或贷款等方式吸纳社会闲散资金。

在文化旅游项目中引入民营资本，打开文化旅游发展新格局。推动景区的企业化和现代化发展，鼓励景区采取市场化运作的方式，以便于增强景区和文化旅游产业发展的活力。非企业性的国有旅游景点，可通过竞标或拍卖的方式将经营权和开发权转让给社会企业，从而实现旅游资源的合理配置，吸引更多的民营经营主体进入。以联合重组、控股、改制或改组等多种形式打造现代化经营的文化旅游集团，并依托于社会资本开发文化旅游项目。

三、多举措加大人才培养力度

1. 加强领导干部选拔任用

强化用人导向，从当地的实际需要出发选拔任用领导干部，坚决不搞因人设岗、事先承诺、平衡照顾的违规操作，在选人用人方面做到唯真唯实。从项目建设的第一线出发，培养、发现和使用干部，记录每一位工作人员在项目建设、中心工作各个阶段中的表现、绩效，根据其绩效考评的结果推荐优秀干部，对于"狮子型"干部，即拥有敏捷思维、坚定意志、团结协作精神、攻坚勇气和突出业绩的工作人员，可以每年定期给予表彰。

2. 积极引进专业技术人才

积极引进专业技术人才，确保不拘一格提拔人才，扩大人才储备资源。实施"5131"工程，5年内引进领军型人才10名，高技能高学历专家、全日制硕士研究生、"985"和"211"工程重点院校本科生等300名，一般全日制本科等基础性人才1 000名。针对专业技术人才构建完善的评价机制和薪资机制，为高素质人才提供优厚的薪资待遇，确保可以吸引和留住人才。另外，还要注重引进外部高素质人才，可以为引入的资本市场高级人才解决配偶的工作、子女的入学问题，县人民政府可以奖励在企业上市过程中做出卓越贡献的单位或个人。

3. 构建人才鼓励约束机制

强化激励约束。首先，针对每一个项目进行绩效考核，在考核过程中，要将工作人员的劳动价值充分展现出来，并根据考核结果来提拔和任用人才；其次，当部门单位或责任人在工作过程中出现不作为或者乱作为的情况时，相关监管部门必须严格查处，以确保在规定时间内建设完成全年重点项目。

四、强化旅游安全保障

1. 构建旅游安全重点保障机制

首先，加强行业安全保障。注重旅游餐饮安全、旅游设施安全和旅游交通安全，必须制定完善的安全标准和提供完备的安全设施，各部门必须加强安全检查，将安全责任落实到部门和个人，应根据实际情况构建完善的旅游安全重点保障机制。其次，加强重点项目和旅游活动安全保障。面对旅游活动或者重点旅游项目，应当有针对性地构建完善的安全保障机制，例如专门针对国家公务员制定安全管理办法，针对户外活动制定恰当的安全措施。

2. 建立旅游安全控制机制

应当就旅游安全事故做好风险监测和应急处理，尽可能减少安全事故所带来的损失，例如建立应急响应服务机制、安全风险监测机制，对旅游地的安全容量进行及时的监测。同时还需要及时向社会发布自然灾害、疾病疫情、客流等各类突发事件或社会环境的相关信息；构建安全应急的呼叫响应平台，快速判断游客的安全应急呼叫，并及时做出反应；构建健全的公共应急处理机制，并应当根据公共应急处理的要求打造一支专业的公共救援团队，采取专业的应急处置方式，以有效应对景区内的安全事故。

3. 建立旅游应急救援机制

旅游应急救援机制包括救援联络、救援协调和救援实施等多方面内容。环江县各旅游部门需要针对公共救援资源进行合理的配置，为旅游救援提供帮助；公共救援机构应当为文化旅游企业和社会公众提供固定的旅游救援联络通道，加强双方之间的有效对接。政府部门可以为救援组织提供优惠政策，还可以鼓励救援公司走上商业化和专业化发展之路。除此以外，政府还可以引入国际救援组织，实现社会多种救援资源的合理整合，以及社会不同救援组织之间的无缝对接。

4. 建立旅游善后处理机制

旅游善后处理机制包括后续的评估评价、旅游保险、安全担保、灾后心理干预及法律服务等。环江县应当积极普及旅游保险产品，例如旅游救援险、安全责任险、特种旅游保险等，政府部门还应当为文化旅游企业提供转移经营风险的渠道，加强旅游善后。

五、加大旅游生态环境保护力度

1. 加大生态环境保护力度

加大力度保护生态环境、水域环境、水环境和大气环境，加强对当地垃圾的处理，尤其应当有效处理污水和固体废弃物。加大力度保护集中式饮用水保护区，禁止在一级保护区内从事任何可能会对水源造成污染的活动，也不得改扩建与水源保护无关的设施项目；应当按照相关规定，在饮用水源二级保护区内从事旅游活动或网箱养殖活动，不得对区域内的饮用水水体造成任何污染。

加大力度保护生物多样性，尤其应当加强保护自然保护区，例如珍稀濒危野生动植物，金钱豹、蟒蛇、林麝等国家一级重点保护动物，单座苣苔、南方红豆杉、云南穗兰杉、单性木兰、掌叶木等国家一级保护植物，另外，还有 12 种国家二级保护植物，包括任豆、黑桫椤、翠柏、伞花木、华南五针松（广东松）、篦子三尖杉、香木莲、短叶黄杉、樟树、喜树、润楠、地枫皮。

加大力度保护林地生态环境，保护山河湖泊周边的水土涵养林，在大环江、小环江、打狗河两岸种植水土涵养林，一方面可以对当地的水循环进行有效的调节，达到保护水质的目的；另一方面又可以增加河水的常年流量，避免水土流失。防护林带的建设还可以打造良好的旅游形象，针对环境功能区进行类型划分，有利于保护当地水域环境的生态敏感区。

2. 加大旅游环境保护力度

在旅游环境保护方面，需要加强环保知识的宣传，促使游客和当地居民都积极保护环境。政府部门应当投入更多资金在旅游乡镇或景区建造旅游厕所，同时制定并实施环境卫生管理条例。政府相关管理部门还可以制作环境卫生保护的宣传牌，并将宣传牌直接印制在旅游景区的包装袋、门票或参观券上，倡导游客在游览旅游景区的同时，也应当保护旅游环境，遵守公共道德。

倡导绿色消费，鼓励消费者低碳出行，为消费者提供低碳出行的奖励，确保消费者可以建立正确的绿色旅游价值观，形成良好的绿色消费自觉。

营造文明社会，提高居民的文化素质。倡导树立"处处都是旅游环境"的环保意识，促使决策层、经营层和当地居民都有保护当地旅游环境的意识。加强对旅游市场的监管，在当地形成良好的旅游氛围，严厉制止和惩处旅游行业中存在的强买强卖或欺诈行为，推动文化旅游产业的健康文明发展。

3. 促进人文资源可持续利用

保护性开发古镇古村。在开发古镇古村时，应尽量避免破坏传统村落的形态、布局，避免破坏当地居民的生活环境，以便于有效改造古村落的建筑景观风貌。在古镇古村的开发过程中，商业企业在统一承包经营时，不得将村民整体迁移出景区，也不得将传统民居全部改造为商铺，应尽可能避免干扰当地居民的日常生活。

灵活开发非物质文化遗产。基于毛南族的"肥套"，开发当地的非物质文化遗产，例如可以直接从大众的审美需求出发，通过文艺表演的形式传承当地的非物质文化，也可以为当地游客提供丰富的夜间活动。

开发特色旅游商品。可根据当地的文化设计和研发旅游商品，例如通过路灯装饰、雕塑作品、地面铺装或者建筑装饰元素等，充分展现出当地的非物质文化。也鼓励当地的学生积极学习和传承非物质文化遗产，开展继承非物质文化遗产的民间传承活动。还可以加强民间组织、NGO 组织与当地文化旅游企业之间的合作，基于当地的非物质文化遗产开发特色旅游商品，一方面可以推动当地的经济发展，另一方面又可以保护当地的非物质文化遗产。

保护文物资源。清查环江县的文物，做好文物申报工作。政府部门应当牵头建立文物保护场所，例如文物博物馆等；按照规定建立文物藏品档案，专门用于保管移动文物，在保护文物资源时，应尽可能避免对文物造成破坏。

4. 推进乡土环境可持续发展

建立旅游引导的乡村产业模式。加强农业和文化旅游产业的深度融合发展，为乡村产业发展提供更多的业态，以便于拓展相关产业链。通过文化旅游业和农业的融合发展，打造生态农业和观光休闲农业，将乡村原本的种植园改造成农业度假庄园。通过农业、工业和文化旅游业的融合发展，可以将当地的特色农作物加工成旅游商品，方便游客携带回家。通过第三产业和农业的发展，可以农家乐的形式，在乡村地区发展餐饮业、住宿业，同时实现农村宅基地资源的合理配置。

构建文化旅游引导的乡村民宿模式。政府部门可以通过实施优惠政策，鼓励更多农民积极参与乡村文化旅游产业的发展。相关部门应当加强当地基础设施建设，例如电网管线、给排水、交通以及环卫等设施的建设与完善；还应当构建完善的农村废弃物处理机制，通过推动新农村建设，为农民打造良好的生产生活环境。

加大力度保护乡村景观。在开发乡村旅游项目时，应尽量根据当地的植物和食材，打造出能够凸显当地特色和文化的景观，确保人景合一。做好农村废弃物的污染防治，以便于保护农村的生态环境，推动绿色农业发展。景区连接路段上要打造具有可观赏性的田园景观，尽量避免建设现代化建筑。

5. 建设全域旅游资源保护体系

旅游资源是推动旅游业健康发展的基础条件，但是在开发和利用旅游资源时，往往会出现某些不当行为，甚至有可能会损毁当地的自然环境，降低当地的旅游资源质量，不利于吸引游客。若当地的旅游资源被破坏，那么可能会动摇当地发展文化旅游产业的根基。

建立全域旅游资源开发规划体系，避免在开发和规划旅游资源时造成破坏，以求保护当地的旅游资源。建立旅游资源管理保护体系，专门用于保护环江县的旅游资源，确保对旅游资源进行统筹规划和分级管理，能够规范化和明确化地保护当地旅游资源，并能够落实旅游资源的管理职责。

建立旅游资源经营管理制度体系，主要包括经营权管理制度、旅游资源的经营准入制度和经营监控制度、旅游容量控制制度、旅游教育制度和旅游资源生态建设基金制度，这些制度的完善，将有利于环江县有效管理当地的旅游资源。除需要有效保护当地的旅游资源以外，还应当建立旅游资源破坏与环境污染的追责机制，加强对当地旅游资源和环境的监测，做到保护全域旅游资源。

第九章 三江县文化旅游原真性感知研究

第一节 三江县文化旅游产业发展现状

本章以原真性理论中的客观原真性、建构原真性和存在原真性的观点为指导，基于游客的视角对民族文化旅游感知进行研究。本章选择具有一定代表性的广西三江县为研究对象，一方面可以让读者了解三江县民族文化旅游的发展现状，另一方面可以为建立民族文化旅游感知体系提供现实依据。

一、三江县概况

三江县位于贵州、湖南、广西三省（区）的交界处，是广西唯一一个侗族自治县，归属柳州市管辖，因境内浔江、榕江、融江三条江汇流而得名，曾经是国家级深度贫困县、桂滇黔石漠化片区县。全县总面积为2 454平方千米，林地面积为289万亩，水田面积为12.63万亩，境内山高路远田地少，素有"九山半水半分田"之称。三江县辖15个乡镇（6个镇、9个乡），160个行政村、10个社区，总人口为40.6万人，主要居住有侗、苗、瑶、壮、汉等民族的人口，其中侗族人口占总人口的58%（约23.55万人）。中国共有5个侗族自治县，而三江县是侗族人口数最多的县。

三江县区位优势明显，交通方便快捷，东连桂林市龙胜各族自治县、柳州市融安县，西接柳州市融水县、贵州省从江县，北靠湖南省通道县、贵州省黎平县，南邻柳州市融安县、柳州市融水县。既是桂、湘、黔三省（区）交界的交通枢纽，又是通往桂、湘、黔三省（区）交界侗族地区的东大门，还是侗族地区的南大门。贵广高铁、焦柳铁路、209 国道、321 国道、厦蓉高速、包茂高速贯穿三江县境内，始发动车有 4 趟（三江至广州、三江至北海、三江至防城港、三江至南宁），形成"三纵三横"交通路网格局，即西上贵州、东进广东、南下北部湾、北接湖南。

三江县旅游资源丰富，民族风情浓郁。全县有鼓楼 230 多座，风雨桥 200 多座，侗族木结构建筑群闻名于世，被誉为"世界楼桥之乡""百节之乡""世界侗族木构建筑生态博物馆"。三江县"千年侗寨·梦萦三江"的旅游品牌知名度和美誉度享誉中外，2017 年成功获得"广西特色旅游名县"的称号，还先后荣获"中国文化先进县""全国旅游标准示范县""2017 年度全国茶乡旅游特色区"等荣誉称号。

二、三江县民族文化资源

1. 侗族建筑文化

侗族是一个以建筑技术见长的民族，其传统建筑种类繁多、造型美观、结构巧妙、工艺精湛、风格独特、内涵丰富。侗族建筑被建筑学家、美术家誉为"中华民族建设的瑰宝"和"世界艺术的瑰宝"。侗族村寨以木质结构为主，都是依山傍水的木质吊脚楼。侗族人民喜欢傍水而居，基本每个村寨都要有一条小河或小溪穿寨而过，因此流传一句话，"逢寨必有鼓楼，逢河必有风雨桥"。鼓楼、风雨桥是侗族村寨最漂亮的木质建筑。

（1）侗寨鼓楼

一进入侗族村寨，首先映入眼帘的是侗寨鼓楼，它是侗寨最高最美的建筑，也是侗民族地区的标志。如坐落在三江县城大侗寨最高处的三江鼓楼，是世界上最高的木质结构鼓楼，曾荣获吉尼斯世界纪录。侗寨鼓楼彰显出阳刚之美，至今仍是村寨祭祀、议事、集会、迎宾、庆典、歌舞、娱乐的重要场所，是侗族传统文化的重要传承地。鼓楼为木结构，瓦檐为多角形，飞阁重檐，有塔形和阁式两种，其建筑工艺十分高超。鼓楼的封檐板白底彩画，檐角翘起作花型，楼顶贯铁锅瓦罐抹灰形成葫芦串，或塑以鸟兽花卉图案。鼓楼建筑古色古香，风格奇特，既得古建筑之遗风，又有因地制宜的异趣。逢年过节，侗族村民都会在鼓楼前吹芦笙，唱侗族大歌，摆百家宴，搞"月也"，欢迎四方宾客，共庆佳节。

（2）侗寨风雨桥

风雨桥又称福桥，也是侗族村寨中最漂亮的木质结构建筑之一。它架设在河溪之上，连接河溪两岸，如同雨后彩虹架在侗寨河溪之上，方便侗寨村民上山出行。风雨桥既是桥，又是廊，还是亭，既可行人，又可避风雨。风雨桥由桥身与桥墩两部分组成，通过大小条木、凿木相吻、榫卯衔接，横架在河溪之上，没有一钉一铆。有"世界四大名桥之一"之称的程阳风雨桥（又叫程阳永济桥）位于三江县林溪镇林溪河上，是目前规模最大、保存最好的木质结构风雨桥。而位于三江县独峒镇苗江河上的岜团（侗寨）风雨桥则是世界上最早的木质立交桥，它有上下两层，上一层供人行走，下一层则由牲畜行走。据说在100年前，有两位侗族工匠为比拼手艺，在没有图纸的情况下，分别各自在河两岸修建桥，最后桥在河中间顺利合拢，不差分毫，巧夺天工，成为侗族三省（区）交界的美谈。岜团风雨桥和程阳风雨桥现今都是国家重点文物保护单位。可以说风雨桥是侗乡人民智慧的结晶，也是中国木建筑中的艺术珍品。

（3）侗族村寨民居

三江县的侗族村寨大多位于山地丘陵、山谷小盆地地带，海拔大都在200米至800米之间，大部分村寨都有一条小溪或小河穿寨而过，侗族村民就在沿河溪两旁的坡谷上修建木楼，村寨依山而建，鳞次栉比、居住密集，且侗寨村民在房前屋后喜种桃李瓜果，每到开花季节，仿如世外桃源，极具侗族特色。侗族民居为吊脚木楼，木楼一般有三层或四层，底层架空，用于圈养猪、牛、羊等家禽或堆放柴草、放置农具等；二层设火堂、檐廊；三、四层则一般作为卧室和仓库使用。侗族能工巧匠们在修建木质吊脚楼时，不用施工图纸，全凭几小捆长短不一的竹片，竹片上标注不同的符号，经过工匠师傅的巧手便修建成木质吊脚楼、鼓楼乃至横跨河溪之上的风雨桥。所有木质结构建筑全部通过榫卯相连，不用一颗铁钉，牢固久远，结构独特，精巧美观。一走进保存良好的侗寨，仿如走进世外桃源，浑然天成，宛如一个天然的国家A级景区。

2. 侗族歌舞艺术

侗族人民素有"以饭养身，以歌养心"的美称，侗族歌谣种类繁多，内容丰富，既有叙事歌，也有抒情歌，他们以歌传情、以歌会友，更以歌的形式将侗族的优良传统、民族文化、村规民约等传承给后人。特别是以多声部为主的侗族大歌最为有名，曾到奥地利维也纳金色大厅展演过，得到中外专家的高度好评！"侗族大歌""月也"被列入国家非物质文化遗产保护名录。

（1）侗族大歌

侗族歌舞在侗族人民的生产生活中具有重要的作用，特别是"侗族大歌"流传至今已有几千年的历史，它是侗歌中的精华部分，它的独特之处在于一无伴奏、二无指挥，是由侗族人民自然和声的多声部合唱组成，被誉为"民族音乐的天籁之音"，它的独特演唱方式是模仿的大自然之声，如鸟叫虫鸣、高山流水等自然之音，旋律优美动听，高低起伏。在演唱上，以"众低独高"、复调式多声部合唱的方式进行，让观众感受到回归自然、反璞田园的意境！侗族大歌的灵感来源于侗族人民的生产生活，以歌的形式，向人们表达了侗族人民尊重自然、热爱自然、向往美好生活的美好愿望！

（2）侗族舞蹈

侗族多耶。侗族人民热情好客，每逢过节过年，他们便欢歌载舞，喜迎八方来客，共庆佳节。侗族歌舞种类繁多，尤其以"多耶"舞最为出名，也最为有意思。"多耶"是侗语音译，"多"是唱的意思，"多耶"为"踏歌而舞"之意，它是侗族的传统民歌形式之一，也是一种侗族大型集体舞。"多耶"节奏欢快、活泼，参与者可围成一个大圈，也可围成多个小圈，可手拉手或手搭肩，有一个主领唱，参与者跟着合唱，但合唱者每次只唱每一句歌的最后三至四个字词。"多耶"多为赞颂歌和警示教育歌，侗族人民通过"多耶"来赞颂美好生活或教育村民群众要遵守有关村规民约。每逢节日或祭祀先祖，侗族人民都会跳起"多耶"舞，因"多耶"舞节奏欢快，易学易会，且参与性、互动性强，如今已成为游客到三江县旅游必参加的一个节目之一。

侗族芦笙舞。相传侗族先祖在种植稻谷时，每年都没有收成，后来有一位先祖梦见上天，说稻谷要想有收成，需在每年端午、中秋时节用竹子来制作芦笙，杀鸡宰羊，祭祀神明。侗族人民按此说法做了以后，果然当年的稻谷喜获丰收。这样每年在端午节、中秋节及春节期间，侗族地区的村寨都会通过芦笙舞来祭祀神明，喜庆丰收！久而久之，侗族人民在节日期间，每个村寨会按宗族鼓楼组建芦笙队，穿着侗族节日盛装，带着芦笙队到隔壁村寨"月也"（侗语直译，一个村集体到另一个村寨做客的意思），共同庆祝丰收，来年隔壁村寨也带着芦笙队回访，即"回也"。如今，在三江县每个侗族乡镇，每年还定期举办"芦笙舞"比赛，为侗族青年男女提供互相认识的平台，为构建和谐侗乡打下坚实的基础。

（3）侗族歌戏

侗族歌戏，简称侗戏。它发源于清朝时期的贵州侗族地区腊洞村，据说由该村侗族人吴文彩（1798—1845 年）参照汉族戏剧及流传在侗族地区的民间传说改编而成，并搬上戏台（舞台），因当时侗族地区比较落后，侗族人民精神生活比较贫乏，侗戏一经传开，便深受三省（区）交界的侗族人民的喜爱。经过数百年的发展，侗戏原来相对单一的腔调和内容日益丰富，腔调增加了山歌腔、普通腔、仙腔等；戏曲也日益生活化，尤其是《秦梅娘》《吴勉王》《姜娘姜妹》等侗戏深受侗乡人民的喜欢。如今，鼓楼、风雨桥、戏台成为每个侗族村寨的标配，逢年过节，三省（区）交界的侗族村寨相互"月也"，侗戏演出也成为必备项目。侗戏于 2011 年被列入国家非物质文化遗产保护名录。

3. 节庆习俗

（1）侗族婚礼

在 20 世纪 90 年代之前，侗族婚礼都是在过完中秋节，收完谷子之后举行，但现在因年轻人平时都外出打工，只有过年时才从外面回来，所以现在的侗族婚礼大都在大年初二至元宵节前举行。侗族婚礼与汉族婚礼不尽相同，一般都是先在男方家办喜酒，第三天便送新娘"回门"，送新娘当天，整个侗寨热闹非凡，如三省（区）交界处的三江县独峒镇的千户侗寨干冲村更是热闹，因该侗寨人口较多（一个自然屯就有 6 000 多人），有时一天要送 10 多位新娘，因都是本村人，甚至有接错新娘的喜剧。送新娘时新郎不能随行，由男方的兄弟姐妹及好友负责送，一般在送新娘当天，男方要送三四百斤猪肉、酸鱼、酸鸭（侗不离酸，礼单中一定要有酸肉，这是侗族地区的习俗）及喜酒、喜糖与烟等，由男方家挑着彩礼，新娘站在送亲队伍伴娘们的中间，手里拿一小块侗布，众人一看就能认出谁是新娘。回门当天，新娘方利用男方送来的彩礼举办喜宴，请新娘方的亲朋好友一起来庆贺。由于送新娘当天非常热闹，送亲队伍都穿着侗族节日盛装，队伍浩浩荡荡，边走边放烟花爆竹，现已成为外地游客们喜欢的项目。侗族人民热情好客，外地游客当天还可以到新娘家参加喜宴，客人越多，表示新人未来生活越兴旺，游客可以不用给红包，也可给点小利市，以示庆贺。

（2）行歌坐夜

侗族地区青年男女恋爱求偶的方式是行歌坐夜，即晚上 10：30 之后，年轻女孩三五个相约汇聚在某侗族姑娘家堂屋（吊脚楼二楼客厅），织绣花布或纳侗布鞋底，侗族小伙子则手拿侗笛或侗琵琶，三五成群，来到堂屋亮着灯、大门敞开着的姑娘家，对歌弹琴，故叫行歌坐夜。每当仲夏夜，当你走进侗寨，时常会听到宛如天籁的侗歌，伴着一曲优雅动听的侗笛声在山村侗寨上空萦绕，那便是侗族青年在行歌坐夜。侗族青年行歌坐夜时，如果有对上眼的，侗族小伙子在凌晨1至2点钟就去买土鸡或土鸭（一般有意中人的小伙子都会提前准备好食材）开始做消夜，以加深双方感情。如今，三江县以行歌坐夜为元素，成功打造了中国首部侗族实景演出《坐妹》，将侗族男女青年的行歌坐夜及侗族婚俗原汁原味地搬上了舞台，被游客称为东方伊甸园，恋爱的殿堂。《坐妹》向游客完美呈现了侗族地区最美好、最淳朴、最浪漫的侗族爱情故事。

（3）侗族重要节庆

三江县的民间节日和活动丰富多彩，有"百节之乡、歌舞海洋"之美名，三江县基本每个月都有节庆活动。正月的"侗族月也"，从正月初五至元宵节前举办，活动很隆重，在这段时间，三江县的侗族村寨基本上是一个村寨到另一个村寨"月也"（集体做客，来年两个村寨之间会有"回也"）。每个村寨"月也"期间，白天举行芦笙踩堂、侗族对歌活动，晚上观看侗戏，节目精彩纷呈、热闹非凡。春社节在二月举办，在这一天，侗族人民会唱起侗族大歌，开展吹芦笙、赶社、吃社饭等活动。此外，还有坡会节、龙舟节、吃冬过侗年等。

4. 民族服饰

侗族人民的服饰精美漂亮，且为纯手工制作，他们使用自纺、自织、自染的侗布做成服装，颜色喜青、紫、白、蓝色。黑青色多用于春、秋、冬三季，蓝色、白色多用于夏季，紫色多用于节日。女裙不分季节，多用黑色。服装讲究色彩配合，通常以一种颜色为主，类比色为辅，再用对比性颜色装饰，主次分明，色调明快而恬静，柔和而娴雅。女性服装分春冬装和夏秋装两种。春冬装，单衣、夹衣均无领无扣，衣长盖臀部，绑腰带；夏秋装，穿对襟的无领无扣单衣，系带上衣颜色为白色和蓝色两种；下身穿青布百褶裙和绣花裹腿，脚踩花鞋。女性的发饰为盘髻，插银梳或银簪。侗族妇女喜欢佩戴银花、银帽、项圈、手镯等银质饰物。男性的服饰为青布包头、立领对襟衣、系腰带，外罩无纽扣短坎肩，下着长裤，裹绑腿，穿草鞋或赤脚，衣襟等处有绣饰。

5. 特色饮食

在饮食方面，侗族人民喜欢吃糯米饭，擅腌制酸菜、酸肉、酸鱼，有"侗不离酸"之说。侗家喜爱油茶，客人来访时，侗家主妇先架锅打油茶视为礼节；逢年过节，侗家人边品尝油茶边唱歌，吊脚木楼里茶香、歌美，构成一幅极为浪漫和谐的生活画卷。侗族人民好喝自酿的甜酒，度数不高，淡而醇香。

百家宴是侗族饮食文化鲜明的载体，是侗寨的特色之一。侗族百家宴一般在开展"月也"或鼓楼戏台建成、风雨桥建好通行时举行，此时会以整个村寨的名义邀请周边村寨村民集体来参与庆贺，全村家家户户各自做好饭菜，备好美酒，带到村寨中央的鼓楼坪、风雨桥上，呈"一"字型摆上长桌，客人可以随意走动，尝遍各家各户的佳肴，主人还给客人敬上"高山流水"敬酒歌，真是"吃百家宴，纳百家福，成百样事，享百年寿"。

6. 民族语言

三江侗族的民族语言为侗语，属于壮侗语系。侗语的声调非常丰富，在全世界语言中，系声调最丰富的语言之一，侗民族80%的人口聚集地在湖南、贵州、广西三省（区）交界处，不同地方的侗语发音有一定的差别，有不同的侗语系，而三江县的侗族语言属于南侗片区。在侗族语言中，"腊汉"是帅哥的意思，"婄更"则是美女的意思。

中华人民共和国成立以前，侗族人民有语言无文字；而中华人民共和国成立后，为弘扬少数民族传统文化，在中央人民政府的高度重视下，1956年，中国科学院少数民族语言调查第一工作队正式着手侗文的设计工作，侗族人民第一次有了本民族的文字。新创制的侗文是拉丁字母拼音文字，新侗文的创制和推广对侗族地区社会、政治、经济、文化、教育的发展起到了积极的推动作用。

7. 民族特色商品

侗族人民心灵手巧，民间工艺技术精湛，如建筑模型、侗绣、侗画、编织、雕刻等，都具有非常鲜明的民族特色。侗绣是集纺织、印染、剪纸、刺绣于一体的传统工艺，其种类丰富、造型新颖、色彩绚丽，是广西的非物质文化遗产。侗族农民画在2012年被列为广西非物质文化遗产，侗族农民画前身为"侗彩绘"，起源于唐代，经过多年的发展，这些构思独特、色彩斑斓、形象逼真、新颖别致的农民画日渐被世人熟知。侗族农民画曾被中华人民共和国文化和旅游部作为礼品赠给挪威、日本、美国、英国、法国等国际友人。

8. 侗族讲款活动

侗族的"款"是一种独特的社会组织，也可以理解为村寨之间的款约。"款"具有特定的历史意义，是侗族地区为增强各侗族村寨之间的团结与互助，共同防止外部敌对势力对侗族村寨的入侵与来犯，同时也为维护侗族村寨的和谐与安全而制定的相关规定，因为当时没有自己的文字，侗族人民就将"款"用侗话以"三句半"等朗朗上口的形式，在侗族村寨间传颂，让大家共同遵守其约定，其实是带有原始契约色彩的制度。"款"分为"大款"和"小款"，"小款"由相邻村寨组成，"大款"由一定规模的"小款"组成，不论大小"款"，都有款首，由本村寨的族长或长老担任，或熟悉法规的"乡老"担任。"款首"为"合款"的召集人，以他为首制定款约。讲款时，由款首（款师）朗诵，众人肃穆倾听，每朗诵完一段，众人还必须应和"是呀"，表示拥护赞同条文。侗款对侗族社会有安定治乱、惩恶扬善的作用，因而有强大的生命力。随着现代社会的发展，"款"这种社会组织形式已成为历史，侗款的内容也随着时代的变迁与时俱进，加入了新的内涵，款词也就逐渐演变成一种独特的文学体裁。

9. 侗族文化

侗族人民相信万物皆有灵，认为自然界各种物类和自然现象都由神灵主宰，影响人们的生产和生活，因而他们崇拜众多的神灵，主要有土地神、水神、牛神等，这些信仰大多是出于对美好生产、生活的期盼。在侗族人民的信仰中，最重要的是"萨"崇拜。"萨岁"是侗族所信仰的最权威的先祖，相传"萨岁"是侗族地区的始祖，是女神，也是侗族村寨的保护神，每年春节期间，侗族村寨都会举行祭萨活动。祭萨节当天，全村男女老少穿上节日盛装，杀猪宰羊，带上祭品，在"萨坛"或"萨堂"举行祭拜活动，祈求来年风调雨顺、五谷丰登，岁岁平安、幸福吉祥！祭拜仪式结束后，在"萨堂"举行百家宴，跳芦笙舞，十分热闹。侗族的祭萨活动是侗族人民最原始的文化信仰，如今也成为三江县侗族人民开展特色民俗旅游的保留节目之一。

第二节　三江县文化旅游产业发展优势

一、民族文化旅游资源丰富，民族风情浓郁

三江县的民族文化资源丰富，民族风情浓郁。三江县有国家 AAAAA 级旅游景区 1 个，国家 AAAA 级旅游景区 6 个、国家 AAA 级旅游景区 5 个、全国农业旅游示范点 1 个，广西休闲农业与乡村旅游示范点 2 个，广西星级乡村旅游区 3 个，全国重点文物保护单位 4 个，非物质文化遗产项目 50 个，列入世界文化遗产保护预备名录的侗族村寨有 6 个，侗族大歌已被列入世界非物质文化遗产名录（见表 9-1）。

表 9-1　三江县主要旅游景点或景区

类别	主要旅游景点或景区
国家 AAAAA 级旅游景区	程阳八寨景区
国家 AAAA 级旅游景区	丹洲景区、县城大侗寨景区、布央仙人山景区月也侗寨景区、动听三江景区、三江口景区
国家 AAA 级旅游景区	石门冲景区、冠洞景区、甜水寨景区、产口景区、三江侗族博物馆
全国农业旅游示范点	丹州景区
广西休闲农业与乡村旅游示范点	八江镇布央村、独峒镇大塘坳休闲农业景区
广西星级乡村旅游区	丹洲景区、布央仙人山景区、盛龙生态风情园
全国重点文物保护单位	程阳桥、岜团桥、马胖鼓楼、和里三王宫
世界文化遗产保护预备名录	高友、高秀、高定、平寨、岩寨、马鞍寨
世界非物质文化遗产名录	侗族大歌

二、民族文化旅游发展迅速，旅游收入持续增长

近年来，三江县紧抓高铁、高速公路通车的良好契机，以巩固现有旅游市场、培育发展新市场为基点，做好品牌建设，做优文化旅游营销。2017 年，三江县荣获"广西特色旅游名县"的称号，全力打造的"千年侗寨，梦萦三江"民族风情旅游品牌形象进一步得到彰显，文化旅游产业呈

现良好发展态势，旅游人气进一步聚集；三江县各项文化旅游经济指标实现爆发式增长，民族旅游及旅游配套服务设施等产业结构得到进一步优化升级。特别是2014年高铁开通以来，三江县的游客接待量与旅游总收入实现了跨越式增长。2014—2018年，三江县的游客接待量平均增长35.4%，旅游总收入平均增长51.6%；2019年，三江县游客接待总量为1 000.55万人次，旅游总收入为80.59亿元，同比分别增长了11.02%和11.16%（见图9-1、图9-2）。2020—2022年，因受疫情的影响，三江县的游客接待量和旅游收入大幅下降，但2023年的游客接待量已恢复至2018年的水平，旅游收入也逐渐稳定，文化旅游产业已成为三江县经济发展的重要支柱产业。

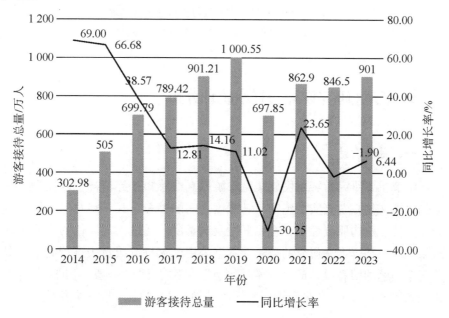

图 9-1　2014—2023 年三江县旅游接待情况

（数据来源：2014—2023 年三江县政府工作报告）

图 9-2　2014—2023 年三江县旅游总收入情况

（数据来源：2014—2023 年三江县政府工作报告）

第三节　研究设计与样本统计分析

一、量表设计

本节主要研究游客对民族文化旅游原真性感知差异情况，以及探究游客的民族文化旅游真实性感知与满意度之间的关系，其中涉及的变量有客观原真性、建构原真性、存在原真性及满意度。通过借鉴以往的相关研究成果，以及结合本次研究的需要，本书采用李克特五级量表进行测量，即将每个问题的回答设计成"非常不同意""不同意""一般""同意""非常同意"5 个选项，"非常不同意"对应分值为"1"，非常同意对应分值为"5"。

1. 民族文化旅游原真性感知量表设计

对于原真性概念的解释目前学术界还没有统一，此处主要参考国际遗产界对原真性概念的理解和学者王宁对原真性概念的理解。在原真性理论中，客观原真性是指旅游客体的绝对真实性，可以用一个绝对的标准来衡量，涉及建筑风格、地方和街道特有的内部设计、自然手工艺品等；建构原真性是指在旅游客体的基础上，游客根据自身的期望、偏好与意识等对旅游客体的投影，是构建的原真，是一种符号的、象征意义的原真性，主要是由所处的旅游环境决定的，它不是一成不变的，而是相对的、动态的，游客很容易受到旅游客体建设的影响，如节庆活动安排和民俗表演的安排等；存在原真性是指站在旅游主体的角度，原真性与旅游客体的真实与否无关，它关注旅游者主体的情感和感觉，是由自由活动激发的存在原真性，涉及人的感觉、情感、体验等方面，如独特的精神体验和参与活动的独特体验，以及对文化氛围的感受与融合等。因此，笔者通过文献综述、实地调查与访谈，以及参考以往学者对原真性的感知测量，结合三江县民族文化旅游自身的特点，从客观原真性、建构原真性和存在原真性三个维度构建原真性变量，从而建立民族文化旅游原真性感知测量指标体系（见表9-2）。

表9-2　民族文化旅游原真性感知测量指标体系及来源

变量	编号	评价内容	来源
客观原真性	A1	村寨原貌保存完好	Kolar 和 Zabkar（2010）；冯玮玮（2013）；谭艳寒（2015）；曹妍雪（2018）；张涛（2019）
	A2	感受到特色的民族建筑	
	A3	服饰具有传统民族特色	
	A4	手工艺品具有民族特色	
	A5	听到了原汁原味的侗族语言	
建构原真性	A6	感受到了淳朴的民风习俗	
	A7	品尝了地道的侗族特色美食	
	A8	感受到了原汁原味的侗族宗教文化	
	A9	当地的民族歌舞和艺术具有民族特色	
	A10	举办的节庆和活动具有民族特色	
存在原真性	A11	融入了浓郁的民族文化氛围当中	
	A12	对侗族文化有全面的了解	
	A13	喜欢独特的侗族文化体验	
	A14	开阔了眼界，身心得到放松	

2. 游客的满意度量表设计

Pizam 和 Neumann（1978）认为，游客满意是游客通过比较旅游前对目的地的期望和到达目的地后的实际感知而产生的拟合度感受。根据不同的研究对象，学者们对满意度概念的理解与解释有些许不同，本书主要参考 Yoon（2005）、Chen 和 TSai（2007）等学者对满意度概念的理解，以对游客的满意度进行测量（见表9-3）。

表 9-3　游客满意度测量

变量	编号	测量内容	主要来源
满意度	B1	对三江县的旅游景点非常满意	Yoon（2005）、Chen 和 TSai（2007）
	B2	在三江县的旅游体验符合期待	
	B3	来三江县旅游很值得	

二、研究假设

本书基于游客的视角，把原真性作为可评估测量的指标，从而测量游客对某一旅游目的地的感知情况。通过对现有研究成果的分析与总结，本书提出以下假设：

H1：具有不同社会特征的游客对民族文化旅游原真性感知存在差异；

H1a：不同性别的游客对民族文化旅游原真性感知存在差异；

H1b：不同年龄的游客对民族文化旅游原真性感知存在差异；

H1c：不同受教育程度的游客对民族文化旅游原真性感知存在差异；

H1d：不同收入的游客对民族文化旅游原真性感知存在差异；

H1e：不同客源地的游客对民族文化旅游原真性感知存在差异。

H2：游客的原真性感知对民族文化旅游目的地的满意度存在正向影响；

H2a：客观原真性对民族文化旅游目的地的满意度存在正向影响；

H2b：建构原真性对民族文化旅游目的地的满意度存在正向影响；

H2c：存在原真性对民族文化旅游目的地的满意度存在正向影响。

三、问卷设计、发放与收集

在借鉴以往研究的基础上，笔者对三江县进行了实地考察，并结合相关领域专家、教授的意见，确定了游客对民族文化旅游原真性感知研究的调查问卷（见附录）。调查问卷主要包括两个部分：第一部分主要是对原真性感知和满意度等相关变量进行测量，量表采用李克特五级量表，即"非常不同意"为 1 分，"不同意"为 2 分，"一般"为 3 分，"同意"为 4 分，"非常同意"为 5 分。第二部分主要包含社会人口统计学特征和旅游行为特征，分别为性别、年龄、受教育程度、职业、收入以及出游次数等变量。

本书选取的调研地是非常典型的民族旅游目的地——三江县。问卷的正式发放日期为 2019 年 11 月 11 日至 22 日，问卷发放地点选择在游客比较多、民族文化旅游比较经典的景点或景区，如大侗寨景区、程阳八寨景区、布央仙人山景区等。笔者通过随机采访游客的方式完成调查，一共发放了 430 份调查问卷，回收调查问卷 398 份，有效问卷数量为 370 份，有效问卷的占比为 86.0%（见表 9-4）。艾尔·巴比（2000）认为，调查问卷的有效问卷数量占比大于 70% 则被视为"非常好"，因此本书的有效问卷数量符合要求。

表 9-4 问卷回收统计情况

发放数量/份	回收数量/份	回收率/%	有效问卷/份	有效回收率/%
430	398	92.6	370	86.0

四、样本描述性统计分析

1. 人口学描述性统计分析

运用 SPSS 软件对收集到的数据进行统计分析，结果见表 9-5，人口基本特征包含性别、年龄、受教育程度、职业和月收入几个方面。由表 9-5 可知，从性别上看，到三江县旅游的游客中，男女比例差别不大，男性占比 48.9%，女性占比 51.1%。从年龄上看，年龄层次在 41~60 岁的人数最多，占总人数的 35.1%；其次是 18~25 岁，占比为 30.0%；26~40 岁占比 24.1%，可见到三江县旅游的游客以中青年居多。游客的受教育程度主要集中在大专及本科，分别为 27.3% 和 27.8%，占总人数的一半以上，说明游客的受教育程度较高。在游客的职业统计中，公司员工/企业职工、事业单位/政府机关工作人员的占比较高，分别为 37.0% 和 15.9%。在游客的月收入方面，3 000 元以下占比 15.1%；3 000~5 000 元的占比最高，为 44.9%；5 001~8 000 元占比 30%；8 000 元以上占比为 10%，游客的月收入主要集中在 3 000~8 000 元，说明游客的旅游消费比较有保障。

表 9-5 游客的人口统计特征分布

基本特征	变量	人数/人	占比/%
性别	男	181	48.9
	女	189	51.1

表9-5（续）

基本特征	变量	人数/人	占比/%
年龄	18~25 岁	111	30.0
	26~40 岁	89	24.1
	41~60 岁	130	35.1
	60 岁以上	40	10.8
受教育程度	初中及以下	48	13.0
	高中/中专	84	22.7
	大专	101	27.3
	本科	103	27.8
	研究生及以上	34	9.2
职业	学生	36	9.7
	事业单位/政府机关工作人员	59	15.9
	公司员工/企业职工	137	37.0
	农民	44	11.9
	个体职业者	37	10.0
	离退休人员	33	8.9
	其他	24	6.5
月收入	3 000 元以下	56	15.1
	3 000~5 000 元	166	44.9
	5 001~8 000 元	111	30.0
	8 000 元以上	37	10.0

2. 出游特征描述性统计分析

通过对调查问卷进行整理，分析出游客出游的行为特征，并进行描述性统计分析，结果如表9-6所示。从游客到三江县旅游的次数来看，首次到三江县旅游的游客人数占比最大，占调查总人数的一半；第2次和第3次来的游客人数占比为20%和13%；第4次及以上的占比为17%；说明游客的重游率相对较高。从游客在三江县停留的时间来看，游客在三江县停留天数最多的是2天，占比为41.1%；其次是停留1天，占比为31.9%；停留3天的游客占比为17.3%；停留5天及以上的游客占3.8%。在旅游方式的选择上，游客选择自驾游的占比最高，达 48.4%；其次为跟团游，占比为 26.5%；采用其他方式自助游（如搭乘动车、高铁到达三江县后再自助游）的占比为 25.1%。从客源地看，柳州本市的游客最多，占比为 45.9%；区内（除柳州市）游客占比为 27.3%，区外游客占比为 26.8%。从旅游目的来看，体验原汁原味的民族文化、身心放松和休闲娱乐的占比比较高，其中原汁原味的民族文化旅游体验更是备受游客的关注。

表 9-6　游客出游特征统计

基本特征	变量	人数/人	占比/%
到三江县的旅游次数	1 次	185	50.0
	2 次	74	20.0
	3 次	48	13.0
	4 次及以上	63	17.0
在三江县的停留时间	1 天	118	31.9
	2 天	152	41.1
	3 天	64	17.3
	4 天	22	5.9
	5 天及以上	14	3.8
旅游方式	跟团	98	26.5
	自驾	179	48.4
	采用其他方式自助游	93	25.1
客源地	柳州市	170	45.9
	区内（除柳州市）	101	27.3
	区外	99	26.8
出游目的	体验原汁原味民族文化	242	65.4
	休闲娱乐	143	38.6
	身心放松	182	49.2
	满足好奇心	84	22.7
	和当地人接触	80	21.6
	其他	64	17.3

第四节　游客对文化旅游原真性感知的实证分析

本节在上一节内容的基础上，对收集到的数据进行进一步统计与分析。首先对数据进行信度检验；通过因子分析验证前文对于原真性感知测量指标的确定是否合理，并利用方差分析验证不同特征的游客对文化旅游原真性感知是否存在差异；最后利用回归分析，进一步探析游客的原真性感知与满意度的关系。

一、信度分析

在信度测量中，Cronbach'α 信度系数法是最常用的方法。Cronbach'α 信度系数一般在 0 到 1 之间，系数越大代表信度越好。一般认为系数大于 0.9，表示题项的信度非常好；如果 0.8<Cronbach'α 系数 ≤ 0.9，表示信度很好；如果 0.7<Cronbach'α 系数 ≤ 0.8，表示信度比较好；如果 Cronbach'α 系数 ≤ 0.7，表示量表题项中有些问题需要进行检验。

本书采用 SPSS 软件对调研的各个变量进行信度分析，从表 9-7 的结果可以看出，调查问卷总体的 Cronbach's α 系数为 0.908，说明本问卷的总信度非常好。变量"客观原真性"的 Cronbach's α 系数为 0.808，变量"建构原真性"的 Cronbach's α 系数为 0.823，变量"存在原真性"的 Cronbach's α 系数为 0.776，变量"满意度"的 Cronbach's α 系数为 0.838，所有变量的 Cronbach's α 系数都大于 0.7，说明问卷整体的一致性较高，数据稳定可靠。

表 9-7　变量的信度分析

分析对象	项数	Cronbach's α
总体	19	0.908
客观原真性	5	0.808
建构原真性	5	0.823
存在原真性	4	0.776
满意度	3	0.838

二、文化旅游原真性感知因子分析

首先，利用 Bartlett 的球形度检验和 KMO 检验来分析问卷数据的效度。对于 KMO 值，当 KMO 值≥0.7 时，适合进行因子分析；而当 KMO 值 < 0.7 时，不太适合进行因子分析。如果 Bartlett 的球形度检验的显著性概率小于 0.001，说明问卷测量指标的效果非常好，调查问卷具有一定的有效性。

从表 9-8 的结果可以看出，变量原真性感知的 KMO 值为 0.871，Bartlett 的球形度检验的显著性概率为 0.000，数据具有较好的效度，表示适合进行因子分析。

表 9-8　变量的效度分析

取样足够度的 Kaiser-Meyer-Olkin 度量		0.871
Bartlett 的球形度检验	近似卡方	1 726.906
	df	91
	Sig.	0.000

从表 9-9 的结果可以发现，变量原真性感知的测试语句的共同度（提取一栏）都高于标准值 0.4，因此，所有测试语句都予以保留。

表 9-9　变量的公因子方差

变量	初始	提取
A1 村寨原貌保存完好	1	0.607
A2 感受到特色的民族建筑	1	0.574
A3 服饰具有传统民族特色	1	0.499
A4 手工艺品具有民族特色	1	0.551
A5 听到原汁原味的侗族语言	1	0.633
A6 感受到了淳朴的民风习俗	1	0.611
A7 品尝了地道的侗族特色美食	1	0.609
A8 感受到了原汁原味的侗族宗教文化	1	0.592
A9 当地的民族歌舞和艺术具有民族特色	1	0.641
A10 举办的节庆与活动具有民族特色	1	0.523

表9-9（续）

变量	初始	提取
A11 融入了浓郁的民族文化氛围中	1	0.617
A12 对侗族文化有全面的了解	1	0.599
A13 喜欢独特的侗族文化体验	1	0.561
A14 开阔了眼界，身心得到放松	1	0.643

注：提取方法为主成分分析法。

本书使用主成分分析法进行分析，因子旋转采用最大方差分析法，并以特征值大于 1 的标准来抽取因子，共获取 3 个解释因子。从表 9-10 可以看出，原真性感知旋转后，三个主因子的联合解释变异量为 59.008%，各自的解释变异量分别为 20.977%、20.778%、17.253%；三个主因子的特征根分别为 2.937、2.909、2.415，均大于 1，说明具有很好的解释能力。

表 9-10   原真性感知总方差解释

成分	初始特征值			提取平方和载入			旋转平方和载入		
	合计	方差/%	累积/%	合计	方差/%	累积/%	合计	方差/%	累积/%
1	4.794	34.240	34.240	4.794	34.240	34.240	2.937	20.977	20.977
2	1.853	13.239	47.479	1.853	13.239	47.479	2.909	20.778	41.755
3	1.614	11.529	59.008	1.614	11.529	59.008	2.415	17.253	59.008
4	0.724	5.169	64.177						
5	0.681	4.864	69.041						
6	0.605	4.322	73.363						
7	0.571	4.077	77.440						
8	0.541	3.865	81.305						
9	0.511	3.649	84.954						
10	0.486	3.473	88.427						
11	0.464	3.315	91.742						
12	0.419	2.995	94.737						
13	0.386	2.754	97.492						
14	0.351	2.508	100.000						

变量原真性感知旋转后的成分矩阵如表9-11所示，各测试语句的因子载荷都超过了0.5，达到标准值。

表 9-11　旋转成分矩阵

变量	成分		
	1	2	3
A1		0.746	
A2		0.735	
A3		0.696	
A4		0.707	
A5		0.775	
A6	0.748		
A7	0.771		
A8	0.716		
A9	0.779		
A10	0.685		
A11			0.750
A12			0.754
A13			0.700
A14			0.782

注：提取方法为：①主成分分析法；②旋转法：具有 Kaiser 标准化的正交旋转法，旋转在 5 次迭代后收敛。

变量原真性感知进行因子分析之后进行信度分析的结果如表 9-12 所示，将提取的三类公因子分别命名为客观原真性（A1，A2，A3，A4，A5）、建构原真性（A6，A7，A8，A9，A10）和存在原真性（A11，A12，A13，A14），结果与理论分析相符，题项设置与理论研究相吻合。

表 9-12　因子分析后原真性感知信度分析

因子命名	测量项	因子载荷			Cronbach's α
		因子 1	因子 2	因子 3	
原真性感知因子 1（客观原真性）	A1 村寨原貌保存完好	0.746			0.808
	A2 感受到特色的民族建筑	0.735			
	A3 服饰具有传统民族特色	0.696			
	A4 手工艺品具有民族特色	0.707			
	A5 听到了原汁原味的侗族语言	0.775			
原真性感知因子 2（建构原真性）	A6 感受到了淳朴的民风习俗		0.748		0.823
	A7 品尝了地道的侗族特色美食		0.771		
	A8 感受到了原汁原味的侗族宗教文化		0.716		
	A9 当地的民族歌舞和艺术具有民族特色		0.779		
	A10 举办的节庆和活动具有民族特色		0.685		
原真性感知因子 3（存在原真性）	A11 融入了浓郁的民族文化氛围中			0.750	0.776
	A12 对侗族文化有全面的了解			0.754	
	A13 喜欢独特的侗族文化体验			0.700	
	A14 开阔了眼界，身心得到放松			0.782	

三、文化旅游原真性感知差异分析

通常，不同类型和不同特征的游客对民族文化旅游原真性的感知评价存在差异，本书在因子分析的基础上，使用方差分析法来探究上述差异。本书主要使用独立样本 T 检验与单因素方差分析方法，来探究不同人口统计学特征是否会对文化旅游原真性感知存在显著性差异。独立样本 T 检验是指，用两个总体的独立样本来判断两个总体的均值是否具有显著性差异。单因素方差分析方法主要用来探析不同水平的控制变量对观测变量是否存在显著性影响。本书在因子分析的基础上，使用独立样本 T 检验、单因素方差分析法来探究不同性别、年龄、受教育程度、客源地、到三江县的旅游次数是否会对文化旅游原真性感知存在显著差异。

1. 性别对原真性感知的差异分析

本书使用独立样本 T 检验来分析性别的不同是否会对文化旅游原真性感知存在显著性差异，分析结果如表 9-13 所示。从表 9-13 可知，建构原真性和存在原真性的 Levene 方差齐性检验的 Sig 值均大于 0.05（分别为 0.515 和 0.192），说明这两个因子的方差均具有齐性，故读取这两个因子在方差齐性下的 T 检验结果，分别为 0.722 和 0.392，均大于 0.05，说明不同性别对建构原真性和存在原真性感知不存在显著性差异。客观原真性的 Levene 方差齐性检验的 Sig 值小于 0.05，说明其方差非齐性，则读取方差非齐性下的 T 检验结果为 0.379，大于 0.05，说明不同性别对客观原真性感知不存在显著性差异。因此，从样本数据来看，不同性别的游客对民族文化原真性感知不存在显著差异。因此，假设 H1a 不成立，即不同性别的游客对民族文化旅游原真性感知不存在差异。

表 9-13　性别对原真性感知的独立样本 T 检验

变量		Levene 方差齐性检验		T 检验			
		F	Sig.	t	df	Sig.（双侧）	均值差值
客观原真性	假设方差相等	4.180	0.042	0.877	368	0.381	0.244 61
	假设方差不相等			0.881	361.543	0.379	0.244 61
建构原真性	假设方差相等	0.425	0.515	−0.356	368	0.722	−0.108 48
	假设方差不相等			−0.355	364.245	0.723	−0.108 48
存在原真性	假设方差相等	1.710	0.192	−0.857	368	0.392	−0.203 95
	假设方差不相等			−0.858	368	0.391	−0.203 95

2. 年龄对原真性感知的差异分析

本书将年龄段分为 18~25 岁、26~40 岁、41~60 岁、60 岁以上四组，并使用单因素方差分析方法来探究年龄的不同是否会对文化旅游原真性感知存在显著差异，分析结果见表9-14。

由表9-14的分析结果可以看出，客观原真性的显著性检验高于0.05，说明不同年龄对客观原真性感知不存在显著性差异；建构原真性和存在原真性的显著性检验低于0.05，说明不同年龄对建构原真性和存在原真性感知存在显著差异。因此需要进一步进行组内多重比较，如表9-15所示。

表9-14　年龄对原真性感知的单因素方差分析

变量		平方和	df	均方	F	显著性
客观原真性	组间	50.472	3	16.824	2.369	0.070
	组内	2 599.247	366	7.102		
	总数	2 649.719	369			
建构原真性	组间	193.031	3	64.344	7.915	0.000
	组内	2 975.480	366	8.130		
	总数	3 168.511	369			
存在原真性	组间	330.135	3	110.045	25.174	0.000
	组内	1 599.921	366	4.371		
	总数	1 930.056	369			

由表9-15的多重比较分析可以看出，60岁以上人群对18~25岁、26~40岁、41~60岁人群在建构原真性感知和存在原真性感知上都存在显著差异；41~60岁人群对26~40岁人群在建构原真性感知上存在显著差异，41~60岁人群对18~25岁、26~40岁人群在存在原真性感知上存在显著差异。从表9-15中的均值差可以看出，41~60岁的人群对建构原真性感知和存在原真性感知的评价最高，60岁以上的人群评价最低。原因是41~60岁的游客会更加积极主动地参与当地的旅游体验活动，更能融入民族活动氛围中，从活动中能够收获到更多的快乐，所以这一部分游客对民族文化的建构原真性和存在原真性感知评价较高；而60岁以上的游客由于体力和精力的原因，对于参与活动的积极性相对较低，从而其建构原真性感知和存在原真性感知相对较低。因此，假设H1b成立，即不同年龄的游客对民族文化旅游原真性感知存在差异。

表 9-15 年龄的不同对原真性感知的多重比较

因变量			均值差	标准误	显著性
建构原真性	18~25 岁	26~40 岁	0.631 74	0.405 69	0.120
		41~60 岁	-0.327 72	0.368 48	0.374
		60 岁以上	2.051 13*	0.525 82	0.000
	26~40 岁	18~25 岁	-0.631 74	0.405 69	0.120
		41~60 岁	-0.959 46*	0.392 28	0.015
		60 岁以上	1.419 38*	0.542 76	0.009
	41~60 岁	18~25 岁	0.327 72	0.368 48	0.374
		26~40 岁	0.959 46*	0.392 28	0.015
		60 岁以上	2.378 85*	0.515 54	0.000
	60 岁以上	18~25 岁	-2.051 13*	0.525 82	0.000
		26~40 岁	-1.419 38*	0.542 76	0.009
		41~60 岁	-2.378 85*	0.515 54	0.000
存在原真性	18~25 岁	26~40 岁	0.478 39	0.297 49	0.109
		41~60 岁	-1.040 19*	0.270 20	0.000
		60 岁以上	2.057 88*	0.385 57	0.000
	26~40 岁	18~25 岁	-0.478 39	0.297 49	0.109
		41~60 岁	-1.518 58*	0.287 65	0.000
		60 岁以上	1.579 49*	0.398 00	0.000
	41~60 岁	18~25 岁	1.040 19*	0.270 20	0.000
		26~40 岁	1.518 58*	0.287 65	0.000
		60 岁以上	3.098 08*	0.378 03	0.000
	60 岁以上	18~25 岁	-2.057 88*	0.385 57	0.000
		26~40 岁	-1.579 49*	0.398 00	0.000
		41~60 岁	-3.098 08*	0.378 03	0.000

注：* 是指均值差的显著性水平为 0.05。

3. 受教育程度对原真性感知的差异分析

本书将受访者的受教育程度划分为初中及以下、高中或中专、大专、本科、研究生及以上共五组，并使用单因素方差分析方法来探究不同受教育程度是否会对文化旅游原真性感知存在显著差异,分析结果见表9-16。

由表9-16的分析结果可以看出,客观原真性、建构原真性和存在原真性的显著性检验均低于0.05,说明受教育程度的不同对原真性感知存在显著差异。因此需要进一步进行组内多重比较,如表9-17所示。

表9-16　受教育程度对原真性感知的单因素方差分析

变量		平方和	df	均方	F	显著性
客观 原真性	组间	2 171.813	4	542.953	414.680	0.000
	组内	477.906	365	1.309		
	总数	2 649.719	369			
建构 原真性	组间	399.840	4	99.960	13.178	0.000
	组内	2 768.671	365	7.585		
	总数	3 168.511	369			
存在 原真性	组间	206.743	4	51.686	10.947	0.000
	组内	1 723.314	365	4.721		
	总数	1 930.057	369			

由表9-17的多重比较分析可以看出,各组受教育程度之间在客观原真性感知上都存在显著差异,且初中及以下的人群对客观原真性感知的评价最高,其次是大专与高中/中专人群,研究生及以上人群对客观原真性感知的评价最低,即受教育程度越高,对客观原真性感知的评价越低。原因在于受教育程度越高的人群,其对民族文化事物的兴趣和理解能力越强,对民族文化的客观原真性感知越清晰,所以一旦出现影响客观原真性的因素,其对客观原真性感知的评价就会大打折扣。在建构原真性和存在原真性的感知评价上,初中及以下文化水平的受访者与大专、高中/中专、本科和研究生及以上文化水平的受访者存在显著性差异;高中/中专文化水平的受访者不仅与初中及以下文化水平的受访者具有显著性差异,还与本科、研究生及以上文化水平的受访者具有显著性差异;大专文化水平的受访者与其他各个文化水平的受访者也存在显著差异;本科文化水平的受访者与研究生及以上文化水平的受访者不具有显著性差异,与其他文化水平的受访者存在显著差异。由上可知,初中及以下文化水平的受访者对建构原真性和存在原真性的评价也是最高的,研究生文化水平的受访者的评

价最低，说明受教育程度越高的人群，其对建构原真性和存在原真性的感知评价越低。主要是因为受教育程度越高的人群，其视野更广阔，对构建的民族文化了解更深入，包括本民族和其他民族的文化，其对民族文化的旅游体验要求更高，在旅游过程和体验中，越容易发现存在的问题，所以其对民族文化旅游的建构原真性和存在原真性感知的评价相对较低。因此，假设 H1c 成立，即不同受教育程度的游客对民族文化旅游原真性感知存在差异。

表 9-17 受教育程度的不同对原真性感知的多重比较

因变量			均值差	标准误	显著性
客观原真性	初中及以下	高中/中专	4.190 48*	0.207 04	0.000
		大专	2.758 25*	0.200 60	0.000
		本科	6.392 39*	0.199 97	0.000
		研究生及以上	8.475 49*	0.256 49	0.000
	高中/中专	初中及以下	−4.190 48*	0.207 04	0.000
		大专	−1.432 23*	0.168 97	0.000
		本科	2.201 92*	0.168 22	0.000
		研究生及以上	4.285 01*	0.232 59	0.000
	大专	初中及以下	−2.758 25*	0.200 60	0.000
		高中/中专	1.432 23*	0.168 97	0.000
		本科	3.634 14*	0.160 24	0.000
		研究生及以上	5.717 24*	0.226 88	0.000
	本科	初中及以下	−6.392 39*	0.199 97	0.000
		高中/中专	−2.201 92*	0.168 22	0.000
		大专	−3.634 14*	0.160 24	0.000
		研究生及以上	2.083 10*	0.226 32	0.000
	研究生及以上	初中及以下	−8.475 49*	0.256 49	0.000
		高中/中专	−4.285 01*	0.232 59	0.000
		大专	−5.717 24*	0.226 88	0.000
		本科	−2.083 10*	0.226 32	0.000

表9-17(续)

因变量			均值差	标准误	显著性
建构原真性	初中及以下	高中/中专	2.157 74*	0.498 33	0.000
		大专	1.904 08*	0.482 84	0.000
		本科	2.975 12*	0.481 33	0.000
		研究生及以上	3.886 03*	0.617 36	0.000
	高中/中专	初中及以下	-2.157 74*	0.498 33	0.000
		大专	-0.253 65	0.406 70	0.533
		本科	0.817 38*	0.404 90	0.044
		研究生及以上	1.728 29*	0.559 82	0.002
	大专	初中及以下	-1.904 08*	0.482 84	0.000
		高中/中专	0.253 65	0.406 70	0.533
		本科	1.071 04*	0.385 68	0.006
		研究生及以上	1.981 95*	0.546 08	0.000
	本科	初中及以下	-2.975 12*	0.481 33	0.000
		高中/中专	-0.817 38*	0.404 90	0.044
		大专	-1.071 04*	0.385 68	0.006
		研究生及以上	0.910 91	0.544 74	0.095
	研究生及以上	初中及以下	-3.886 03*	0.617 36	0.000
		高中/中专	-1.728 29*	0.559 82	0.002
		大专	-1.981 95*	0.546 08	0.000
		本科	-0.910 91	0.544 74	0.095

表9-17(续)

因变量			均值差	标准误	显著性
存在原真性	初中及以下	高中/中专	1. 145 83*	0. 393 15	0. 004
		大专	0. 922 24*	0. 380 93	0. 016
		本科	2. 083 54*	0. 379 74	0. 000
		研究生及以上	2. 464 46*	0. 487 06	0. 000
	高中/中专	初中及以下	−1. 145 83*	0. 393 15	0. 004
		大专	−0. 223 60	0. 320 86	0. 486
		本科	0. 937 70*	0. 319 45	0. 004
		研究生及以上	1. 318 63*	0. 441 67	0. 003
	大专	初中及以下	−0. 922 24*	0. 380 93	0. 016
		高中/中专	0. 223 60	0. 320 86	0. 486
		本科	1. 161 30*	0. 304 28	0. 000
		研究生及以上	1. 542 22*	0. 430 83	0. 000
	本科	初中及以下	−2. 083 54*	0. 379 74	0. 000
		高中/中专	−0. 937 70*	0. 319 45	0. 004
		大专	−1. 161 30*	0. 304 28	0. 000
		研究生及以上	0. 380 93	0. 429 77	0. 376
	研究生及以上	初中及以下	−2. 464 46*	0. 487 06	0. 000
		高中/中专	−1. 318 63*	0. 441 67	0. 003
		大专	−1. 542 22*	0. 430 83	0. 000
		本科	−0. 380 93	0. 429 77	0. 376

注:* 是指均值差的显著性水平为 0.05。

4. 收入对原真性感知的差异分析

本书将收入水平划分为 3 000 元以下、3 000~5 000 元、5 000~8 000 元和 8 000 元以上四组,并使用单因素方差分析方法来探究收入的不同是否会对文化旅游原真性感知存在显著差异,分析结果见表9-18。

由表9-18 的分析结果可以看出,客观原真性、建构原真性和存在原真性的显著性检验均高于 0.05,说明不同收入对原真性感知不存在显著性差异。因此,假设 H1d 不成立,即不同收入的游客对民族文化旅游原真性感知不存在差异。

表9-18 收入对原真性感知的单因素方差分析

变量		平方和	df	均方	F	显著性
客观原真性	组间	14.747	3	4.916	0.683	0.563
	组内	2 634.972	366	7.199		
	总数	2 649.719	369			
建构原真性	组间	13.194	3	4.398	0.510	0.676
	组内	3 155.317	366	8.621		
	总数	3 168.511	369			
存在原真性	组间	19.341	3	6.447	1.235	0.297
	组内	1 910.716	366	5.221		
	总数	1 930.057	369			

5. 客源地对原真性感知的差异分析

本书的客源地三江县为柳州市所辖，所以客源地划分为柳州市、区内（除柳州市）和区外共三组，并使用单因素方差分析方法来探究客源地的不同是否会对文化旅游原真性感知存在显著差异，分析结果见表9-19。

表9-19 客源地对原真性感知的单因素方差分析

变量		平方和	f	均方	F	显著性
客观原真性	组间	210.354	2	105.177	15.824	0.000
	组内	2 439.365	367	6.647		
	总数	2 649.719	369			
建构原真性	组间	423.242	2	211.621	28.290	0.000
	组内	2 745.269	367	7.480		
	总数	3 168.511	369			
存在原真性	组间	1 408.758	2	704.379	495.891	0.000
	组内	521.299	367	1.420		
	总数	1 930.057	369			

由表9-19的分析结果可以看出，客观原真性、建构原真性、存在原真性的显著性检验均低于0.05，说明不同客源地对原真性感知存在显著差异。因此需要进一步进行组内多重比较，如表9-20所示。

由表9-20的多重比较分析可以看出，柳州市、区内（除柳州市）以及区外三个客源地的不同对客观原真性、建构原真性以及存在原真性的感知具有显著差异（显著性低于0.05），且区外游客对原真性感知的评价最高，柳州市的游客对原真性感知的评价最低。这是由于三江县隶属于柳州市，柳州市的游客对三江县的民族文化比较了解，其主观认为旅游开发会影响民族文化的传统性和真实性，所以对原真性感知的评价最低。因此，假设H1e得到验证，即不同客源地的游客对民族文化旅游原真性感知存在差异。

表9-20　客源地的不同对原真性感知的多重比较

因变量			均值差	标准误	显著性
客观原真性	柳州市	区内（除柳州市）	−0.821 20*	0.323 90	0.012
		区外	−1.826 50*	0.325 94	0.000
	区内（除柳州市）	柳州市	0.821 20*	0.323 90	0.012
		区外	−1.005 30*	0.364 62	0.006
	区外	柳州市	1.826 50*	0.325 94	0.000
		区内（除柳州市）	1.005 30*	0.364 62	0.006
建构原真性	柳州市	区内（除柳州市）	−1.662 90*	0.343 60	0.000
		区外	−2.469 28*	0.345 77	0.000
	区内（除柳州市）	柳州市	1.662 90*	0.343 60	0.000
		区外	−0.806 38*	0.386 81	0.038
	区外	柳州市	2.469 28*	0.345 77	0.000
		区内（除柳州市）	0.806 38*	0.386 81	0.038

表9-20(续)

因变量			均值差	标准误	显著性
存在原真性	柳州市	区内（除柳州市）	-2.595 63*	0.149 73	0.000
		区外	-4.647 24*	0.150 68	0.000
	区内（除柳州市）	柳州市	2.595 63*	0.149 73	0.000
		区外	-2.051 61*	0.168 56	0.000
	区外	柳州市	4.647 24*	0.150 68	0.000
		区内（除柳州市）	2.051 61*	0.168 56	0.000

注：*是指均值差的显著性水平为 0.05。

四、原真性感知与满意度的回归分析

1. 原真性感知与满意度的相关性分析

相关性分析是指对两个或多个变量之间的相关密切程度进行分析。本书通过相关性分析测量原真性感知与满意度之间的相关性。表9-21的数据显示，客观原真性、建构原真性、存在原真性与满意度的相关系数都大于0，分别为0.533、0.548和0.522，并且显著性 p 值都为0.000，小于0.05的标准，说明客观原真性、建构原真性、存在原真性都与满意度呈正相关关系，相关性分析具有显著意义。

表9-21　原真性感知与满意度的相关性分析

因子	满意度	
	Pearson 相关性	显著性（双侧）
客观原真性	0.533**	0.000
建构原真性	0.548**	0.000
存在原真性	0.522**	0.000

注：**是指在0.01水平（双侧）上显著相关。

2. 回归分析

通过相关分析，本书检验了原真性感知的三个因子与满意度具有正相关关系，但是还不知道具体各因子对满意度的影响程度是多少。本书运用多元回归分析方法，以客观原真性、建构原真性、存在原真性为自变量，

以满意度指标为因变量，构建了游客的民族文化旅游原真性感知与满意度之间的模型，来验证原真性感知三个因子和满意度的相关影响趋势，并判断各因子对满意度的影响程度。

模型拟合度检验结果如表 9-22 所示，回归模型中的 R^2 为 0.493，概率 p 值为 0.000，该回归方程拟合度较好。由表 9-23 的方差分析可以看出，F 检验统计量的观测值为 118.679，相应的概率 P 值为 0.000，低于 0.05，说明原真性感知与满意度之间的线性关系显著。

表 9-22　模型拟合度检验

模型	R	R^2	调整 R^2	标准估计的误差	更改统计量				
					R^2 更改	F 更改	df1	df2	Sig. F 更改
1	0.702a	0.493	0.489	1.366 66	0.493	118.679	3	366	0.000

注：预测变量（常量）：存在原真性、客观原真性、建构原真性。

表 9-23　原真性感知与满意度的方差分析

	模型	平方和	df	均方	F	Sig.
1	回归	664.994	3	221.665	118.679	0.000b
	残差	683.603	366	1.868		
	总计	1 348.597	369			

注：a. 因变量：满意度。

b. 预测变量（常量）：存在原真性、客观原真性、建构原真性。

表 9-24 为模型的多元回归分析结果，可知该回归模型的常数项值为 -0.566，客观原真性的参数估计值为 0.220，表示当客观原真性感知因子变动 1% 时，满意度变化 0.220 个百分点；建构原真性感知的参数估计值为 0.212，表示当建构原真性感知因子变动 1% 时，满意度变化 0.212 个百分点；存在原真性感知的参数估计值为 0.241，表示当存在原真性感知因子变动 1% 时，满意度变化 0.241 个百分点，并且三个因子的 p 值均小于 0.05，参数估计值都为正值，说明上述关系在 95% 的置信水平上显著。因此，H2 各项假设得到验证，即客观原真性、构建原真性、存在原真性都会正向影响游客满意度，这意味着游客的客观原真性、建构原真性、存在原真性感知越高，其对民族文化旅游的满意度越高，反之亦然。

表 9-24 多元回归分析结果

模型		非标准化系数		标准系数	t	Sig.
		B	标准误差	试用版		
1	（常量）	-0.566	0.661		-0.857	0.392
	客观原真性	0.220	0.030	0.308	7.415	0.000
	建构原真性	0.212	0.027	0.326	7.802	0.000
	存在原真性	0.241	0.035	0.288	6.933	0.000

a. 因变量：满意度。

根据上述回归系数可以列出回归方程：

$$Y = -0.566 + 0.220X_1 + 0.212X_2 + 0.241X_3$$

其中，Y 表示满意度，X_1 表示客观原真性感知，X_2 表示建构原真性感知，X_3 表示存在原真性感知。

可见，客观原真性感知、建构原真性感知、存在原真性感知都会正向影响游客满意度。从回归系数可以看出，存在原真性感知对游客满意度的影响最大，其次是客观原真性感知和建构原真性感知，但是三者对满意度的影响相差不大。主要原因是游客受自身知识储备的影响，缺乏相关的专业知识，因此对旅游目的地的民族文化并不是特别了解，无法客观地判断民族文化的原真性，只能根据自身已有的类似经验和审美能力去感知，从而带有较强的主观色彩。在旅游过程中，游客感受到了异域民族风情，并且心情愉悦（存在原真性），其就认为在旅游目的地所呈现出的无论是客观的还是建构的民族文化要素，都是真实的。

第五节 实践启示与展望

一、实践启示

1. 挖掘民族传统文化底蕴，促使民族文化传承与创新相结合

通过对游客进行问卷调查发现，客观原真性感知对游客的满意度具有正向影响，但从问卷中也发现，游客对三江县的民族服饰产品、侗民族建筑的开发满意度不高。因此，当地应进一步挖掘民族传统文化底蕴，在保护性开发民族文化旅游项目的同时，从游客的体验角度出发，提升其对民

族文化的客观原真性感知。随着改革开放的深入，侗族人民生活水平不断提高，现在家用电器在侗族地区基本普及化，而传统木质结构的吊脚楼在防火方面还存在较大的安全隐患。每年的秋冬时节，时常发生木楼因电器使用不当引起的火灾事件，严重影响了侗族人民的生命财产安全。因此，现在三江县很多侗族村寨因防火原因，建了很多砖楼房，进而使侗族木质结构传统村寨受到了很大的冲击。而三江县在开发侗族村寨时，只是简单地对钢筋混凝土楼房外立面涂上防木漆，简单地进行了外包装，没有严格按侗族木质吊脚楼房的外立面来进行装修，游客一走侗寨，就感觉不真实，从而严重影响了原真性体验。如三江县程阳侗寨景区、三江布央仙人山景区的侗寨都存在以上问题，民族建筑工艺保护性开发不到位。

此外，文化的传承者（民间建筑技艺等）应对自身民族传统文化的精华进行思考，在信息全球化的今天，如何在继承与发扬传统手工技艺的同时，融入现代最新文化元素，进一步创新侗民族传统建筑手工技艺，并吸收先进施工手法，提高民族建筑工艺水平，以吸引游客的到来，进而增加当地居民收入，实现民族传统文化保护与开发的有益统一。

2. 提高认识，体验原真，重视民族文化旅游中的游客体验

调查问卷结果得出，建构原真性感知和存在原真性感知对游客的满意度和忠诚度均存在正向影响。随着人民生活水平的不断提高，消费方式多样化，旅游已成为人们日常生活中的重要组成部分，旅游的方式也发生了重要变化，自驾游、深度体验游已成为越来越多游客的首选。特别是对民族文化的体验式旅游已成为 45 岁以上游客的一种时尚化选择，因为他们经历了时间的洗礼，岁月的积累，更加注重在旅游中对民族文化进行深度体验，更加关注民族文化的原汁原味。随着自媒体的不断发展，游客在旅游中的体验感受经过微信、微博等，传播速度非常快，无形中成了旅游项目的重要宣传者、传播者。三江县民族风情浓厚，"侗族大歌""月也""百家宴""多耶""高山流水敬酒歌"等民族风俗节目参与性、互动性强，但在民族文化旅游发展过程中，虽然对民俗活动进行了精心编排，但更多的是强调表演性，游客的体验性不强，因此游客对这类的原真性感知并不高。因此，三江县在以后的旅游开发中，应注重挖掘侗民族习俗活动中游客的参与性和体验性，让游客在体验的过程中感受民族文化的原真性。

3. 保护为先，创新为魂，坚持旅游开发与民族文化保护并举

在民族地区，旅游资源的核心要素是民族传统文化展示与传承。因

此，在开展旅游项目的过程中，一定不能过度商业性开发，但也不能只讲绝对性保护而不给开发。片面强调哪一方面都会走向极端，都会影响当地发展。因为任何一种民族文化，只有不断地传承、创新和发展，才能具有强大的生命力，才能不断发扬光大。如三江县的马胖鼓楼、程阳风雨桥都是国家级重点文物保护单位，但我们不能因为它是国宝，就不让游客近距离参观，而应在提前测算好该保护单位的游客承载量后，适度向游客进行开放，让游客在参观的过程中感受民族建筑工艺的精湛。

一味地商业开发或一味地强调保护都不利于旅游项目的发展，在保护其原真性的前提下进行适度旅游开发，并结合新时代的发展要求，适当地加以创新，更加有利于民族文化的发扬光大。如三江县侗民族的行歌坐夜风俗，因改革开放及社会的发展变化，很多侗族村寨的男女青年谈恋爱的方式发生了很大的变化，更多是借助的现代通信手段，行歌坐夜的方式变得很少，久而久之，这样的习俗就没有了。因此，三江县通过大型实景演出，不断加以创新，以《坐妹》的方式，将行歌坐夜的传统搬上了舞台，并取得了巨大的成功。游客通过观看表演，参与互动，体验到了侗民族"行歌坐夜"的含义与乐趣。三江县也通过实景演出的方式，让"行歌坐夜"这一侗民族传统文化焕发出其魅力。

4. 加大宣传力度，拓宽宣传渠道，强化旅游动机

在调查结果中，有百分之六十多的游客的旅游目的是体验三江县原汁原味的民族文化。在民族文化旅游开发的过程中，一定要加强旅游宣传，提升文化旅游品牌的知名度。一是深入客源市场开展宣传。"酒香也怕巷子深"已成为新时代人们的共识，因此，三江县一定要充分利用高铁、高速公路开通带来的便利，主动深入粤港澳大湾区、长三角地区等客源市场，加强旅游推介与宣传，不断使"千年侗寨、梦萦三江"的品牌深入人心。二是借助新媒体，大力开展网络营销。通过聘请专业团队，精心制作宣传小视频，借力微信、微博、抖音等新媒体平台进行全方位宣传营销。三是举办民族节庆活动进行宣传营销。三江县是"歌的海洋"，百节之乡，因此有关部门要全面组织、深入策划每次节庆活动，将民族文化元素作为旅游的核心要素加以创新，通过举办节庆活动来吸引游客，提升旅游知名度。

5. 依托区位优势，构建旅联体，打造桂西民族旅游精品线路，提升原生态旅游文化品牌知名度

通过发挥交通优势，打通快进漫游。三江县位于广西、湖南、贵州三省（区）交界处，高铁、高速已建成通车，由原来的交通末梢变成现在的三省（区）交通枢纽，区位优势明显，交通方便快捷，为三江县开展民族文化旅游提供了重要保障。因此，三江县要以《桂林国际旅游胜地发展纲要》为契机，主动融入桂林大国际旅游圈，与桂林市、龙胜县等旅游管理部门和旅游企业组建旅游联合体，实行差异化发展；以侗、瑶、苗、毛南、仫佬、壮等多彩原生态民族风情特色为主题，加强原生态民族文化保护与旅游开发，开发线路为：柳州—宜州—环江—罗城—融水—三江—龙胜—临桂—桂林，全力打造桂西北原生态少数民族风情精品线路，提升民族文化旅游品牌知名度。

二、研究局限与展望

本书结合广西的实际，在大量查阅现有研究的基础之上，通过深入三江县的侗乡苗寨进行实地走访，收集了较为翔实的第一手材料，并运用科学严谨的研究方法，针对提出的问题找到了比较切合实际的解决方法。但还存在一些局限：一是笔者的理论知识水平还不够高，虽然样本数量能够达到实证分析的要求，但所收集和掌握的资料还不尽全面，收集的调查问卷还存在一定的片面性和局限性，对研究结果也会产生一定的影响。二是笔者的研究时间和财力有限，未能全面深入三江县所有的侗族村寨进行实地走访，只能选取具有一定代表性的村寨进行走访，接受问卷调查的游客也有限，因此本书的研究存在一定的片面性与局限性。三是研究的角度还比较单一。本书从旅游者的角度出发，来研究民族文化旅游的原真性感知，相对于旅游研究者、本地居民等角度来说还不够全面，因此研究也有它的局限性。

民族文化旅游的原真性感知除与前文所述的因素有关外，还与游客个人素质、旅游产品质量、旅游地服务态度、当地居民与旅游者的互动程度等有关。因此，在下一步开展民族文化旅游研究时，要从更多的方面来确定研究变量。同时，民族文化旅游的发展也不仅与游客有关，还与开发商、政府、居民等相关利益群体有关，在以后的研究中，还应该增加其他视角，进行更全面、更深入的分析研究。

参考文献

[1] 艾菊红. 文化生态旅游的社区参与和传统文化保护与发展：云南三个傣族文化生态旅游村的比较研究 [J]. 民族研究，2007（4）：49-58，108-109.

[2] 安颖，张艳秋. 试论文化保护区与文化旅游开发 [J]. 北方经贸，2006（6）：90-91.

[3] 保继刚 等. 旅游开发研究：原理、方法、实践 [M]. 北京：科学出版社，1996.

[4] 曹妍雪. 民族旅游游客体验真实性对满意度的影响研究 [D]. 西安：西北大学，2018.

[5] 陈刚. 多民族地区旅游发展对当地族群关系的影响：以川滇泸沽湖地区为例 [J]. 旅游学刊，2012，27（5）：94-102.

[6] 陈瑞萍. 乡村旅游的商品化、真实性及文化生态发展路径 [J]. 农业经济，2017（2）：53-55.

[7] 邓小艳，刘英. 符号化运作：世界文化遗产旅游地创新发展的路径选择：以湖北武当山为例 [J]. 经济地理，2012，32（9）：156-160，171.

[8] 刁宗广. 旅游开发中"非遗"文化的创意性和真实性 [J]. 社会科学家，2015（2）：85-88.

[9] 董培海，李伟. 西方旅游研究中的符号学线索解析 [J]. 旅游学刊，2016，31（11）：128-137.

[10] 冯玮玮. 基于消费者原真性模型的南丹白裤瑶民族文化旅游开发研究 [D]. 南宁：广西大学，2013.

[11] 高燕，凌常荣. 旅游者对黑衣壮民族文化的真实性感知差异与满意度 [J]. 旅游学刊，2007，11：78-84.

[12] 高燕. 旅游者的真实性感知与民族文化旅游开发：广西那坡黑衣

壮为例 [D]. 南宁：广西大学，2006.

[13] 光映炯. 旅游人类学再认识：兼论旅游人类学理论研究现状 [J]. 思想战线，2002 (6)：43-47.

[14] 何佳梅，许峰. 论旅游经济利益的外力创造 [J]. 经济地理，1999, 19 (2)：102-105.

[15] 何景明. 边远脱贫地区民族村寨旅游发展的省思：以贵州西江千户苗寨为中心的考察 [J]. 旅游学刊，2010, 25 (2)：59-65.

[16] 胡佳凌. 上海工业遗产原真性的游客感知研究 [D]. 上海：上海师范大学，2010.

[17] 黄亮，陆林，丁雨莲. 少数民族村寨的旅游发展模式研究：以西双版纳傣族园为例 [J]. 旅游学刊，2006, 21 (5)：53-56.

[18] 李永乐，陈远生. 基于游客感知与偏好的文化遗产旅游发展研究：以平遥古城为例 [J]. 改革与战略，2007, 23 (6)：123-126.

[19] 李忠斌，文晓国. 对民族旅游概念的再认识 [J]. 广西民族研究，2012 (4)：177-184.

[20] 林龙飞，黄光辉，王艳. 基于因子分析的民族文化旅游产品真实性评价体系研究 [J]. 人文地理，2010, 1：39-43.

[21] 刘超祥. 民族旅游的文化社会学与民族文化旅游开发 [D]. 南宁：广西大学，2006.

[22] 刘亚萍，潘柳榕，李丽，等. 旅游原真性的国际研究特征及发展脉络：基于科学计量学方法对 SSCI 刊物上的文献分析 [J]. 外国经济与管理，2015, 37 (4)：84-96.

[23] 罗永常. 民族村寨旅游发展问题与对策研究 [J]. 贵州民族研究，2003 (2)：102-107.

[24] 吕一飞，郭颖. 论泸沽湖摩梭人文化保护区的建立 [J]. 旅游学刊，2001 (1)：62-66.

[25] 麻学锋，龙茂兴. 欠发达民族地区旅游发展模式研究：以湖南凤凰县为例 [J]. 商业研究，2006 (14)：179-181.

[26] 马晓京. 民族旅游保护性开发的新思路 [J]. 贵州民族研究，2002 (2)：23-28.

[27] 潘盛之. 旅游民族学 [M]. 贵阳：贵州民族出版社，1997.

[28] 彭臣帅. 关于民族文化旅游中几个"真实性"的探讨 [J]. 边

疆经济与文化，2007（9）：14-15.

[29] 任冠文. 论民族旅游资源的开发与保护 [J]. 广西民族研究，2006（1）：177-181.

[30] 谭艳寒. 民族村寨旅游者旅游动机、本真性感知及其忠诚度关系研究：以德夯苗寨为例 [D]. 长沙：湖南师范大学. 2015.

[31] 田美蓉，保继刚. 游客对歌舞旅游产品真实性评判研究：以西双版纳傣族歌舞为例 [J]. 桂林旅游高等专科学校学报，2005，1：12-19.

[32] 田敏. 民族社区社会文化变迁的旅游效应再认识 [J]. 中南民族大学学报（人文社会科学版），2003（5）：40-44.

[33] 王家骏. 旅游行为决策研究：旅游者对旅游目的地的选择 [J]. 无锡教育学院学报（社会科学版），1994，（3）：41-45.

[34] 吴明隆. 结构方程模型：AMOS 的操作与应用 [M]. 2 版. 重庆：重庆大学出版社，2010.

[35] 吴忠才. 旅游活动中文化的真实性与表演性研究 [J]. 旅游科学，2002（2）：15-18.

[36] 谢彦君. 旅游体验研究：一种现象学的视角 [M]. 天津：南开大学出版社，2006：188 -230.

[37] 邢星. 体验经济时代旅游者参照原真性感知模型建构 [J]. 商业经济研究，2015（22）：118-120.

[38] 徐赣力. 发展民俗旅游与保护民族文化 [J]. 桂林旅游高等专科学校学报，2000，11（3）：46-48.

[39] 徐伟，李耀. 古村落旅游真实性感知的指标构建及评价：基于皖南古村落的实证数据 [J]. 人文地理，2012，125（3）：98-102.

[40] 薛薇. 基于 SPSS 的数据分析 [M]. 3 版. 北京：中国人民大学出版社，2014：11-123.

[41] 杨桂华. 民族生态旅游接待村多维价值的研究：以香格里拉霞给村为例 [J]. 旅游学刊，2003（4）：76-79.

[42] 余青，吴必虎. 生态博物馆：一种民族文化持续旅游发展模式 [J]. 人文地理，2001（6）：40-43.

[43] 余意峰，龚晶. 旅游者原真性感知对满意度与忠诚度的影响：基于湖北恩施州的实证研究 [J]. 经济地理，2017（1）：219-224.

[44] 岳坤. 旅游与传统文化的现代生存：以泸沽湖畔落水下村为例

[J]. 民俗研究, 2003 (4): 114-128.

[45] 张补宏, 徐施. 民族旅游真实性研究及保护模式探讨 [J]. 地理与地理信息科学, 2010, 03: 105-108.

[46] 张涛. 民俗节庆原真性对游客体验的影响研究: 以那达慕为例 [J]. 干旱区资源与环境, 2019. 33 (6): 192-197.

[47] 赵红梅. 旅游业的文化商品化与文化真实性 [J]. 云南师范大学学报, 2003, 35 (3): 132-136.

[48] 郑涵丹. 旅游原真性感知对游客行为意向影响研究 [D]. 长沙: 湖南师范大学, 2018.

[49] 钟国庆. 旅游体验真实性规律与景区经营管理问题 [J]. 旅游论坛, 2004, 15 (4): 40-43.

[50] BERGHE P L V D. Tourism and the ethnic division of labor [J]. Annals of Tourism Research, 1992, 19 (2): 234-249.

[51] BOISSEVAIN J. Tourism and Development in Malta [J]. Development & Change, 2010, 8 (4): 523-538.

[52] BOORSTIN D J. The image: a guide to Pseudo-Events in America [M]. New York: Vintage, 1964.

[53] BRUNER E M. Abraham Lincoln as Authentic Reproduction. [J]. American Anthropologist, 1994, 96 (2).

[54] BUTLE R R, HINCH T. Tourism and Indigenou s Peoples [M]. London: International Thomson Business Press, 1996.

[55] CHEN C F, TSAI D C. How destination image and evaluative factors affect behavioral intentions? [J]. Tourism Management, 2007, 28 (4): 1115-1122.

[56] CHRIS R, HUYTON J. Tourist s and aboriginal people [J]. Annalsof Tourism Research, 2002 (3): 631.

[57] COHEN E. Authenticity and commoditization in tourism. [J]. Annals of Tourism Research, 1988, 15 (3).

[58] COHEN E. Staged authenticity and heritage tourism [J]. Annals of Tourism Rasearch, 2003, 30 (3): 702-719.

[59] CULLER J. Semiotics ofTourism [J]. American Journal of Semiotics, 1981 (1): 127-140.

[60] ECO U. Travels in Hyper-reality [M]. London: Picador, 1986.

[61] FJELLMAN S, LEAVES V. WaltDisney World and America [M]. Boulder: West view Press. 1992.

[62] GOULDING C. The commodification of the past, postmoderm pastiche, and the search for authentic experiences at contemporary heritage attractions [J]. European Journal of Maiketing, 2000, 34 (7): 835-853.

[63] GRAYSON K, MARTINEC R. Consumer Perceptions of Iconicity and Indexicality and Their Influence on Assessments of Authentic Market Offerings [J]. Journal of Consumer Research, 2004, 31 (2): 296-312.

[64] GREENWOOD D J. Cultural "authenticity" [J]. Cultural Survival Quarterly, 1982, 6 (3): 27-28.

[65] HUGHES G. Authenticity in Tourism [J]. Annals of TourismResearch, 1995, 22 (4): 781-803.

[66] ISHII K. The Impact of Ethnic Tourism on Hill Tribes in Thailand [J]. Annals of Tourism Research, 2012, 39 (1): 290-310.

[67] JILLIAN M. Rickly-Boyd. Through the magic of authentic reproduction: tourists' perceptions of authenticity in a pioneer village [J]. Journa of Heritage Tourism. 2012 (7): 2.

[68] KOLAR T, ZABKAR V. A Consumer-Based Model of Authenticity: an Oxymoron orthe Foundation of Cultural Heritage Marketing? [J]. Tourism Management, 2010 (31): 652-664.

[69] KOLAR T, ZABKAR V. A coanmer-based model of authenticity: An oxymoron or the foundation of cultural heritage maiketing [J]. Tourism Management, 2010, 31: 789-792.

[70] MACCANNELL D. Staged authenticity: arrangements of social spacein tourist settings [J]. American Journal of Sociology, 1973, 79: 589-603.

[71] MACCANNELL D. The Tourist: A New Theory of Leisue Class [M]. California; University of California Press, 1999.

[72] MAY J. In search of authenticity off and on the beaten track [J]. Environment and Planning D: Society and Space, 1996 (14): 709-736.

[73] MCINTOSH A J. Tourists' appreciation of Maori culture in New Zealand [J]. TourismManagement, 2004, 25 (1), 1-15.

［74］ MURA P. Perceptions of authenticity in a Malaysian homestay － a narrativeanalysis. ［J］. Tourism Management, 2015, 51: 225-233.

［75］ PIZA M, NEUMANN I. Attitude Behavior relations: A theoretical analysis and review of empirical research ［J］. Psychological Bulletin, 1978, 84 (4): 888-918.

［76］ SMITH V. Hosts and Guests: The Anth ropology of Tourism ［M］. Phi ladelphia: University of Pennsylvani a Press, 1997.

［77］ TRILLING L, Sincerity and Authenticity ［M］. London: Oxford U-niversity Press. 1972.

［78］ WAITT G. Consuming heritage: Perceived historical authenticity ［J］. Annals of Tourism Research, 2000, 27 (4): 835-862.

［79］ WANG N. Rethinking authenticity in tourism experience ［J］. An-nals of Tourism Research, 1999, 26 (2).

［80］ YOON Y UYSAL M. An examination of the effects of motivation and satisfaction on destination loyalty: a structural model ［J］. Tourism Management, 2005, 26 (1): 45-56.

［81］ YOON Y, UYSAL M. An examination of the effects of motivation and satisfactionon destination loyalty: a structural model ［J］. Tourism Manage-ment, 2005, 26 (1), 45-56.

［82］ ZEPPEL H. Selling the Dreamtime: AboriginalCulture in Australian Tourism ［A］. In Tourism, Leisure, Sport: Critical Perspectives ［C］, D. Rowe and G. Law rence, eds., Sydney: 1998.

附 录 三江县文化旅游原真性感知调查问卷

尊敬的女士/先生:

您好!我们是广西文化旅游产业发展路径研究课题组成员,正在进行一项民族文化旅游原真性感知的研究。恳请您帮助我们填写这份问卷,您的旅游感受将成为我们研究的重要参考依据。问卷采用不记名方式,本人承诺您所填写的全部问卷仅用于学术研究,请您放心填写。对您的热心帮助,表示衷心的感谢!

课题组

一、游客的原真性感知和满意度调查(请您在下列表述中同意的选项上打√)

	题项	非常不同意	不同意	一般	同意	非常同意
1	村寨原貌保存完好					
2	民族建筑具有特色					
3	服饰具有传统民族特色					
4	手工艺品具有民族特色					
5	听到了原汁原味的当地语言					
6	感受到了淳朴的民风习俗					
7	品尝了地道的侗族特色美食					
8	感受到了原汁原味的侗族宗教文化					
9	当地的民族歌舞和艺术具有民族特色					
10	品尝到了特色美食(吃酸、油茶、糯米等)					

	题项	非常不同意	不同意	一般	同意	非常同意
11	举办的节庆和活动具有民族特色					
12	融入了浓郁的文化氛围当中					
13	对侗族文化有全面的了解					
14	喜欢独特的侗族文化体验					
15	在三江县旅游，开阔了眼界，身心得到放松					
16	您对三江县的旅游景点和景区非常满意					
17	在三江县的旅游体验符合您的期待					
18	您觉得来三江县旅游很值得					

二、以下是您的基本情况和您对在三江县旅游的看法，请在每题最合适的选项上打√。

1. 您的性别：（1）男　　（2）女

2. 您的年龄是：

（1）18 岁以下　　（2）18~25 岁　　（3）26~40 岁　　（4）41~60 岁

（5）60 岁以上

3. 您的受教育程度是：

（1）初中及以下　　（2）高中/中专　　（3）大专　　（4）本科

（5）研究生及以上

4. 您的职业是：

（1）学生　　（2）政府机关/事业单位职工　　（3）企业职工/公司员工

（4）农民　　（5）个体职业者　　（6）离退休人员　　（7）其他

5. 您的月平均收入是：

（1）3 000 元以下　　（2）3 001~5 000 元　　（3）5 001~8 000 元

（4）8 000 元以上

6. 您来自哪里？

（1）柳州市　　（2）区内（除柳州市）　　（3）区外

7. 您到三江县旅游过多少次？

（1）1 次　　（2）2 次　　（3）3 次　　（4）4 次及以上

8. 您这次出游打算停留的时间为多久?

(1) 一天　　(2) 两天　　(3) 三天　　(4) 四天　　(5) 五天以上

9. 您这次来旅游的方式是?

(1) 跟随团队　　(2) 自驾　　(3) 采用其他交通工具自助游

10. 您认为在三江县旅游体会原汁原味的文化很重要

(1) 很不同意　　(2) 不同意　　(3) 一般　　(4) 同意　　(5) 非常同意

11. 您来三江县旅游的目的是?（可多选）

(1) 体验原汁原味民族文化　　(2) 休闲娱乐　　(3) 身心放松
(4) 满足好奇心　　(5) 和当地人接触　　(6) 其他

12. 下列是对三江县旅游的总体评价,您同意哪个观点?

(1) 过分商业化　　(2) 表演性太浓,虚假　　(3) 不清楚　　(4) 体现了侗民族文化　　(5) 发扬了侗民族文化

13. 您对三江县发展民族文化旅游有什么建议?